本书为安徽大学校级科研项目"当代中国主流价值观话语权研究"（项目编号：2021T021）的研究成果

马克思主义研究文库

当代中国主流价值观话语权研究

刘勇 等 | 著

光明日报出版社

图书在版编目（CIP）数据

当代中国主流价值观话语权研究 / 刘勇等著. --北京：光明日报出版社，2023.7
ISBN 978-7-5194-7364-8

Ⅰ.①当… Ⅱ.①刘… Ⅲ.①社会主义核心价值观—研究—中国 Ⅳ.①G616

中国国家版本馆 CIP 数据核字（2023）第 127597 号

当代中国主流价值观话语权研究
DANGDAI ZHONGGUO ZHULIU JIAZHIGUAN HUAYUQUAN YANJIU

著　　者：刘　勇　等	
责任编辑：杨　娜	责任校对：杨　茹　李佳莹
封面设计：中联华文	责任印制：曹　净

出版发行：光明日报出版社
地　　址：北京市西城区永安路 106 号，100050
电　　话：010-63169890（咨询），010-63131930（邮购）
传　　真：010-63131930
网　　址：http://book.gmw.cn
E - mail：gmrbcbs@gmw.cn
法律顾问：北京市兰台律师事务所龚柳方律师
印　　刷：三河市华东印刷有限公司
装　　订：三河市华东印刷有限公司
本书如有破损、缺页、装订错误，请与本社联系调换，电话：010-63131930
开　　本：170mm×240mm
字　　数：200 千字　　　　　　　　印　　张：15
版　　次：2024 年 1 月第 1 版　　　印　　次：2024 年 1 月第 1 次印刷
书　　号：ISBN 978-7-5194-7364-8
定　　价：95.00 元

版权所有　　翻印必究

前　言

当代中国的主流价值观，指的是中国特色社会主义价值观，它具有鲜明的层次结构，内具终极价值目标、核心价值观以及基本价值观三大层次。终极价值目标是实现人的自由全面发展；核心价值观是党的十八大概括的二十四字；基本价值观是涉及政治、经济、文化、社会、生态等具体领域的价值观。而话语权是当前学术界研究的热点问题，可以从权利以及权力两个角度加以理解。对于意识形态以及价值观而言，所谓的话语权强调的更是一种"权力"。话语权是由话语主体、话语内容、话语方式、话语传播以及话语效果等诸多要素构成的。当代中国主流价值观话语权可以理解为当代中国主流价值观的话语主体依据一定的原则，对当代中国主流价值观的话语内容、话语方式、话语传播以及话语效果等方面加强体系建构，使话语得到有效传播，从而发挥主流价值观对国内社会舆论的进一步引领作用，并提高国际影响力。

改革开放以来，我国在经济建设上取得了显著的成就，成为仅次于美国的世界第二大经济体，话语权正在逐渐显现。但是在意识形态、价值观领域，国际社会长期由西方主导的话语霸权格局并没有得到实质性改变，以美国为首的西方发达国家利用掌控的话语霸权，向外输出它们所谓的"普世价值观"，对我国社会主义主流意识形态构成了巨大的威胁。为了维护、巩固我国社会主义主流意识形态，必须努力提升当代中国主流价值观的话语权。

　　由于当代中国主流价值观反映的是中国特色社会主义价值观，因此，要想对当代中国主流价值观话语权有较为深入的研究，必须进行溯源。马克思主义经典作家尽管没有明确提出主流价值观话语权的概念，但是他们的著作、文献以及相关的论述中内蕴着主流价值观话语权的相关思想，能够给予当代中国主流价值观话语权建设很大的启示。马克思恩格斯认为，统治阶级以及相关的思想理论工作者应当是主流价值观话语权建设的主体。主流价值观话语权建设必须重视传播问题，同时也要注重提升说服力。列宁、斯大林继承和发展了马克思恩格斯关于主流价值观话语权的思想。列宁认为"灌输"是实现主流价值观话语权的有效方式，对于主流价值观话语的传播来说，一定要注重通俗化的表达方式。此外，列宁还认为不断夯实物质基础是实现与提升主流价值观话语权的有力保障，并强调注重多样化载体的运用是实现与提升主流价值观话语权的重要途径。列宁去世之后，斯大林成了列宁的接班人，对于如何巩固和提升主流价值观话语权，他也有很多的想法。他认为必须要高度重视党政干部话语主体的素质与能力提升问题；要推进马克思主义的不断创新、加强对青年的共产主义理想信念教育、加快经济建设，积极加快共同富裕目标的实现。中国共产党人继承和发展了马克思恩格斯、列宁、斯大林等马克思主义经典作家有关主流价值观话语权的基本思想，使主流价值观话语权思想得到进一步的丰富。重视同各种反马克思主义思潮做斗争、努力实现最广大人民的根本利益、高度重视大众传媒在传播主流价值观话语中的作用构成了毛泽东主流价值观话语权思想的基本内核。坚持马克思主义指导思想、大力发展生产力，提高人民生活水平、坚持将"共同富裕"作为主流价值观话语权的重要话语主题，坚决反对西方资产阶级自由化思潮、加强对主流价值观话语的有效宣传，构成了邓小平主流价值观话语权的基本点。坚持并发展马克思主义、巩固和扩大舆论阵地、使民众坚定中国特色社会主义共同理想与信念构成了江泽民主流价值观话语权的基本思想。坚持以人为本的基本原则、建设社会主义核心价值体系以及推进马克思主义大众化构成了胡锦涛主流价值观话语权的主要内容。主流价值观话语权的提升与"中国梦"的实现密不可分、重视新兴媒体这一传播平台、通过推进全面深化改革提升主流价值观话语权构成了以习近平同志为核心的党的新一届中央领导集体关于主流价值观话语权的基本思想。

马克思主义经典作家以及中国共产党人对于主流价值观话语权有十分多的想法，有利于当代中国主流价值观话语权的建构。而建构当代中国主流价值观话语权的意义是极为重大的，既有利于提升我国文化软实力，也有利于增强对西方话语霸权价值观领域的有效回击力，使民众坚定对马克思主义的信仰。然而建构并不是杂乱无章的，必须要基于一定的原则。"坚持理论"与"立足实践"相结合、"传承弘扬"与"创新重塑"相结合、"吸收借鉴"与"批判超越"相结合是建构当代中国主流价值观话语权必须要重视的原则。对于当代中国主流价值观话语权的建构而言，在明确了具体的原则之后，必须要有可行的建构路径。由于话语权是由诸多要素构成的，因此，要想提高主流价值观话语权建构的有效性，必须要从要素入手来加以建构。其一，要注重话语主体的养成。其二，要加强话语内容的创新，既要创造更多新概念、新范畴与新表述，构建当代中国主流价值观话语体系，也要对话语内容进行合理的阐释，巩固话语内容创新成果。其三，要优化当代中国主流价值观的话语方式。其四，要强化当代中国主流价值观的话语传播。其五，要注重对当代中国主流价值观话语效果的评价。

目 录
CONTENTS

导 论 ·· 1
  第一节　研究的缘起与意义 ··· 1
  第二节　研究的现状与趋势 ··· 4
  第三节　研究的思路与方法 ·· 14

第一章　主流价值观与话语权 ··· 17
  第一节　主流价值观的相关概念辨析 ································· 17
  第二节　话语权与主流价值观话语权 ································· 28
  第三节　当代中国主流价值观话语权 ································· 36

第二章　马克思主义经典作家关于主流价值观话语权的基本思想 ··· 47
  第一节　马克思恩格斯关于主流价值观话语权的基本思想 ·········· 47
  第二节　列宁关于主流价值观话语权的基本思想 ···················· 57
  第三节　斯大林关于主流价值观话语权的基本思想 ················· 68

第三章　中国共产党人关于主流价值观话语权的基本思想 ········ 81
  第一节　毛泽东关于主流价值观话语权的基本思想 ················· 81

第二节　邓小平关于主流价值观话语权的基本思想 …………… 90

第三节　江泽民关于主流价值观话语权的基本思想 …………… 100

第四节　胡锦涛关于主流价值观话语权的基本思想 …………… 106

第五节　以习近平同志为核心的党的新一届中央领导集体关于主流价值观话语权的基本思想 ………………………………… 112

第四章　当代中国主流价值观话语权的建构意义与基本原则 ……… 120

第一节　当代中国主流价值观话语权建构的意义 ……………… 120

第二节　当代中国主流价值观话语权建构的基本原则 ………… 133

第五章　当代中国主流价值观话语权建构的路径设计 ……………… 142

第一节　注重当代中国主流价值观话语主体的培育 …………… 142

第二节　构建当代中国主流价值观话语体系 …………………… 149

第三节　优化当代中国主流价值观内外话语的表达 …………… 155

第四节　强化当代中国主流价值观的话语传播 ………………… 158

第五节　重视对当代中国主流价值观话语效果的评价 ………… 202

结　语 ……………………………………………………………………… 207

主要参考文献 …………………………………………………………… 209

后　记 ……………………………………………………………………… 229

导 论

第一节 研究的缘起与意义

一、研究的缘起

"话语权"问题是近些年来备受学术领域关注的理论问题之一。无论是哲学领域,还是政治学、社会学、国际关系等领域,话语权都是极为重要的学术术语。它一方面表现为权利,主要为话语言说者的陈述权、表达权;另一方面也表现为权力。话语权争夺的背后,往往展现的是权力的较量与争夺。话语权与价值观有着密切的关联性。首先,价值观的形成离不开以利益满足为核心的价值关系,而话语权的争夺尽管往往表现为权力的较量与争夺,但权力争夺的重点往往也是利益争夺。其次,话语权与意识形态有着密切关联,话语权在具体的生成及建构过程中不可避免地会带有某些特定阶层以及群体的意识形态色彩。价值观又跟意识形态有着明显的关联。价值观从某种意义上来说就是意识形态中最深邃、最根本的部分。因此,从这种角度来看,话语权必然也体现着特定阶层或群体的价值观。比如在封建社会时期,封建统治者要想彰显权力、巩固统治,必然要通过具体的封建统治话语表达出来。而这种话语的表达，实质上也展现了当时社会"以君为本"的价值观。可以说，在价值观领域，谁拥有话语权，谁就能够引导舆论并且拥有正当性和合法性。而从国家的整体角度来看，话语权与价值观的紧密联系性集中体现在与主流价值观的关联这一方面。一般而言，主流价值观可以理解为多数民众所信奉以及认同的价值观，如果一个国家主流价值观没有取得话语权，不仅国内会出现价值缺失、混乱现象，而且也不利于国家文化软实力的提升，有损国家形象。

我国实行人民民主专政，绝大多数民众是拥护中国特色社会主义的。所以，就当代中国主流价值观而言，它也可称为中国特色社会主义价值观。自从习近平总书记在中共中央政治局第十二次集体学习中提出要加强"当代中国价值观念"之后，该问题的研究成为学术界的热门研究课题。价值观与价值观念是不可分割的。价值观由价值观念表现出来，并且是最深层的价值观念。因此，对于"当代中国价值观念"的研究来说，一个重要方面即对于"当代中国价值观"的研究，而主流价值观是价值观的重要构成部分，所以，"当代中国主流价值观"的研究是"当代中国价值观"研究的重要分支领域。当前，中国以经济与军事等为核心的硬实力显著增强，而文化软实力的发展则相对滞后。主流价值观话语权的强弱是衡量文化软实力的重要标志。随着我国综合国力稳步提升，加强对当代中国主流价值观话语权的研究成为迫切现实需要。

现阶段，全球话语呈现"西强东弱"的局面，以美国为首的欧美发达国家极力鼓吹其所谓的普世价值，持续散播"中国威胁论"等歪曲、抹黑中国的话语。只有建构与提升当代中国主流价值观话语权，才能有效抵制西方强势话语的渗透与入侵，才能及时回应和消解国际各种质疑。而在国内，各种非主流价值观层出不穷，无论是从时间还是从空间维度看都是如此。从时间维度看，古与新、传统与现当代的价值观并存；从空间维度看，本国的与国外的、本土性的与国际性的价值观也同样并存。面对这一严峻的局面，只有加强当代中国主流价值观话语权建设，才能引导各种非主流价值观朝着正确的方向发展，进而保持整个社会价值体系的和谐与稳定。

正是由于当代中国主流价值观话语权建设的紧迫性与重要性，对中国主流价值观的研究就更具有现实价值。

二、研究的意义

本书的研究主要是为了拓展当代中国价值观研究领域，同时为中国文化软实力建设以及应对西方话语霸权挑战提供现实参考。就选题的意义而言，可以从理论意义和现实意义两大方面来看：

（一）理论意义

有助于推进对当代中国主流价值观话语权的理论研究。当前，学术界对于当代中国主流价值观话语权的研究正处于上升期。本书将通过对马克思主义经典作家以及中国共产党人关于主流价值观话语权基本观点的梳理与概括，进行对主流价值观话语权思想发展历程的研究。进而通过对其思想发展历程的梳理与研究，以便为当代中国主流价值观话语权的进一步研究提供有益借鉴。这是该研究领域必须认真面对和思考的问题。本选题的研究，将有助于推进对这些问题的研究。

（二）现实意义

1. 有助于加深人们对于当代中国主流价值观的理解

主流价值观由于是多数民众认同、信奉的价值观，因此，主流价值观的一个最普遍特征就是多数民众的信奉性。而当代中国主流价值观除了此属性之外，还有其他优势属性。它是科学性与价值性的统一，同时也具有引导性、统摄性与人民性等优势。当民众充分了解当代中国主流价值观所具有的独特优势之后，必然能够加深对它的理解，进而有利于进一步增强对它的信奉感与认同感。

2. 有助于建构与提升当代中国主流价值观话语权

本书提出当代中国主流价值观话语权建构需要重点围绕话语主体的养成、话语内容的创新、话语方式的优化、话语传播的强化以及话语传播效果的评价与反馈等五大方面展开。通过科学建构，有助于提升当代中国主流价值观话语权。

第二节 研究的现状与趋势

一、研究的现状

（一）国内研究现状

价值学已有一百多年的历史，中国价值学的研究起始于20世纪30年代，代表人物是张东荪，著有《价值哲学》。其后经历了一段相当长的沉寂期。20世纪60年代邓小平提出的"猫论"[①] 等有关论述被认为是价值学的重要突破。改革开放后，"价值热"兴起，主流价值观问题也因此受到人们的关注，大致经历了三个研究阶段：一是20世纪80年代至21世纪初关于价值观的基础理论和社会主义价值观建构问题的研究；二是党的十

---

① "猫论"是邓小平同志关于价值观问题的一个形象表述。最早见诸《邓小平文选》第1卷："刘伯承同志经常讲一句四川话：'黄猫、黑猫只要捉住老鼠就是好猫。'这是说的打仗。我们之所以能够打败蒋介石就是不讲老规矩不按老路子打，一切看情况打赢算数。现在要恢复农业生产，也要看情况，就是在生产关系上不能完全采取一种固定不变的形式，看用哪种形式能够调动群众的积极性就采用哪种形式。"（邓小平文选：第1卷 [M]．北京：人民出版社，1994：323．）

六届六中全会以来关于社会主义核心价值观问题的研究；三是对习近平在中共中央政治局第十二次集体学习时提出的"当代中国价值观念"的研究。目前学术界对于当代中国主流价值观及其话语权的研究才刚刚兴起。与之紧密相关的研究主要集中于主流价值观、当代中国价值观的研究、话语权与社会主义核心价值观话语权的研究。

1. 关于主流价值观的研究

当前国内对于主流价值观的研究主要集中在对主流价值观概念与特性的研究、对主流价值观传播的研究以及对大学生、青少年主流价值观相关教育研究等方面。

（1）关于主流价值观概念与特性的研究。多数学者认为主流价值观是充分体现多数民众意志的，并且具有大众性的特点。例如，裴学进认为主流价值观是指在一个特定社会里，由绝大多数民众即主流民众认同、遵从的，在各种价值取向互动过程中汇合而成的大体一致的价值观念体系，主体是人民群众，共识和认同构成其主要作用机制。[①] 王建立认为一种价值观是否可以成为主流价值观不在于其是否由统治阶级推行认可，而在于其是否可以得到广大普通民众的认可与支持。[②]

（2）关于主流价值观传播的研究。对于主流价值观的传播，学术界大多数人认为要积极拓宽传播渠道。比如，翟杉认为微电影可以通过"移情作用"对用户价值观起到示范效应，其社会化媒体的传播方式和病毒式传播的传播特点都有利于发挥受众主体性，实现价值观的迅速传播和意义共享，因此，要积极运用微电影来传播主流价值观。[③] 杜淦焱认为娱乐节目

[①] 裴学进. 论主导价值观和主流价值观及其转化 [J]. 求实, 2016 (11): 21.
[②] 王建立. 主导价值观与主流价值观关系探究 [J]. 洛阳师范学院学报, 2013 (10): 34.
[③] 翟杉. 微电影对弘扬主流价值观的作用研究 [J]. 新闻知识, 2012 (7): 21.

在传播社会主流价值观中也具有独特的作用,而且传播效果更加显著。①杜晓杰认为动画片在主流价值观建构和宣教体系中有着特殊的地位,要发挥国产动画片的主流价值观引导功能。②

(3) 关于大学生、青少年主流价值观相关教育研究。在主流价值观研究领域,有关大学生、青少年主流价值观的研究占的比重极大,相关文献也较多。研究主要集中于大学生、青少年主流价值观的基本含义、具体建构及其教育路径、域外经验等方面。代表性的文献比如田海舰、谷峰的《当代中国马克思主义大众化视域下大学生主流价值观的构建及意义》(《河北师范大学学报》教育科学版,2012年第6期),岑国桢的《我国青少年主流价值观及其含义、取向》(《上海师范大学学报》哲学社会科学版,2010年第2期),刘琳、周世中的《当代大学生主流价值观构建的路径选择——基于马克思主义大众化的视角》(《社会科学家》,2009年第6期),等等。

2. 关于当代中国价值观的研究

围绕习近平的重要讲话,不少学者就当代中国价值观的根本性质、核心内涵以及如何构建等问题进行了初步探讨。

(1) 关于当代中国价值观根本性质的研究。对于当代中国价值观根本性质的问题,学者普遍认为当代中国价值观具有中国特色社会主义的性质。陈国富、余达淮等明确认为当代中国价值观,就是中国特色社会主义价值观。③ 江畅也认为当代中国价值观具有中国特色社会主义属性。④

(2) 关于当代中国价值观核心内涵的研究。学者们对当代中国价值观进行了初步界定。比如骆萍、孔庆茵认为当代中国价值观由三个方面构

---

① 杜淦焱. 主流价值观的创新传播方式——浅析娱乐节目在传播主流价值观中的作用 [J]. 新闻界,2011 (5):69.
② 杜晓杰. 国产动画片与主流价值观的关联 [J]. 重庆社会科学,2014 (7):101.
③ 陈国富,余达淮. 略论当代中国价值观 [J]. 探索,2015 (4):148.
④ 江畅. 论当代中国价值观构建 [J]. 马克思主义与现实,2014 (4):149.

成：中国传统优秀价值观、社会主义核心价值观以及中国梦等体现时代精神的价值观。① 刘民主、冯颜利认为当代中国价值观是中国人民立足时代要求、实践需求和自身诉求，融社会主义核心价值、中国传统文化价值、西方现代文化价值的诸多精华于一体所形成的价值体系。② 陈国富、余达淮等认为当代中国价值观，其核心内容是社会主义核心价值观。③ 江畅认为当代中国价值观指的是改革开放以来构建的中国主流价值观④，其核心内容是社会主义核心价值观或核心价值体系的构建与发展。

（3）关于当代中国价值观如何构建的研究。学者们普遍认为构建当代中国价值观存在紧迫性，同时也存在不少难题，构建具有重要的意义。就如何构建来说，学者们有很多宝贵的建议。比如江畅认为构建当代中国价值观需要进一步解放思想，从理论与实践的结合上构建完整系统的当代中国价值体系，并将其转化为系统的社会制度，使之法制化。⑤

3. 关于话语权与社会主义核心价值观话语权的研究

（1）关于话语权的研究

当前话语权问题日渐被国家、媒体以及企业、公众关注，国内学者主要从政治学、语言学、传播学以及社会学等角度对话语权的概念、内涵、本质、类型划分以及具体建构等方面进行研究。比如中国社会科学院国际问题研究专家张国庆出版的著作《话语权：美国为什么总是赢得主动》就充分运用了生动的案例从传播网络的构建、国家形象的策划、文化张力以及公信力的维系等诸多方面来阐释了话语权的本质来源。⑥ 而冯广艺则从

---

① 骆萍，孔庆茵. 当代中国价值观：内涵、意义与传播策略［J］. 探索，2015（4）：153.
② 刘民主，冯颜利. 当代中国价值观的内涵探讨［J］. 探索，2016（1）：154.
③ 陈国富，余达淮. 略论当代中国价值观［J］. 探索，2015（4）：148.
④ 江畅，蔡梦雪. "当代中国价值观"概念的提出、内涵与意义［J］. 湖北大学学报（哲学社会科学版），2016（4）：4.
⑤ 江畅. 论当代中国价值观构建［J］. 马克思主义与现实，2014（4）：149.
⑥ 张国庆. 话语权：美国为什么总是赢得主动［M］. 南京：江苏人民出版社，2011.

语言学的角度，在其文章《论话语权》中探讨话语权得以公平分布并顺利实施的基本条件以及话语权分布的主要类型，并思考了话语权运用及其导向等相关问题。① 刘学义则从传播学的视角，在著作《话语权转移》中详细梳理了新时期以来我国媒体言论话语权发展实践的嬗变，概括了话语权变化的特点，并探讨了演变的动因及相关机制。②

对于话语权概念与内涵，当前国内学术界主要从权利以及权力两个层面来对之加以解读。比如莫勇波认为，"权力与权利是话语权的二重属性"③。张健更是具体从话语权力与话语权利两方面来理解话语权，他认为，"话语的权利"，即指人们在社会活动中运用"话语"的"资格"与"好处"；另一方面是"权力"，"话语的权力"表达的是人们对"话语"支配的"能力"和支配的"程度"。④

除了从整体上把握话语权的概念、内涵、特征之外，当前国内学者也从微观层面对话语权进行了深入研究，尤其对话语权的类型依据一定的原则和标准进行了相应划分。

（2）关于社会主义核心价值观话语权的研究

对于该领域的研究，十八大以来开始起步，知网查询到的相关文献总体来说较少。一些学者，对提升社会主义核心价值观话语权的意义、核心价值观话语体系的构建及传播等问题做了初步探讨。对于社会主义核心价值观话语权的研究具体可以总结为以下三大方面：

第一，关于提升社会主义核心价值观话语权重要性的研究。毛跃认为，当前日趋复杂的国际政治、经济、文化形势对社会主义核心价值观进

---

① 冯广艺.论话语权[J].福建师范大学学报（社会科学版），2008（4）：54-59.
② 刘学义.话语权转移：转型时期媒体言论话语权实践的社会路径分析[M].北京：中国传媒大学出版社，2008.
③ 莫勇波.论话语权的政治意涵[J].中共中央党校学报，2008（4）：105-107.
④ 张健.话语权的解释框架及公民社会中的话语表达[J].湖南行政学院学报，2008（5）：85-87.

一步提升国际话语权提出了现实而紧迫的要求。国际话语权与国家文化软实力之间的关系,可以看作是一体两面的关系。其二者不可分割,有机统一于一国的核心价值观。话语权以价值观为重要支撑,所体现的是该国的文化软实力。价值观以话语权为重要手段,所展现的是文化影响力。①

第二,关于社会主义核心价值观话语体系构建的研究。学者们普遍认为要构建中国特色话语体系,同时也要积极运用多种平台与渠道来实现对核心价值观话语内容的传播。毛跃认为应突破现有国际话语格局,形成"中国话语体系",建构提升国际话语权的多种平台与渠道,学习借鉴西方有益方式与经验。②苏阳认为我们应当坚持对自身价值的信心,转变话语方式,传播好中国声音。此外,也有学者认为要从多个维度出发来建构话语权。③比如朱文婷、陈锡喜认为建构社会主义核心价值观的话语权,需要从本体、价值、实践三个维度出发,对核心价值观的内涵及话语权实现路径进行辨析和探讨。④

第三,新媒体与社会主义核心价值观话语权提升的关系研究。越来越多的学者开始关注新媒体在社会主义核心价值观话语权提升中的重要性,同时也提出了一些新媒体提升话语权的具体措施。多数学者认为与传统媒体相比,新媒体的传播具有一定的优势,发布信息更快捷,舆论传播更广泛,设置议程方式更多样化,实现了信息传播者和受众的互动。因此,应拓宽社会主义核心价值观传播的主渠道,既要利用新媒体平台传播信息、引导舆论,也要加强政府门户网站建设,打造品牌,引导舆情;此外,还要提高新媒体编辑人员的素质,形成主流声音,传播正能量;最后,要紧

---

① 毛跃.论社会主义核心价值观的国际话语权[J].浙江社会科学,2013(7):27.
② 毛跃.论社会主义核心价值观的国际话语权[J].浙江社会科学,2013(7):31-33.
③ 苏阳.全球化时代社会主义核心价值观话语权探析[J].河南师范大学学报(哲学社会科学版),2015(3):13.
④ 朱文婷,陈锡喜.社会主义核心价值观话语权建构的三个维度:观念辨析及路径探讨[J].理论与改革,2015(4):118.

跟国际最新信息发展动态，防止产生负面影响，向世界展示良好的中国形象。

（二）国外研究现状

国外对主流价值观话语权问题进行直接研究的文献较少，多数学者主要集中在对"价值""价值观"以及"话语权"等方面的研究。

1. 关于价值、价值观的研究

价值和价值观的问题，很早就是西方哲学讨论的内容。至19世纪末20世纪初价值学开始生成独立学科。在西方的价值学中，主流分成两种：一种坚持价值主观主义，被称为主观主义价值论。这种价值论认为事物的价值主要体现在对人的根本意义上。除此之外，其他的一切都不足以成为主要的依据。因此，这种价值论强调价值是因人而异的，没有绝对的价值标准，价值具有鲜明的主观性色彩。一些学者甚至认为，价值的意义仅存在于了解其内在含义的心灵之中，价值只是主体的情感以及偏好的表现。另一种则坚持价值的客观性，或者说叫客观主义价值论。该价值论强调价值具有相对的客观独立性。另外一些人认为，价值仅存在于评价者的心灵中，人们有不同的立场和利益，因此，对事物的评价标准必然会存在差异，具体也会不尽相同，但是存在一种较为客观的价值秩序。现实中的个人只有将自身的选择与这种秩序相结合，才会是正确及正当的。因此，价值的评价标准具有层次性，不能一概而论。这派观点可以说是前两种意见的一定程度的折中。

克拉克在1951年提出的关于价值观的定义，是国外关于价值观较有影响力的定义。他认为："价值观是一种外显的或内隐的有关什么是'值得'的看法，它是区别不同个体与群体之间差异的特征，影响人们对行为方式、手段和目的的选择。"①

一些学者对于价值观的类型以及价值观教育的方法也做了相关探讨。比如德国学者施普兰格尔在《人的类型》中根据社会生活方式的不同将价值观进行了划分，认为人的价值观可以分为经济、理论、审美、社会、政治以及宗教等各种类型。拉斯等在有关"价值澄清法"中认为价值观是不断变化的，因为社会在进一步发展。所以，思维必须转变，固定不变的价值观念已不适宜再传授。要让学生能够辨别、澄清自身的价值观念，从而适应社会的剧烈变动。这给予当代价值观教育很大启示。

在价值观的问题上，西方马克思主义者继续对资本主义社会、资产阶级持批评态度，但也尝试让哲学回归于人们的日常生活中，积极探讨人类面临的生存问题和生存价值。

2. 关于话语权问题的研究

西方学者最早开始对话语权进行相关的理论研究。葛兰西的"文化领导权"理论为话语权理论奠定了坚实的基础。1952年，哈里斯首次提出"话语分析"的术语；福柯将话语分析纳入思想、意识形态、阶级、政治、经济等问题的研究中，第一次提出"话语权"概念，形成话语权力理论；拉克劳和墨菲又在葛兰西"意识形态领导权"的基础上提出了"话语领导权"理论，实现了意识形态的话语转向。关于话语权问题的研究大致有三种代表性的观点：一是以福柯等人为代表的后现代主义学派的观点，解构罗各斯中心主义的话语权和本质主义的宏大叙事，关注个人、碎片化的话语权，否认、排斥元叙事、本质主义以及主体性的话语权；二是以葛兰西等人为主要代表的西方马克思主义学派的看法，批判晚期资本主义意识形态，力求抢夺话语权或者话语民主权；第三种观点是以萨义德等为主要代表人物的后殖民主义看法，反对帝国主义或强势群体的话语霸权，主张平

---

① 文萍，李红，马宽斌. 不同时期我国青少年价值观变化特点的历时性研究 [J]. 青年研究，2005（12）：1.

等包容。这三派都深受福柯权力话语的影响,各流派之间相互承接或相互批判,推进了话语权理论的发展。

当前,国外对于价值、价值观以及话语权方面的研究,绝大多数是从一般意义或者说是从社会学意义上来进行研究,我们可以借鉴西方相关学者的研究视角及其研究方法,但是由于国外学者对于价值观、话语权的研究往往受到所在国家及其流派以及阶级分属不同的影响,从而呈现不同的研究特征,尤其是不少西方学者往往持西方中心主义的态度,会存在一定的话语偏见,扭曲或丑化社会主义主流意识形态及其价值观,试图进一步争夺意识形态、价值观领域的话语权。因此,对于西方学者的相关理论观点,我们必须坚持马克思主义原则、立场和观点对之进行批判性吸收与借鉴。

二、研究的趋势

从现有的学术研究成果分析,当代中国主流价值观话语权的研究取得了一些进展。但是就其发展趋势而言,还存在一些有待进一步强化的领域:

(一)要注重研究广度的拓展

由于话语权的研究涉及多个学科,因此,对于当代中国主流价值观话语权的研究,不能僵化地仅用马克思主义理论或哲学的学科知识进行研究。一定要综合价值学、马克思主义理论、哲学、政治学与国际关系、传播学和其他相关学科进行比较研究。

(二)要注重研究深度的挖掘

1. 要加强对当代中国主流价值观话语权思想溯源的研究。要系统梳理马克思主义经典作家以及中国共产党人主流价值观话语权的基本思想,为当代中国主流价值观话语权的建构奠定思想基础。

2. 要加强对主流价值观以及话语权相关概念的阐释与概括研究。价值观、主流价值观、核心价值观、主导价值观这些概念范畴既相互关联又存在一定的区别。话语权、价值观话语权、意识形态话语权等也是这样。只有对这些相关概念做出更为精准的阐释与概括，才能更好地推动当代中国主流价值观话语权的研究。

3. 要更加重视对当代中国主流价值观话语权建构的研究。要进一步明确建构的基本原则，同时深入探究如何使当代中国主流价值观在坚持马克思主义指导原则的基础上，通过对中国优秀传统价值观以及西方文明价值观的批判继承实现话语内容的创新。再者，如何进一步提炼话语内容，创造更多的新概念与新表述，也值得深入研究。此外，如何进一步优化话语方式、强化话语传播，尤其是如何借助新媒体平台来推动当代中国主流价值观话语的传播这一问题更值得进一步思考。

4. 要重视对当代中国主流价值观话语权机制保障的研究。建构好主流价值观话语权是极为重要的步骤，但是要想有效提升主流价值观话语权必须要有一个良好的机制做保障。必须进一步加强政策法规、社会管理、权益保障等机制建设，力求使主流价值观融入政策法规、社会管理、权益保障等机制建设的方方面面。

5. 要加强对当代中国主流价值观话语权域外经验的研究。从国际视角来看，无论是社会主义国家还是资本主义国家都非常重视本国主流价值观的建设。尤其是以美国为首的发达资本主义国家十分擅长运用显性手段与隐性手段渗透相结合的方式来传播主流价值观，并且通过一定的方式与途径来巩固与强化主流价值观话语权的地位。我们要坚决反对西方"话语霸权"，但是通过分析西方"话语霸权"的确立与巩固的历程，归纳其方式方法，总结其经验教训，是有助于当代中国主流价值观话语权建构的。

第三节 研究的思路与方法

一、研究的思路

本书的研究依循由理论到实践的内在逻辑展开。依循这一逻辑与具体思路，把本选题研究具体分为以下五大部分：

第一部分，厘清当代中国主流价值观话语权的相关概念和内涵。对于任何学术研究来说，厘清相关的概念和内涵是最基本的要求，也是开展进一步研究的前提。在价值学研究领域，主流价值观、主导价值观以及核心价值观等概念之间具有相似性，对于当代中国主流价值观话语权的研究来说，弄清这些概念是开展研究的首要任务。对于话语权、主流意识形态话语权等概念来说，也是如此。

第二部分，梳理与归纳马克思主义经典作家关于主流价值观话语权的思想。对于当代中国主流价值观话语权的研究来说，必须认真探索该问题的思想渊源。主流价值观从根本上看属于意识形态范畴。因此，对该选题的研究，必须从马克思主义经典作家那里入手。要梳理与归纳马克思恩格斯关于主流价值观话语权的经典思想，也要总结列宁与斯大林关于主流价值观话语权的基本思想，做好当代中国主流价值观话语权的思想溯源工作。

第三部分，总结中国共产党人关于主流价值观话语权的基本思想。党的几代领导人为掌握和巩固主流价值观话语权进行了卓有成效的探索，同时也总结了富有中国特色主流价值观的论述。对于当代中国主流价值观话语权建构来说，认真回顾与总结几代领导人的相关观点与论述极为重要。

第四部分，阐述当代中国主流价值观话语权建构的重要意义以及基本原则。明确建构话语权其现实意义有助于提高建构的自觉性和积极性。而建构又不能是无序的建构，必须注重建构的科学性，因此需要明确几大基本原则，这是建构的基本前提。

第五部分，分析当代中国主流价值观话语权的具体建构路径。当代中国主流价值观话语权建构的重点是提出具体有效的路径。话语权包含诸多要素，因此对于当代中国主流价值观话语权的建构，可以从话语主体养成、话语内容创新、话语方式优化、话语传播强化以及话语效果评价与反馈等要素出发来加以建构。

二、研究的方法

（一）文献研究法

文献研究法是一种传统的、有生命力的研究方法。它主要通过收集文献，并对之进行鉴定、分类、整理、归纳和分析，从而形成较为科学的理解与认识。对于当代中国主流价值观话语权的研究而言，由于要梳理与总结马克思主义经典作家的基本观点以及中国共产党人的相关论述，因此，有必要研究马克思主义经典作家的主要著作、从毛泽东开始至今党和国家主要领导人的相关著作、党的重要会议文件以及通过的决议等相关文献资料。同时，也要认真搜集与阅读当前学术界关于价值观、主流价值观、主流价值观话语权等方面研究的书刊资料。

（二）理论与实践相结合的方法

当代中国主流价值观话语权的研究既是理论性问题，同时又是一个具有较强实践性的问题。由于当代中国主流价值观话语权建构具有紧迫性，同时也具有重大意义，对于如何建构的问题，必须要进行理论思考。既要对当代中国主流价值观进行思想溯源工作，同时又要立足现实实践，深入思索当代中国主流价值观话语权的建构意义、建构原则以及建构路径，实现理论研究与现实关照相结合。

（三）多学科交叉研究方法

当代中国主流价值观话语权研究是一个重大而又复杂的研究课题。它的学科涉及面较广，涉及发生学、马克思主义理论、哲学、社会学、国际关系、传播学、语义学等多个学科领域。每个学科研究的范式及相关方法、视角不尽相同，只有采用跨学科式的研究，才能对主流价值观话语权问题实现全面理解与把握。

第一章 主流价值观与话语权

对于当代中国主流价值观话语权的研究而言,准确把握与之相关的概念、范畴的主要内涵与特点是基本前提。所以,我们有必要明确价值、价值观念、价值观的含义和它们之间的关系,当然,也要厘清主流价值观、主导价值观以及核心价值观的含义及它们的内在关联。此外,还要把握话语权的内涵,弄清主流价值观话语权以及意识形态话语权的关联性,在此基础上才能深入地探讨当代中国主流价值观话语权。

第一节 主流价值观的相关概念辨析

一、价值、价值观念与价值观

"价值"这一词语,最初来源于梵文 Wer(隐藏或者保护之义)和 Wal(掩藏或者巩固的意思),拉丁文的 Vallo(有加强之义)、Valo(强大的、坚固的、健康的)和 Valus(堤),取其"对人具有保护以及掩护的作用"之意,后来演化为"爱护、珍惜以及令人尊敬的"的词意,与日常口语中的"好"的意思类似。作为一个词语,它已成为专门的术语。到 19 世纪后期,该词的含义得到了扩展,指"值得个人或社会向往的行为或目标的特定方式之信念"①。在此之后，价值学得到了进一步发展。但是，国内外学术界对于何为"价值"是存在争论的。各个学科，对于价值内涵的理解也不尽相同。尽管如此，我们还是应该深入探讨价值在各个学科中的不同内涵，在此基础上加强对价值内涵的科学认识。

西方学者理解的价值，可以总结为三种观点：第一，强调价值具有客观性的属性，认为价值是客体本身内在的属性和功能。例如摩尔认为许多事物本身就是善的或恶的。第二，强调价值的主体性，认为事物有无价值或者价值大小主要看它能否满足主体的需要。比如，杜威认为在满足之外没有任何存在的价值。第三，用"关系论"来规定价值，认为价值反映了主客体之间的关系，价值的形成离不开主客体间的相互作用与影响。例如马克思曾指出："'价值'这个普遍的概念是从人们对待满足他们需要的外界物的关系中产生的。"②

马克思从主客体关系的视角探讨价值问题，给今人留下许多启发。通常人们衡量某个事物有无价值，总是以这个事物是否对人有用、有利作为衡量的标准。但是实际上，价值的有无、大小除了跟人们的主观愿望、目的等因素有关外，同时也与客体能否具有满足主体愿望、目的的属性有关。对于价值的形成而言，主体与客体两方面是必不可少的。当前国内不少学者也赞同用主客体之间的关系来理解价值这一含义。例如李德顺认为，价值"是对主客体关系的一种主体性描述，它代表着客体主体化过程的性质和程度，即客体的存在、属性和合乎规律的变化与主体尺度相一致、相符合和相接近的性质和程度"③。可以说，价值是人类生活中的一种十分普遍的主客体关系。事物价值的大小既非仅由事物本身所确定，又不是由主体确定，只有主客体相互作用，价值才能形成和发展。那么，深入

---

① 李醒民. 价值的定义及其特性 [J]. 哲学动态，2006（1）：13-18.
② 马克思恩格斯全集：第 19 卷 [M]. 北京：人民出版社，1960：406.
③ 李德顺. 价值论 [M]. 北京：中国人民大学出版社，2007：79.

来看，价值可以说是社会实践的产物。它突出反映主体的自主性、创造性和能动性。

价值问题总是存在于人类的社会实践活动之中。人通过反复的实践与认识，会形成一定的价值观念。对于价值观念，从字面、通俗化的理解来看，指人们头脑中有关价值的观念。更具体地说，就是人们对于一定的事物价值的基本态度或者意向，表现为人们对于某种事物较为稳定的理想、信念等。价值与价值观念相互关联又相互区别。反映与被反映是价值观念与价值关系的重要体现。不管是何种形式的价值观念，其实都是一定的价值关系的主观性反映。再者，价值观念对价值存在的反映，更具体来说是一种评价性反映。这里所说的评价性反映，特别是指人的态度、目标、理想信念和其他相关形式所表现出来的评价性反映。它不但要感知价值关系之存在，而且更要表达这种反映的目的不仅是要阐明价值关系的具体含义，同时也在追问这种价值关系能够达到的理想状态，也就是说"应当如何"，思考已知的现实世界对现实中的人的具体意义以及意义的程度。

再深入探讨价值观念的话，其实不难看出价值观念具有具体性。具体来说，可以将价值观念细分为多个形式，比如"民主价值观念""敬业价值观念""择业价值观念""择偶价值观念"等多种形式。但价值观则相对抽象。何为价值观？学术界也没有一致的结论。大体而言，可以归结为三种观点：第一种观点认为价值观是有关价值的基本观点，它是与历史观、自然观、世界观、人生观相对应的。第二种观点认为价值观是针对价值问题较为具体的观点、看法与态度。第三种观点认为价值观指的就是价值观念，这是一种较为习惯化的看法。如果详细来做一个区分的话，价值观是指人们关于价值、价值关系整体的、带有根本性的立场以及态度。它体现人的意识的自觉性。显然价值观与价值观念、价值有着紧密的关联性。这里特别需要厘清价值观和价值观念的区别与联系。

前面说到，关于价值观的含义，最后一种观点认为价值观即价值观念。事实上，如果从广义上来看，价值观与价值观念确实可以通用，人们对两者并没有明确的区分。

从狭义上看，价值观念与价值观既存在区别又密切关联。首先，价值观是反映价值、价值关系的根本观点及看法，具有抽象性的特点，价值观念则相对具体些。而反映价值、价值关系的根本观点及看法可以通过具体的价值观念表达出来，因此，价值观是最根本的价值观念。可以看出，两者本质上是一般与具体的关系。其次，更进一步来看，价值观与价值观念的关系不仅表现为一般与具体的关系，而且还体现在价值观念是价值观形成的重要前提和基础。人们在社会实践活动中，必然要对参与实践的相关活动进行评价，既要有对以往实践活动的总结，也要有对未来实践活动的展望。经过反复不断的实践活动，人们逐渐形成对各种事物及其相关方面的总体印象以及评价。感性认识的丰富，再经过不断地实践体验、实践思考、实践评价，就会逐渐形成理性的价值认识，从而使价值认识逐渐上升为价值观念。而形成的各种价值观念，也会随着人们不断的实践活动产生一定的变化，具体表现为价值观念会进一步积淀、浓缩与凝练，受之影响，会产生一种基本的原则、立场，从而形成更加稳固的价值评价、价值目标等倾向，这就是价值观。所以说，价值观念是价值观形成的前提与基础。

综上所述，价值观念与价值观既存在区别，又相互联系，二者在根本上是一致的。由于本文侧重点在于价值观，因此，有必要对价值观的具体构成、特征、分类等做进一步的分析。

价值观是一个复杂的观念系统，在这个系统中包括价值主体确立、价值目标选择、价值评价标准以及价值实现途径等多个部分。它是一定社会制度、思想文化背后隐藏的最根本性、最深层次的意识内核，也表达了人们对于价值的观点以及态度，它体现"何为值得"的评价标准，反映了人们对现实以及未来"应然"的价值诉求。从宏观上看，价值观反映了一定社会民众看待政治、经济、文化、社会以及生态等各种具体问题所秉持的主张与态度，集中体现了民众的主体价值倾向性。而民众不同价值观的表达，实际上也反映了民众所期望实现的价值诉求的多样化。人们究竟相信什么、需要什么、信仰什么、追求什么，这些构成了价值观特有的内涵。从微观层面来看，价值观可以说是人心灵深处的信念系统，对人的影响极大，尤其在人们的具体实践活动中发挥着价值评价、情感激发以及行为导向等功能。

根据不同的视角，价值观可以分为不同类型。从价值主体的视角看，价值观有个体价值观、群体价值观以及社会价值观之分；从层次角度看，价值观有哲学价值观与日常价值观之分；从时代变迁、社会发展的角度看，价值观有传统价值观与现当代价值观之分；从外部表现形态分析，价值观有积极价值观与消极价值观之分；从构成体系来看，价值观有一般价值观与核心价值观之分；从关注度来看，主流、主导以及核心价值观是当前最常提及同时也是使用频率最高的具体价值观。由于本书的主题是主流价值观话语权，而这三大高关注度的价值观在概念上容易混淆，因此，在这里有必要对这三大价值观加以比较。

二、主流价值观、主导价值观以及核心价值观

所谓主流价值观，是指在一个社会中多数社会成员即主流民众所遵从、信奉抑或各种价值取向基本一致的价值观。它特别强调对价值观的认同度以及接受的广泛性。主流价值观具有如下显著的特征。第一，它具有大众性。判断一种价值观是否是社会的主流价值观，关键在于社会大众中的大多数是否认可、信奉该价值观。第二，它具有包容性。主流价值观反映了多数民众的价值取向，因此，它是众多价值取向的汇流。主流价值观最大限度地吸纳了民众的价值取向，因此，它可以说是社会"最大公约数"的价值观，体现了社会各种价值观以及价值取向的"重叠共识"。第

三，它具有多层次性。一定的意识形态是一定价值观形成和发展的思想基础。占统治地位的意识形态是主流价值观得以产生和发展的理论依据。一定社会的主流价值观是对该社会主流意识形态的集中反映，而在社会生活的具体领域中，民众的主流生活方式不尽相同，涉及的领域极为广泛，民众的文化程度及水平也参差不齐，这就要求主流价值观要具有层次性。主流价值观既要有较高层次、较高境界和道德水准的价值观层次，同时也要兼顾文化程度较低的民众，要有更为具体化的价值观层次。

所谓主导价值观，通常指的是"官方"推行的价值观。这里所言的"官方"主要指的是统治阶级。它由"官方"提出，并加以宣传以及引导，其流动走向是"由上而下"式的，充分反映官方的价值诉求。主导价值观最显著的特征在于其官方导向性。官方通过一定的途径、形式来推行主导价值观。主导价值观中包含人们应当做什么、不应当做什么的具体价值行为准则及规范。当民众个体的行为符合主导价值观的原则和要求时，官方往往会给以肯定，反之，则会对其提出指责、批评。主导价值观的功能也是极为明显的，具有统一人们的思想和凝聚人心的功能属性。

而核心价值观的概念与主导价值观、主流价值观相比，则较为复杂，它存在于一定的理论体系中。它是社会价值体系中最为基础同时也是最核心的部分。可以说，它反映的是社会价值体系的基本特征。它是个人、社会乃至国家所持有的最为根本性的价值原则。从一定意义而言，核心价值观是国与国之间、民族与民族之间区别的重要价值标识，是反映一个国家和民族文化的最显著标志。核心价值观的特征也是极为明显的。首先，它具有统领性。由于核心价值观是一个国家或民族区别于其他"非我"的根本所在，因此，核心价值观对其他非核心价值观具有统领和引导作用。其次，它具有相对恒定性。核心价值观一经形成并且得到多数社会成员的认可、信奉，那么，它便会相对固定化，成为社会成员秉持处理各种价值问题的根本理念以及价值准则，而且能够在相当长的时间内发挥作用。再次，它还具有理想性。核心价值观蕴含着对美好未来社会的期盼与追求。它既充分反映社会现实，又超越社会现实。由于具有超越社会现实的理想性，因此，它能够不断地激发民众为实现价值理想、价值目标而奋斗。

总体而言，主流价值观、主导价值观以及核心价值观是探讨价值观不同维度的概念，三个概念各有侧重。主流价值观突出受众接受的广泛性，主导价值观侧重官方的导向性，而核心价值观注重价值体系的层次性。然而三种价值观又是紧密联系、有内在关联的，三者都是反映整个社会价值观面貌的重要形式。由于本书是以"主流价值观"为着眼点，因此，对于三种价值观的关联，本书以"主流价值观"为核心，来探讨主流价值观与主导价值观的关联、主流价值观与核心价值观的关联。

先看主流价值观与主导价值观的关联。主导价值观导引着主流价值观并规定其发展方向。换言之，主流价值观受到主导价值观引领。二者在总体上来看是"导"与"流"的关系，但是二者也会有一致或冲突的可能性，甚至在一定条件下可以实现转化。倘若一个社会是相对和谐与稳定的社会，那么，在这个社会价值观领域，主流价值观与主导价值观是基本一致的。然而不管一个社会的和谐与稳定达到何种程度，主流价值观与主导价值观难免存在一些矛盾或冲突。从某种意义上而言，这其实是主流价值观与主导价值观关系的常态。究其原因，这跟主流价值观与主导价值观的形成原因的差异性有关。主流价值观往往表现为民众在社会实践中自发形成，而主导价值观则是统治阶级自觉建构的结果。由于形成原因具有差异性，因此，主导价值观与主流价值观可能会在具体的价值内涵、价值原则上存在一些差异性，从而会存在一些矛盾与冲突。尽管如此，作为主导价值观的推动者、倡导者，统治阶级总会不遗余力地来推动、传播主导价值观。所以，主导价值观也会存在在一定情况下可以转化为主流价值观的现象。而能否转化为主流价值观，关键在于主导价值观是否具有优良的理论品格，是否充分体现人民群众的利益或者得到民众广泛的支持。

再看主流价值观与核心价值观的关联。要想阐述两者的关联，首先必须厘清核心价值观与主导价值观的关联。纵观古今中外，核心价值观跟主导价值观的关系尤为紧密。例如在中国传统封建社会，"三纲五常"以及"学而优则仕"等核心价值观，实质上是统治阶级倡导的。西方社会的核心价值观也类似这样。前面说过，核心价值观侧重于价值体系的层次性，这里的价值体系尤其强调的是社会主导价值体系。核心价值观的"核心"集中体现在它是社会主导价值体系中最基础、最核心的部分。而上文分析过主流价值观与主导价值观的关联，显然主流价值观和核心价值观也具有密切联系。倘若主导价值观与主流价值观趋于一致，那么从广义上看核心价值观，也可以将其看作主流价值观的重要组成部分，反映核心价值观的重要理念就会成为社会主流价值观的重要理念，并对社会的主流价值观的发展产生重大影响。

三、当代中国主流价值观

新中国成立之后，人民成为国家的主人，并通过"三大改造"进入社会主义社会。社会主义的价值理念、价值原则、价值目标得到多数民众的认同。主流价值观指的是多数民众所信奉与认同的价值观。因此，社会主义价值观成为当时社会的主流价值观，不过这时的社会主义价值观是以计划经济为基础的。党的十一届三中全会之后，中国实行改革开放，进入社会主义现代化建设新时期。改革开放以来的中国可以简称为"当代中国"。在这一时期，社会的主流价值观仍然是社会主义价值观，但是与前一个历史时期不同的是这一新的历史时期在经济领域逐渐实行市场经济，因此，这一新的历史时期的主流价值观可以称之为以市场经济为基础的社会主义价值观，这一价值观又可称为中国特色社会主义价值观。因为中国特色社会主义已经通过当代中国社会实践得以证实，是符合中国国情的，它具有显著的科学性，另外，中国特色社会主义价值观与现阶段民众的价值诉求与实践需要高度契合，受到多数民众的接受与认同，所以中国特色社会主义价值观也是当代中国主流价值观。

前面说过，在社会生活的具体领域中，民众的主流生活方式是多种多样的，涉及的领域也是极为广泛的，然而民众的文化层次与水平存在着显著差异性，这就要求主流价值观必须要分层次。对于当代中国主流价值观而言，它具有鲜明的层次结构。它内具终极价值目标、核心价值观以及基本价值观三大层次。终极价值目标是实现人的自由全面发展；核心价值观是党的十八大概括的"二十四字"；基本价值观是涉及政治、经济、文化、社会、生态等具体领域的价值观。

分成这三个层次的原因有以下三点：第一，当代中国主流价值观从本质上看属于马克思主义价值观，一定意义上而言，它是马克思主义价值观中国化的产物。正如有学者所指出："社会主义价值观就是马克思主义价值观在历史实践中生动、鲜活与动态的展现。"① 而马克思主义价值观以"人的自由而全面发展"为最终价值目标，当代中国主流价值观是继承并发展马克思主义价值观的，因此，必须也要以"人的自由而全面发展"作为终极价值目标。第二，前面提及主导价值观与主流价值观在一定条件下能够转化，转化的条件在于主导价值观的理论品格以及是否代表广大民众利益。以"三个倡导"为主要内容的社会主义核心价值观是党和政府倡导的，因此，从其最初属性来看，可以看作是当代中国主导价值体系中的核心部分。但是在当代中国，由于党和政府的根本宗旨都是以人民群众利益为核心的，需要充分反映其利益，所以，社会的主导价值观与主流价值观本质上是一致的。因此，在这样的情状下，核心价值观可以与主流价值观实现融合与发展。况且核心价值观本身具有显著的价值特性，是反映一国文化的重要尺度，因此，将社会主义核心价值观"三个倡导"的二十四字

---

① 李永胜. 关注马克思主义价值观研究［J］. 天府新论，2011（5）：27-33.

作为主流价值观的基本价值观层次是极为必要的。第三，对于为何要有基本价值观层次，这主要跟主流价值观本身应有之义有关。由于主流价值观反映的是多数民众的价值愿望与诉求，而不同民众的文化层次与水平是不同的，基本价值观不仅覆盖各具体领域，而且其内容与核心价值观、终极价值目标相比也较为通俗直白，有助于彰显主流价值观的"主流性"，尽可能地使更多民众理解这一价值观。

当代中国主流价值观不仅具有鲜明的层次结构，同时也具有显著的特征。它不仅具有主流价值观的一般特征，同时也具有鲜明的自身特色。当代中国主流价值观的特征主要有以下四点：

首先，它是科学性与价值性的统一。当代中国主流价值观科学性与价值性相统一的特性跟三大层次结构是分不开的。在主流价值观的三大层次中，终极价值目标居于最高地位，具有航标性特征，同时也是最具有稳定性的层次，核心价值观以及基本价值观都深受终极价值目标的指引以及影响。终极价值目标的"灯塔"作用、航标性特征使当代中国主流价值观体现出崇高的价值性。而核心价值观起承接作用，它是终极价值目标在国家、社会、个人三大价值主体的有序展开，具有"承上"的任务；而三大价值主体都难免涉及各个具体领域，故它也有"接下"的使命。此外，各具体领域的基本价值观是终极价值目标和核心价值观实现的最基本要求、更具体的价值细化准则和形象化表述，展现出对社会现实的积极关照，因此，主流价值观又具有科学性。概括地讲，主流价值观三大层次相互影响、共同发挥作用，使得主流价值观既具有价值性，同时也不失科学性，是科学性与价值性的统一。

其次，它具有时代性。不同的时代往往会有不同的价值观，任何一种价值观都是时代发展的产物。现实中的具体社会生活以及社会存在是人们价值观的直接表现。有什么样的社会存在，就会产生什么样的价值观。经济基础有所变革，那么，与之相应地，人们的理想、观点、态度都会随之产生一定的变化。可以说，没有脱离社会现实、社会存在的价值观，尤其是社会的主流价值观，必须要充分把握时代的脉搏，感受多数民众心率的跳动。当代中国主流价值观反映的是改革开放以来的时代发展潮流，时代性特征极为显著。它充分反映了社会主义市场经济发展背景下多数民众的价值诉求。它是改革开放以来中国特色社会主义道路、制度以及理论在价值领域中的深刻反映。

再次，它具有引导性和统摄性。当代中国主流价值观由于是多数民众所信奉的价值观，具有"大众化"的特点，是"各种价值取向的汇流""社会各种价值观和价值取向的'重叠共识'"[1]，体现社会最大价值公约数，所以在整个价值观体系中拥有极高的社会认可度。因此，它一方面能够反映社会价值观念的总体特征，从宏观上体现整个社会价值观的性质并指引其走向；另一方面统摄其他非主流价值观，引导各种非主流价值观朝着正确方向发展，进而保持整个社会价值体系的和谐与稳定。

最后，它具有人民性。价值论认为主体需要是价值生成的最基础要素。客体能否具有满足主体需要的属性，直接关联着价值的生成。主客体之间的关系直接体现为客体从多层面满足主体需要，即价值关系。而在这种关系中主体需要的满足，本质就是利益的满足。因此，价值关系本质上就是利益关系。价值观的形成离不开这种以利益满足为核心的价值关系。不同群体、阶层、社会的价值观必然反映着不同群体、阶层、社会的利益关系，必然体现着不同主体的利益。当代中国主流价值观是中国特色社会主义价值观，反映多数民众想法和需要，更要反映多数民众这一主体的利益需求，这正是其人民性特征的具体展现。而且，当前人们利益需求的种类更加多样化、层次更加高端化，主流价值观必然要进一步反映多数民众现实而又多样的利益与需求。

---

[1] 廖小平. 主导价值观与主流价值观辩证——兼论改革开放以来主流价值观的变迁[J]. 教学与研究, 2008 (8): 11-16.

第二节　话语权与主流价值观话语权

一、话语权的内涵

要想弄清话语权的内涵,最基础的是了解话语的概念。何为话语?该词可追溯到拉丁语"discourse"。而"discourse"由"dis"（穿过）和"course"（行走）组成。按此理解,话语有言语表达之义。进一步看,依据这最初的语义,话语的表达应当是不受任何限制和干扰的,它可以自由展开于各方向。而在法语中,"话语"更接近于对事实诉说,也就是"言语"的意思。戴维·克里斯特尔所编的《现代语言学词典》对话语有这样的定义:"它是一些话段的集合、构成个别可识别的语言事件,例如一次会议,一个笑话,一次布道,一次采访等。"[1] 但是这个定义主要是从形式上来界定的,是按照传统的语言学角度来理解。在20世纪中期,哈里斯突破了传统对于有关话语的抽象式研究,首次提出了"话语分析"的概念。人们逐渐重视话语与现实社会的关系、话语与具体情境的联系,从而将话语分析运用于研究现实具体交往。后现代思想家米歇尔·福柯更是将话语分析运用于对意识形态、政治等问题的研究。在福柯的视域里,话语的构成是离不开符号的,但人们不能简单地把它看作"符号集团",这个"符号集团"只受到相应的语法规则的约束和限制,应当将其置于具体的社会关系中去考察话语的限定及其内涵。福柯认为,话语体现着人类与世界的关系,人与世界的关系从某种意义而言就是话语关系。人们的一切活动都脱离不了"话语"而进行,可以说,在福柯的视域里,话语其实也是一种

---

[1] [英]戴维·克里斯特尔. 现代语言学词典[M]. 沈家煊,译. 北京:商务印书馆,2000:111.

活动的过程。话语不仅有益于人类知识和信仰系统的形成与发展，并为实现以及巩固一定的社会地位而服务，而且，话语还会深刻影响社会领域中各种力量实力的削弱与发展及它们之间的相互关系。可见，在福柯的视域里，话语具有一定意识形态、政治的功能。

综合学者们对于话语的研究，可以看出学者们是从不同的认知角度、不同的学科来理解话语的，因此，学者们对于话语的理解不尽相同，存在一些争论，但是也取得了一些共识。如果要给话语下一个定义的话，话语可以理解为一种极具现实实践性的言语符号。话语可以凭借其外在形式的词汇、相关的语法和其他符号系统，表达隐藏在符号背后的精神意志乃至价值信仰。

厘清话语的概念只是基础的步骤，要想真正把握话语权的内涵，还要厘清"权"的含义。"权"内在地包含"权利"以及"权力"两重含义。因此，对于话语权的内涵，学术界是存在争议的，大部分学者倾向于从"话语权利"以及"话语权力"两个维度来进行理解与研究。

先看"权利"。《布莱克维尔政治学百科全书》曾对"权利"有较为深刻的解释，认为："权利描述一种制度安排，……表现一种正当合理的要求，……表现这个要求的一种特定的正当理由即一种基本的道德原则，该原则赋予诸如平等、自由或道德的力量等某些基本的个人价值以重要意义。"[①] 显然权利的深层意蕴强调的是资格、利益，或者说一种好处。那么，话语权利指的就是对话语运用的某种资格或好处。由于话语极具现实实践性，因此，按照这种理解，话语权利可以更为具体地分为言说权利以及行为权利两类。言说权利，主要指人们具体在言说、交流以及辩论等语言上享有的权利。行为权利，主要指表达公民主张、公民利益以及需求的权利，如参与选举、投票等权利。

---

① [英] 戴维·米勒, 韦农·波格丹诺. 布莱克维尔政治学百科全书 [M]. 邓正来, 主编. 北京：中国政法大学出版社, 1992: 661.

而"权力"的含义则与"权利"有着显著的差异。权力侧重强调一种支配力、掌控力。因此，如果把"权"理解为权力的话，那么所言的"话语权力"则强调的是言说者的权力，具体体现为言说者对于话语的支配能力以及支配程度。从权力的角度来理解话语权，典型的代表是福柯。福柯认为话语与权力紧密相关。前面说过，福柯认为话语具有某种意识形态或政治功能。由于话语与一定意识形态相关联，所以服务意识形态和执行某种权力意志难以避免。因此，福柯认为，每个话语其实也是一个调节、控制权力的系统，是一种控制力的表现。所以福柯明确提出话语即权力，人是通过话语来赋予自己相应权力的，话语是权力的重要表现形式，权力作用的发挥离不开话语。"如果没有话语的生产、积累、流通和发挥功能的话，权力关系自身就不能建立起来和得到巩固。"① 此外，话语与权力关系的密切性还体现在权力必然会产生话语。福柯认为，权力的施展、运用过程，其实也是创造新话语，赋予话语新的内涵、新的形式的过程。

综合而言，话语权从广义上来理解的话，可以认为是由话语权利以及话语权力构成的。但是相比较而言，话语权力在话语权中的地位显得更加重要。从狭义的角度来看，话语权侧重的是一种话语权力，强调控制力、影响力。对于观念、政治制度、意识形态以及价值观而言，它们的话语权尤其强调话语权力，具体来说就是指它们的影响力、控制力等方面。

二、主流价值观话语权

从价值观的内在属性来看，价值观是意识形态中最为根本的部分，是意识形态的核心。主流价值观充分体现主流意识形态。主流价值观话语权是近年来学术界开始着力探讨的理论与实践问题。当前学术界对于主流价

---

① [法]福柯. 权力的眼睛[M]. 严锋，译. 上海：上海人民出版社，1997：228.

值观话语权主要从主流价值观以及话语权两个分开的层面来进行研究，涉及二者之间的关系，间接地表达对主流价值观话语权的理解，但并没有全面、具体地对主流价值观话语权的概念加以界定。

前面说过，话语权从话语权利的角度来看，指一种对话语运用的某种资格或好处；另一方面，从话语权力的角度来看，指言说者对于话语的支配能力以及支配程度，体现为一种控制力、影响力。然而不管从哪个角度来看，话语权都离不开话语来发挥作用。对于话语权的实现来说，它必然要涉及话语的创造、话语的言说表达、话语的传播方式和传播渠道以及话语效果等方面，而话语的创造、表达、传播都离不开人这一主体。因此，对于话语权来说，它内在地具有话语主体、话语内容、话语方式、话语传播以及话语效果等五大要素。话语主体是话语权生成的主体要素，主要解决谁说的问题；话语内容是话语权的载体，解决"说什么"的问题；话语方式是话语权的言说方式，解决"如何说"的问题；话语传播是通过一定的平台和渠道表达话语内容和话语方式，解决"何种渠道方式"的问题；话语效果是指话语能否得到话语对象的反应和认同。而主流价值观是多数民众信奉、认同的价值观，集中体现了多数原则以及大众化的原则。因此，从国家、社会发展稳定的角度来看，一国社会的主流价值观需要不断地增强影响力，具体来说，在于能使更多的民众认同，能够进一步地引导各种非主流价值观健康有序地发展。可见，主流价值观话语权问题主要强调的是主流价值观的统摄力、感召力、影响力等如何实现与提升的问题。然而，主流价值观要想实现话语权，提高其统摄力、感召力、影响力，显然不能通过强制或者命令的方式来实现。通过强制或命令的方式来要求民众认同或践行主流价值观，只会让民众更加排斥、反感主流价值观，尤其是对于广大青年来说。这样不仅不能增强主流价值观的话语权，反而会更加减弱话语权。我们必须要采取较为"软"的方式，如通过灌输、引导、说服以及感染等方式，这样才能真正感化、说服更多的民众认同并自觉践行主流价值观。

综上所述,如果要给当代中国主流价值观话语权下一个具体的定义,可以将它理解为主流价值观的话语主体基于对话语内容、话语言说方式、话语传播体系、话语效果评价与反馈体系的构建而使主流价值观话语产生控制力、感召力以及影响力的一种权力。

三、主流价值观话语权与主流意识形态话语权的关联

当前,在学术界,意识形态话语权的研究是极为热门的问题。深入探讨当代中国主流意识形态话语权与当代中国主流价值观话语权的关联对于更好地理解主流价值观话语权具有重要意义。那么,主流价值观话语权与主流意识形态话语权之间有何关联?要想把握两者的关系,首先要弄清主流意识形态话语权的内涵。

要想有效把握主流意识形态话语权的内涵,必须从意识形态这一概念入手。了解意识形态的内涵、要义,才能论及主流意识形态及其话语权的问题。意识形态是一个在哲学社会科学领域极难把握的概念。尽管意识形态是难以把握的概念,但是还是值得思考与探索的。朱兆中认为:"意识形态就是以一定社会集团的利益和要求为出发点,以一定哲学或宗教为基础,以一定价值观为核心,以一定政治目标或社会理想为标识,以一定的话语系统表达出来并通过一定的组织程序确定起来的系统的思想信念。"[1]俞吾金也有类似观点,并提出意识形态所包含的范畴。他认为意识形态"至少包括三个范畴:信仰、价值观和理想"[2]。概括而言,意识形态是一种观念上层建筑。它不能与一定的社会经济基础相分离。更具体地说,它是把一定社会阶级、阶层和团体的利益需求当作根本出发点以及最终目标,以一定的理想信念、信仰、价值观作为核心,力求在整个社会形成较

---

[1] 朱兆中. 中国社会主义意识形态建设纵论 [M]. 上海:上海人民出版社,2003:5.
[2] 俞吾金. 意识形态论 [M]. 上海:上海人民出版社,1993:129.

为一致的理想信念、价值目标以及行为规范的思想体系。意识形态又可具体划分为主流与非主流意识形态。主流意识形态是在意识形态领域占主导地位、起统治作用的思想学说。它规定和影响其他意识形态的生存和发展。它集中体现了统治阶级的利益及其意志，也是一个社会思想以及价值文化的重要支柱，对于维护整个社会经济和政治结构发挥着重要作用。而主流意识形态与话语权是密切关联的。一定阶级以及社会集团为了维护、巩固现有的统治基础，必须要提升话语权，增强对社会舆论的控制，"谁拥有更多的话语权，谁就具有更多的社会影响力和控制权，谁就能引领社会发展方向和模式"[①]。当前学术界对于主流意识形态话语权概念的界定也存在分歧，但是概括而言，主流意识形态话语权可以理解为一定社会中占据统治地位的阶级、阶层或者集团以自身的阶级或集团利益为着眼点，通过创造和掌控话语，建构相应的话语体系，并运用多种传播手段和教育形式来引导民众认同本阶级或本集团的信仰、价值观、理想，进而获得引导和控制社会发展的权力。它是集中体现阶级利益关系之权力，也是一种较为特殊的文化形式。

那么，厘清主流意识形态话语权的基本内涵之后，主流意识形态话语权与主流价值观话语权究竟有何关联？笔者认为主要有两点：

首先，提升主流价值观话语权有助于推动主流意识形态话语权的建设。使主流意识形态的话语魅力得到增强，使主流意识形态能够得到社会成员的广泛认同，这些是主流意识形态话语权建设的关键。具体来说，主流意识形态话语权建设的好坏在很大程度上取决于反映统治阶级、阶层或集团的理想、信仰以及价值观的相关话语能否得到民众更为广泛的接受和认同。因此，对于主流意识形态话语权建设而言，一项重要任务就是努力提升民众对主流意识形态的认同。然而，"认同是主体对他者的自觉自愿

---

① 朱兆中. 当代中国的价值追求 [M]. 上海：上海人民出版社，2012：41.

的认可、接受、赞同、同意乃至尊崇……认同其实就是接受一套价值模式，并将其内化到个人的学习过程。因此，认同的核心、实质就是价值认同"①。主流意识形态的民众认同问题，关键在于使民众能够接受在经济和政治上占统治地位的阶层、阶级以及集团提出的一套价值模式，并将其内化于心，外化于行。因此，提升民众对主流意识形态认同的关键就是提升民众对主流意识形态的价值认同。而在一定社会中，当多数民众对于该社会的主流价值观保持接受、认同的态度，并积极地去遵守、践行这一价值观，这其实也能反映出民众对于这一社会的主流意识形态提供的价值模式是基本认同的，具体来说就是对主流意识形态实现了价值认同。而提升主流价值观话语权，本身就是把增强主流价值观的民众认同感作为重要目标。可见，提升主流价值观话语权有助于推动主流意识形态话语权建设。可以以当代西方主要国家为例，来对此做进一步的论证。在当代西方发达资本主义国家，由于资产阶级是统治阶级，国家的主流意识形态话语权集中表现为资产阶级意识形态话语权。这些国家，由于民众受到统治阶级的话语粉饰，再加上西方发达国家在政治、经济方面拥有雄厚的实力，人民生活水平相对较高，因此，大体而言当前多数西方民众是认同西式的民主、自由等所谓的"普世价值观"。但是所谓的"普世价值观"从根本上来看体现资产阶级利益。美国作为资本主义世界霸主，为何极力宣传这一价值观，并运用多种传播途径来推动这一价值观话语的传播，缘由很多，其中一个重要原因就在于通过提升这一价值观话语权来巩固民众对于资产阶级意识形态的价值认同，从而达到维护以及扩大资产阶级意识形态话语权的目标。

其次，提升主流价值观话语权本身就是主流意识形态话语权建设的重要内容。前面说过，主流意识形态话语权体现统治阶级、阶层或集团

---

① 聂立清．我国当代主流意识形态认同研究［M］．北京：人民出版社，2010：58．

的利益，然而无论是创造话语，还是建构话语体系，抑或是传播话语，其重要目标在于使民众能够认同统治阶级、阶层或集团的信仰、价值观以及理想，这样才能获得话语权。换言之，要想实现主流意识形态话语权，必须要把增强民众对于统治阶级、阶层或集团的价值观、理想以及信仰的认同作为主要着力点。价值观、理想以及信仰是有差异性、层次性的。"如果说价值观反映了'应然'对'实然'、'应当'对'是'的超越，那么理想、信念、信仰不仅是'应当'对'是'的超越，而且是更高的'应当'对'应当'的超越。"[1] 尽管主流意识形态的认同包含理想、信仰、价值观等具体方面的认同，但是最为根本的就在于反映主流意识形态的价值观念要受到民众接受和认同。从一定意义来说，虽然意识形态包含很多范畴，但价值观无疑是意识形态最重要的范畴之一。甚至有学者认为"意识形态可以界定为价值观的理论体系"[2]。当民众能够认同统治阶级、阶层或集团的意识形态所倡导的价值观，必然能够推动民众对统治阶级、阶级或集团的思想主张、理想信念以及信仰的认同。而反映主流意识形态的价值观，主要指的就是主流价值观。另外，增强更多民众对于主流价值观的向心力以及认同感本身就是主流价值观话语权提升的主要目的。可见，提升主流价值观话语权本身是主流意识形态话语权建设的重要内容。

---

[1] 王玉樑. 论理想、信念、信仰和价值观 [J]. 东岳论丛，2001（4）：63.
[2] 刘国普. 当代中国马克思主义意识形态话语权建设研究 [D]. 广州：华南理工大学，2014：24.

第三节　当代中国主流价值观话语权

一、当代中国主流价值观话语权概述

前文在分析当代中国主流价值观时，指出当代中国主流价值观也可称为中国特色社会主义价值观，因此，当代中国主流价值观反映了改革开放以来中国社会的发展过程以及价值取向。主流价值观具有大众性，当代中国主流价值观是当前国内多数民众所接受与认同的价值观，但是要想使当代中国主流价值观被更多民众理解与接受，内化于心、外化于行，并且为国际社会所了解，必须切实提高当代中国主流价值观的影响力、感召力。此外，当前在价值观领域，各种非主流价值观正在不断地争取民众以便增强影响力，在国际上，以美国为首的西方发达国家也在不断地加强意识形态与价值观的传播与渗透，力图通过"和平演变"的手段来颠覆和瓦解民心。前面说过，话语权既指"权利"，同时也指"权力"，对于意识形态以及价值观而言，尤其强调"权力"，即一种控制力、影响力。当代中国主流价值观要想巩固在价值观领域的"主流"地位，必须要努力获得话语权，而且要进一步提升话语权。那么，何为当代中国主流价值观话语权？前面论及主流价值观话语权主要强调话语主体通过对话语内容、话语方式、话语传播、话语效果等方面的构建来不断推动话语传播，从而使主流价值观增强对社会舆论的引领，巩固在价值观领域的地位。那么，对于当代中国主流价值观话语权内涵而言，可以理解为当代中国主流价值观的话语主体依据一定的原则，对当代中国主流价值观的话语内容、话语方式、话语传播以及话语效果等方面加强体系建构，通过使话语得到有效传播，从而使主流价值观加强对国内社会舆论的引领，并提高国际影响的一种权力。

前文多次强调，中国主流价值观话语权有基本的构成要素，要想全面理解、把握当代中国主流价值观话语权的内涵，必须从它的构成要素入手来展开分析，具体来看：

第一，当代中国主流价值观的话语主体。

通俗而言，话语主体是指"说的主体"。主体可以通过相应的实践化运作手段，"将其意义传播于社会之中，以此确立其社会地位，并为其他团体所认识"①。换言之，个体只有通过话语实践，才能提高、彰显自己的社会身份，影响甚至说服他人，从而构建有别于他人的特质。在社会主义中国，人民是国家真正的主人。广大民众可以创造、传播主流价值观话语。实现与提升主流价值观话语权离不开广大民众的努力。对于当代中国主流价值观话语权而言，广大民众是构成话语主体的基本力量。然而"话语权也体现在主体'说的话'所产生的影响力和支配力上，其对象是否接受，这本身就与'权威'联系起来"②，所以对于主流价值观话语权而言，话语主体除了广大民众之外，也必须要有"权威"的主体。在中国，中国共产党是执政党。中国共产党执政党地位的确立是近现代历史发展的必然结果，是人民的选择，代表着最广大人民群众的根本利益，极具权威与号召力。而中国政府是人民的政府，政府运用行政权力，通过相应的体制机制建设以及制度安排，不断满足人民日益增强的物质文化需要，因此，可以说政府也是极具权威的。综上所述，创造、表达与传播反映当代中国主流价值观的话语，实现并提升了当代中国主流价值观话语权，这一切显然离不开执政党和政府。领袖人物、领导集体、广大党员和领导干部显然是当代中国主流价值观话语权中极为重要的话语主体。当然还有其他相关的话语主体。总体而言，当代中国主流价值观话语权的话语主体具有复杂性

---

① 王治河. 福柯 [M]. 长沙：湖南教育出版社，1999：37.
② 吴永刚. 论当代中国主流价值观话语权建构 [J]. 宁夏社会科学，2016（1）：7.

以及多层次性。横向来看，有政治家、相关的理论工作者以及实际工作者；纵向来看，有领袖个人或领导集体、党员、干部和广大民众。

第二，当代中国主流价值观的话语内容。

话语权的实现与提升需要一定的话语内容做基础。话语内容涵盖面极大。话语内容中蕴涵着体现话语主体利益需要、理想目标以及原则、立场等诸多方面的信息内容。当一定阶级、阶层或集团的话语能够贴近话语对象，并真正反映话语对象的价值诉求，就有助于其利益实现，从而，这类阶级、阶层或集团的话语就能够获得一定的话语权。

就当代中国主流价值观的话语内容而言，它充分体现了各话语主体（尤其是执政党）的意志、愿景。而话语内容主要指（话语主体）"说什么"，因此，具体来看，当代中国主流价值观话语内容尤其强调的是当代中国主流价值观的主体内容以及核心思想。当代中国主流价值观涉及终极价值目标、核心价值观以及基本价值观三大层次，因此，围绕各层次的概念、范畴以及相关表述显然是主流价值观话语内容的重要组成部分。时代在不断变化，话语内容也需要随着时代的发展而不断创新。另外，由于话语内容体现话语主体的主观意志以及预期目标，具有主体倾向性，因此，无论党员、领导干部还是相关的理论家、思想理论工作者乃至普通民众在言说、传播主流价值观话语内容的过程中必须要充分考虑到话语对象以及传播平台因素的影响。只有话语对象理解与认同的话语内容以及符合传播平台定位的话语内容才能得到有效传播，进而获得话语权。

第三，当代中国主流价值观的话语方式。

前文说过，话语方式是指话语的言说方式，主要解决"怎么说"的问题。话语方式是构成话语权的重要因素。没有各种话语方式的运用，话语权力显然是难以实现的。在日常生活中，人们会思考和选择最合理有效的表达方式，努力使自己的想法得到充分表达以获得话语权。可以说，谁拥有效的话语言说方式，谁就能取得具有支配性地位的话语优势。当代中国主流价值观，要想实现与提升话语权，必须要借助话语的力量来进行言说与传播，否则主流价值观只会停留在理论层面，之后被束之高阁，难以被广大民众熟知、理解，这样话语权也就无从谈起，也将无法实现。对于当代中国主流价值观话语权而言，主流价值观话语的言说方式越合理，那么主流价值观所获得的话语权也就越大。然而，由于当代中国主流价值观具有三大层次，因此，依据其自身的内在逻辑，当代中国主流价值观话语必然是复合型的话语模式，它是终极价值目标话语、核心价值观话语以及基本价值观话语的有机统一。它以语言符号为外在表现形式，以主流价值观为内在价值旨归，是内容与形式的统一体。所以，当代中国主流价值观话语是极具学理性以及科学性的话语。不能仅用学理式的表达来言说主流价值观话语，因为这样只会将主流价值观话语的受众限定在特定的群体之内。我们必须要根据受众对象的不同采取不同的言说方式，既要有学理式的言说方式，也要有较为通俗、亲民、大众化的言说方式。总之，话语主体必须要运用合理的言说方式来言说主流价值观话语，最大限度地展现主流价值观话语的魅力以及感召力。

第四，当代中国主流价值观的话语传播。

要想表达、言说一定的话语内容显然需要借助相关的话语传播平台。话语传播主要涉及这一问题。那么，何为传播平台？具体来说，话语传播平台可以理解为话语的传播者向受众对象传递一定话语内容以及接收话语反馈的渠道和载体。一般来说，话语的传播者及其受众对象可以同时存在于一定的话语传播平台之中。话语平台也可以由话语的传播者建构。传播者借由相关的平台将受众对象吸纳到话语平台中可以获得乃至提升自身的话语权。而话语受众对象也是自由的，可以自主选择加入或者拒绝加入某一话语平台，影响传播者的话语权。从现实层面来看，无论是政治话语权、经济话语权还是思想文化话语权，都需要一定的话语传播平台。就当代中国主流价值观话语权而言，显然也需要借助相关的传播平台来传播主流价值观话语内容。

当代中国主流价值观话语内容涵盖面极广,涉及政治、经济、文化、社会、生态等各个领域。而各传播平台往往在平台定位、平台属性、平台受众对象类型等方面存在不少的差异,而当代中国主流价值观要想实现与提升话语权,需要尽可能多的覆盖人群,因此,对于主流价值观话语内容传播而言,需要运用多种传播平台。此外,由于当代中国主流价值观是反映多数民众意愿、理想的价值观,那么,从理论层面来看,将主流价值观话语内容广泛运用于多种传播平台也是具有现实可能性的。况且将同样的话语内容放在风格各异的话语平台上进行言说传播,往往会得到截然不同的话语反馈,这对于实现与提升主流价值观话语权来说是极具意义的。

第五,当代中国主流价值观的话语效果。

由于话语效果强调的是话语能否得到话语对象的接受与认同,可见话语效果与话语的生产、话语的传播以及话语的接受是密切关联的。就当代中国主流价值观话语权而言,话语效果是极为重要的构成要素。具体而言,当代中国主流价值观话语效果主要指主流价值观话语能够得到更多民众的接受与认同,进一步来说,它主要反映主流价值观话语议题的设置权、定义权、解释权以及控制权是否得到明显增强。如果主流价值观不能够对各种非主流价值观进行有效统摄与引领,而且社会成员对于主流价值观的认同度没有得到进一步提高,那么,这样的话语效果是较差的。当然必须指出,在当代中国主流价值观话语权中,国际话语权也是重要组成部分,当代中国主流价值观话语能否在国际价值观领域增强其影响力,能否让更多的外国民众了解主流价值观话语的内涵,理解主流价值观话语的先进性及其科学性,乃至于接受甚至认同,这也是衡量主流价值观话语效果好坏而必须要考虑的问题。

当然,衡量当代中国主流价值观话语效果来说,最为重要的还是具体评价与反馈。当代中国主流价值观话语效果评价的优势是比较明显的,要对话语传播的实际效果是否符合预期目标做出一个较为科学的检测，以形成有效反馈。而有效反馈可以使话语主体及时调整不适合传播的话语内容，选择适宜传播的话语内容；及时调整不合理的话语方式，选择较为有效合理的话语方式；及时减少或放弃不适用的传播平台而选择较为适用的话语平台，从而提高话语传播效果。

二、当代中国主流价值观话语权的特征与功能

（一）当代中国主流价值观话语权的特征

当代中国主流价值观话语权具有显著的特征，既具有强烈的渗透性，又具有显著的人民性以及充分的开放性。具体来看：

第一，强烈的渗透性。纵观当今世界，任何国家的主流价值观话语权都不是抢夺来的，需要通过持续地渗透使民众逐渐认同与接受。主流价值观话语权的形成和发展过程，本身就是一个循序渐进的过程。在社会主义现代化建设新时期，党和政府这两大当代中国主流价值观话语权的最重要的话语主体，积极通过广播、电视、报纸、网络等多种传播媒体来宣传当代中国主流价值观话语，使当代中国主流价值观逐步地渗透、影响到具体的社会生活，渗透到各级党委和政府的各项实际工作中，渗透到政治、经济、文化、社会、生态文明等各项建设中。尤其值得指出的是，当代中国主流价值观渗透于具体的路线、方针、政策以及相关的法律法规体系中，使广大民众感受到了主流价值观话语的影响。例如，2004年宪法修正案对宪法第13条进行了修改，明确公民合法的私有财产不受侵犯，社会主义平等价值观显然有机渗透于其中，并且得到民众积极的回应。

第二，显著的人民性。当代中国主流价值观话语权的人民性属性是极为明显的，它体现在许多方面。前文论及当代中国主流价值观的话语主体具有多层次性以及复杂性，其中人民群众本身就是构成主流价值观话语主

体的基本力量。话语主体是话语权的最基本构成要素，它在很大程度上影响着话语权建设的基本方向。人民群众作为基本的话语主体，能够使主流价值观话语的内容建构、话语传播不偏离人民需求的"轨道"，能够充分体现民众本身的价值诉求以及长远需要。可见，当代中国主流价值观话语权的人民性的影响是极为显著的。再者，对于当代中国主流价值观话语权而言，执政党和政府是极为关键、重要的话语主体。而在我国，党、政府与人民群众的利益从根本上是一致的。作为当代中国主流价值观话语权重要主体的党和政府，其创造了许多反映主流价值观的概念、范畴与表述。这些概念、范畴与表述内蕴的价值内涵从根本上看都是代表中国广大民众利益的。例如"中国梦"话语，它是新一届中央领导集体创造的重要政治话语，充分体现主流价值观和核心价值观的层次，它内含国家富强梦、民族振兴梦以及人民幸福梦，而这三梦中，最为根本的就是人民幸福梦。"中国梦"话语创造了许多反映主流价值观的概念、范畴与表述，并积极传播之，根本目标还是为了广大人民群众，使广大人民群众能够增强对当代中国主流意识形态的认同，更好地满足人民群众物质、情感的需求，有效解决群众各种困惑，从而使人民群众更好地生活。

　　第三，充分的开放性。当代中国主流价值观话语权是开放性的话语权，而非排他性、侵略式的话语权，这与西方国家的主流价值观话语权有着显著的差别。以美国为首的西方发达国家极力向全世界推广"普世价值观"，充斥着话语优越感，使话语权极具排他性、侵略性。当代中国主流价值观话语权充分的开放性特征是由中国特色社会主义初级阶段的基本国情决定的。在中国特色社会主义初级阶段基本国情的背景下，伴随着社会主义市场经济的确立和发展，在当代中国除了由以终极价值目标、核心价值观以及基本价值观三大层次为主要内容的主流价值观之外，也存在着各种形形色色的非主流价值观。受中国特色社会主义初级阶段国情，尤其是社会主义市场经济发展需要的影响，当代中国主流价值观话语权必须要具备开放性,绝不能强制、排他,要靠自身的话语魅力来引领、统摄其他非主流价值观。

此外,当代中国主流价值观话语权具有的充分开放性特征也与当代中国主流价值观本身的价值特性有关。当代中国主流价值观的三大层次价值理念本身就是秉持开放精神发展形成的,尤其是核心价值观层次中的12对基本范畴,既有从中华优秀传统文化中汲取的价值资源,也有从西方资本主义文明中扬弃而来的价值资源,也有从马克思主义理论中合理继承而来价值资源。当代中国主流价值观需要和其他价值观进行交锋,吸收其他价值观中反映当代中国社会发展趋势的内容与元素,提升价值观生命力内涵,要避免自身走向僵化、保守的境地,不能与大众脱节。

(二) 当代中国主流价值观话语权的功能

当代中国主流价值观话语权,是增强民族凝聚力以及向心力的重要基础,是推进我国文化软实力建设、维护和巩固我国主流意识形态的重要保证。这些都离不开其功能的发挥。当代中国主流价值观话语权具有显著的功能:维护政治合法性、价值评判以及引领社会思潮。

第一,维护政治合法性的功能。在政治学视域中,所谓合法性是基于对某种政治共同体、权威机构或者政治秩序的认知、认同,使其得到多数社会成员承认、尊重而形成的一种权威性。它是维持一定社会发展与稳定不可或缺的思想基础。哈贝马斯曾指出:"合法性意味着某种政治秩序被认可的价值。"[①] 它是一个政权能够长期存在并进一步发展必须具备的属性。一个政权如果没有取得政治合法性,那么这样的政权是难以稳固的,一个政权或一种社会制度最大的危机莫过于合法性危机。然而政治"合法性一方面为政治系统的一种属性,其特别与政府结构的绩效有关,取决系

---

① [德]哈贝马斯. 交往与社会进化 [M]. 张博树,译. 重庆:重庆出版社,1989:84.

统能力的主要因素;另一方面,统治的合法性为人民所赋予,当掌权者重视平等的原则,不因肤色、种族、信仰、党派之不同而有所不同的待遇时,最易取得人民的承认、接受和认同"①。可以说政治合法性的取得与巩固跟自由、民主、平等等价值观是否能够真正实现,赢得民众广泛接受与认同有着极大的关联。

自由、民主、平等之类的价值观要想实现,必须要有强大的感召力、影响力作为基础。具备强大的感召力、影响力的价值观,才能够引起民众的内心认同。当代中国主流价值观话语权本身就希冀通过科学建构话语内容,使反映自由、民主、平等之类的主流价值观的相关话语得到有效传播,从而让主流价值观产生强大的感召力与影响力。通过增强主流价值观的影响力与感召力,有助于民众进一步认同民主、自由、平等之类的价值理念,从而增强对中国共产党、政府以及中国特色社会主义制度的认同。可见,当代中国主流价值观话语权具有维护政治合法性的功能。况且,从宏观上看,当代中国主流价值观话语权的实现与提升的重点是推动反映主流价值观的相关话语的传播。但是从深层次看,由于这些话语都是反映中国特色社会主义的相关话语,这些话语的传播过程,从某种意义而言,也内在体现着中国特色社会主义理论的传播过程。可以说,当代中国主流价值观话语权本身就具有为中国特色社会主义辩护、论证中国共产党执政合理性的内在属性。总之,当代中国主流价值观话语权具有维护政治合法性的功能。

第二,价值评判的功能。主流价值观话语权本身就内具一定的价值评判标准,依据这个标准来对社会的人与事进行相应的评判,影响社会成员的思想意识以及具体行为。当代中国主流价值观话语权是把人民群众的利益作为评价标准,充分反映广大人民群众的意志。凡是符合或体现人民群

---

① LucianPye. "*The Legitimacy Crisis*", in L. Binder etal. (eds), *Crisis and Sequences in political Development* [M]. Princeton:Princeton University Press, 1971:135.

众利益的相关行为就是社会倡导的，凡是危及、损害人民群众利益的相关行为便是社会反对的。在当代中国主流价值观话语权的发展过程中，当代中国主流价值观话语权的话语主体要极力倡导的价值观话语，被通过多种传播渠道传递给社会成员。与此同时，对一些不良话语加强批判力度，使广大社会成员了解、弄清哪些话语是反映人民群众的根本利益，究竟如何能够实现其根本利益。更进一步来说，当代中国主流价值观话语权的话语主体应该使社会成员把握善恶、美丑的客观标准，使其不断提升思想道德境界，明辨是非、规范行为，使自身的思想意识以及具体的行为能够符合当代中国主流价值观话语权的价值评判标准。例如，当前党和政府话语主体，极力倡导"工匠精神"。"工匠精神"这一话语具有丰富的内涵，"包含了严谨细致的工作态度，坚守专注的意志品质，自我否定的创新精神以及精益求精的工作品质"[①]，从价值观的维度看，"工匠精神"其实是充分反映当代中国主流价值观中敬业价值观的话语。在全社会倡导"工匠精神"，本身就是推动敬业价值观传播的重要形式，而这一话语充分体现了当代中国主流价值观话语权本身所强调的价值评价标准。脚踏实地、兢兢业业、坚守专注、精益求精的品质从深层次来看，有利于社会主义现代化建设的推进，有利于人民幸福目标的达成。既然倡导"工匠精神"，那么，与"工匠精神"相违背的行为，必然会遭到谴责与批判。

第三，引领社会思潮的功能。伴随社会转型期的深刻变革，我国社会阶级结构也发生着剧烈的变化。在这些社会思潮中，既有爱国主义以及集体主义等积极向上的思潮，也存在拜金主义、享乐主义等堕落腐朽的思潮。各种社会思潮的碰撞和对抗，使很多人出现价值困惑。从学术角度看，学术领域无止境的"争论"渗透至日常生活和政治领域之后，容易造成人们思想混乱的局面，也可能造成价值冲突。因此，我们一定要把社会

[①] 肖群忠，刘永春.工匠精神及其当代价值[J].湖南社会科学，2015（6）：8.

思潮的争论与交锋控制在一定的范围内，保持合理的限度，使之不影响整个社会文化的发展。这就需要有效引领社会思潮。当代中国主流价值观话语权具有引领社会思潮的功能。这一功能主要是通过话语的强势传播而发挥作用的。当代中国主流价值观话语权是话语主体基于对科学理论的理解与把握，把马克思主义价值观理论与当代中国实践相结合，也要与中华优秀传统文化相结合，同时也需要吸收借鉴人类文明的成果，通过建构及传播话语而形成一种权力。由于当代中国主流价值观话语本身是融合中、西、马的产物，因此，话语极具包容性。这样的话语很显然具有传播优势。而爱国主义、集体主义社会思潮的相关话语从根本上看，与当代中国主流价值观话语是相一致的，因此，当代中国主流价值观话语在传播过程中，显然能够对这些思潮进行引领。而主流价值观话语在进行传播的过程中，必然会与个人主义、拜金主义等腐朽、落后社会思潮的相关话语进行交锋与碰撞，从而展开一定的话语斗争。由于个人主义、拜金主义等相关话语的局限性是尤为明显的，通过这样的交锋、斗争，主流价值观话语必然也能够引领、统摄这些社会思潮的话语，从而进一步稳固社会价值观领域"一元多样"的格局。

第二章 马克思主义经典作家关于主流价值观话语权的基本思想

任何理论学说都有一定的发展轨迹。虽然马克思主义经典作家没有明确提出当代中国主流价值观话语权的范畴和相关概念，不过在讨论意识形态的相关具体论述中，蕴含着有关主流价值观话语权的思想。从马克思主义经典作家的文献、论述中来探寻当代中国主流价值观话语权的理论依据，是主流价值观话语权研究不可回避的问题。

第一节 马克思恩格斯关于主流价值观话语权的基本思想

尽管马克思恩格斯并没有明确提出主流价值观话语权的概念，也没有明确论述如何提升与实现主流价值观话语权的问题，但是马克思恩格斯对于意识形态及其建设有着较为丰富的理论论述，内蕴着主流价值观话语权的相关思想。马克思恩格斯关于主流价值观话语权的思想主要体现在以下三个方面：

一、统治阶级及相关思想理论工作者是主流价值观话语权建设的主要话语主体

话语主体是话语权的最基础要素，主流价值观话语权建设的首要问题是解决谁来建设。马克思恩格斯没有直接就主流价值观话语权建设主体进行相关论述。但由于价值观是意识形态的核心，而马克思对于意识形态话语权建设的主体方面有相应的论述，可以说间接内蕴地指出了主流价值观话语权建设主体的相关问题。

《共产党宣言》强调："自有文字记载以来，至今一切社会的历史都是阶级斗争的历史。"①"一个阶级是社会上占统治地位的物质力量，同时也是社会上占统治地位的精神力量……统治阶级作为思想的生产者进行统治，他们调节着自己时代的思想的生产和分配。"② 思想的生产涵盖面极广，意识形态思想的生产是其中重要的组成部分。统治阶级既然是"思想的生产者"，那么在特定的历史时代，必然会有反映统治阶级意志的意识形态。无论是奴隶社会、封建社会还是资本主义社会都有反映统治阶级利益的意识形态。而统治阶级"调节着自己时代的思想的生产和分配"，其实这在一定程度上说明了统治阶级掌控着自己所倡导的意识形态思想的定义权、创造权以及传播权等。要想使这种意识形态增强影响力、控制力，显然是离不开统治阶级的。总之，统治阶级是意识形态话语权主要的话语主体。

除此之外，马克思还认为相关的思想理论工作者也是重要的话语主体。究其原因，需要从马克思所提出的"意识形态阶层"这一概念说起。何为意识形态阶层？马克思在《资本论》（第一卷）中分析，随着社会生产力的提高，工人阶级有逐渐介入非生产性劳动的趋势，进而提出了"意

---

① 马克思恩格斯文集：第2卷 [M]. 北京：人民出版社，2009：31.
② 马克思恩格斯文集：第1卷 [M]. 北京：人民出版社，2009：550-551.

识形态阶层"这一概念,他把"官吏、牧师、法律界人员、军人"[①] 等群体界定为意识形态阶层。而在后来,马克思对这一群体的组成有了更深的认识,认为意识形态阶层是由"君主、法官、教官、教士"等职业产生的,而且相关的学士、学者也属于这一阶层[②]。如果对马克思所言的意识形态阶层进行一定的概括和分类,那么,从广义上看,统治阶级以及相关的思想理论工作者是构成这一阶层的主要部分。由于教官、教士、学士、学者主要涉及思想理论工作,所以从狭义上看,意识形态阶层主要强调的是相关的思想理论工作者。马克思认为这一阶层在资本主义社会中是不可缺少的组成部分,在资本主义社会,各种职能是互为前提具有密切联系的,因此,由各个"意识形态阶层"构成的上层建筑也是极为必要的,而且这一阶层的活动不论好坏,总是好的[③]。由于思想理论工作者是"意识形态阶层"的重要组成部分,而"意识形态阶层"又构成上层建筑,显然在马克思的视域中,相关的思想理论工作者也是意识形态话语权的重要主体。

马克思关于统治阶级以及相关思想理论工作者是意识形态话语主体的论述,主要是从剖析阶级社会,尤其是资本主义社会得出的。而前文说过,价值观与意识形态有着密切的关联。在资本主义社会,资产阶级所强调的"自由""平等""博爱"等主流价值观影响力的扩大,显然也离不开统治阶级以及相关理论家的宣导传播。可以说,在资本主义社会,资本主义主流价值观话语权的获得是与统治阶级以及相关理论家这些话语主体的宣传、施加影响分不开的。

然而社会主义主流价值观尽管具有较之于资本主义主流价值观的显著优势,具有充分的科学性以及合理性,但是这种优势并不会自发地凸现出

---

① 马克思恩格斯文集:第5卷[M].北京:人民出版社,2009:513.
② 马克思恩格斯全集:第26卷[M].北京:人民出版社,1972:314-315.
③ 马克思恩格斯全集:第26卷[M].北京:人民出版社,1972:298.

来，也需要话语主体扮演好建设、传播的角色，才能逐步显现出来。马克思恩格斯关于统治阶级、相关的思想理论工作者是主流价值观话语权重要主体的论述，对于当代中国主流价值观话语权建设显然具有重要的现实启示。当代中国主流价值观话语权建设一定要重视话语主体建设，既需要党员领导干部发挥领导作用，同时又要倚重相关的思想理论工作者。

二、主流价值观话语权建设必须重视传播

传播，从其基本意思来看，其实体现的是一种交往活动。马克思恩格斯并没有直接论述主流价值观话语权建设中的传播问题，但是马克思的精神交往理论则内蕴或者说间接涉及思想和文化、价值观传播问题，能够给予当代中国主流价值观话语权建设一种深刻的思想启迪。值得指出的是，马克思自己也没有清楚说明"精神交往"的内涵。在马克思看来，交往是物质交往与精神交往的统一。

为了弄清"精神交往"的概念，必须要从"交往"这一概念入手。在《1844年经济学哲学手稿》中马克思就提到了"交往"这一概念，他主要从人与人、人与自然之间的关系来阐释这一概念。在论及"人与自然的交往"时，马克思指出："人靠自然界生活。这就是说，自然界是人为了不致死亡而必须与之不断交往的人的身体。"[①] 而对于"人与人之间交往"，马克思认为是"直接通过别人的实际交往表现出来和得到确证的那种活动和享受"[②] 显然，在马克思的视域中，人与自然的交往，更多的是出于物质的需要。而人与人之间关系的交往则是较为自觉式的交往。在随后的《德意志意识形态》中，"交往"的概念被频繁使用。马克思使用"内部交往"以及"外部交往""世界交往"等诸多概念。"内部交往"譬如个体之间的交往、群体间进行的交往，主要存在民族内部与经济、政治以及

---

① 马克思恩格斯全集：第42卷 [M]. 北京：人民出版社，1979：126.
② 马克思恩格斯全集：第42卷 [M]. 北京：人民出版社，1979：122.

文化等方面联系的交往。例如，他曾指出，个人之间的交往主要还是为了实现自身的社会化。"这种关系都是为我而存在的；动物不对什么东西发生'关系'，而且根本没有关系。"① 而"外部交往"主要指民族间、国与国间进行的交往。在马克思的视域里，他特别强调交往对于社会发展的重要影响，并认为世界交往是外部交往发展的必然结果，是一种历史趋势。他说："随着美洲和通往东印度的航线的发现，交往扩大了，工场手工业和整个生产运动有了巨大的发展。"② "当时市场已经可能扩大为而且日益扩大为世界市场，——所有这一切产生了历史发展的一个新阶段。"③ 总的来说，马克思在《德意志意识形态》中提及的"交往形式""交往关系"一类的概念主要指"生产关系"。当然马克思确实有相关的论述，比如马克思曾言："生产本身又是以个人彼此之间的交往为前提的。这种交往的形式又是由生产决定的。"④ 但是马克思在《德意志意志形态》中也有把交往关系以及生产关系并列使用的现象，在《1857—1858年经济学手稿》中更是明确将其并列使用："在以交换价值为基础的资产阶级社会内部，产生出一些交往关系和生产关系，它们同时又是炸毁这个社会的地雷。"⑤ 其实，交往关系远比生产关系丰富，它不仅涉及物质方面的关系，而且涉及政治、思想文化方面的关系。精神交往正是广泛意义上的交往，它明显涉及思想、文化等方面。概括而言，马克思的"精神交往"可以理解为，人们运用语言和文字等方式，在思想文化、价值观领域进行信息传播、交流，以使主体的思想、愿望和情感等心理、精神需要得到满足的互动性活动。精神交往跟物质实践活动有着极大的关联性。"思想、观念、意识的生产最初是直接与人们的物质活动、与人们物质的交往、与现实生活的语

---

① 马克思恩格斯全集：第3卷[M]．北京：人民出版社，1960：34．
② 马克思恩格斯选集：第1卷[M]．北京：人民出版社，1995：110．
③ 马克思恩格斯选集：第1卷[M]．北京：人民出版社，1995：110．
④ 马克思恩格斯选集：第1卷[M]．北京：人民出版社，1995：68．
⑤ 马克思恩格斯全集：第46卷[M]．北京：人民出版社，1985：106．

言交织在一起的。人们的想象、思维、精神交往在这里还是人们物质行动的直接产物。"①

精神交往的意义也是极为重大的。马克思指出，通过精神交往，"使地球上任何角落的人的精神沟通成为可能，交往方式的快捷性使各民族的精神产品成了公共的财产"②。然而如果进行深入分析的话，信息传播工具的改善自然有助于提升交往效果，但是要想使"各民族的精神产品成了公共的财产"，其实还涉及精神产品本身的问题。由于精神交往包含思想文化、价值观的传播与扩散，可以说，通过精神交往，有助于使较为先进的文化、价值观扩大它们自身的影响力，从而使作为受众的民众、民族能够认同甚至信奉这种文化价值观。这也是"各民族的精神产品成了公共的财产"的重要动因。这显然给当代中国主流价值观话语权建设很多的启示。当代中国主流价值观具有显著的价值特性，集中反映了改革开放以来中国社会的发展过程与价值取向，与此同时，它也具有鲜明的包容性，体现了人类社会价值观发展的历史趋势，和西方资本主义主流价值观相比有一定的超越性。因此，当代中国主流价值观要想提升话语权，增强对外的影响力、吸引力，要想获得更多民众的认同，必须要重视"精神交往"，重视传播的作用。

在马克思的视域里，精神交往具有重要的意义，但是要想使精神交往良好进行，必须要重视以下两个方面：第一，重视相关的技术与媒介。他在《机器、自然力和科学的应用》中说："印刷术则变成新教的工具，总的来说变成科学复兴的手段，变成对精神发展创造必要前提的最强大的杠杆。"③ 这里，马克思高度肯定了印刷术的发展对于新教的教义传播、新教受众的扩大有着重要意义。在当代，中国主流价值观话语的传播，仍然要

---

① 马克思恩格斯选集：第1卷[M]. 北京：人民出版社，1995：72.
② 马克思恩格斯选集：第1卷[M]. 北京：人民出版社，1995：276.
③ 马克思恩格斯文集：第8卷[M]. 北京：人民出版社，2009：338.

重视那些借助于文字形式呈现的书籍、报纸等媒介手段。然而,马克思也认为媒介的运用不能够单一化,不能仅限于书籍、报纸等媒介手段,应该丰富、多样。"文字只能把交往限制在视觉的范围内,通过思维,'精神的眼睛'与书报上抽象的对象交往。"[1] 对于当代社会来说,除了书籍、报纸之外,网络、新媒体等新的交往媒体方式也具有很大的影响力,显然,对于当代中国主流价值观话语权的实现与提升来说,必须要重视这些新的媒体。第二,需要重视语言及其表达。马克思认为语言对于抽象的思想、意识内容来说具有重要的承载性。在《德意志意识形态》中他指出:"语言和意识具有同样长久的历史;语言是一种实践的、既为别人存在因而也为我自身存在的、现实的意识。"[2] 语言可以直接承载意识与思想内容,因此,对于精神交往来说,语言是不可忽略的部分。语言既然是"思维生命表现要素",那么要想使抽象的思想意识能够得到更好的呈现,很明显必须要注重调试,并且优化语言的表达。这对于当代中国主流价值观话语的传播也具有深刻的启示。由于世界文明的多样性,语言种类是极为丰富的。要想使当代中国主流价值观话语传播到异国他乡,必须要重视当地的语言。对于国内来说,由于我国是多民族国家,很多民族也有自己的语言,因此,最好能够将主流价值观话语翻译成当地的语言,从而使主流价值观话语实现更好的传播。而当代中国主流价值观话语又是富有深刻学理性、思想性、抽象性的话语,要想使它得以更好地呈现,使民众更好地认同,显然必须要注重话语表达,优化言说方式。

三、主流价值观话语权建设必须注重提升说服力

主流价值观话语权建设的关键在于说服人,要让受众进一步认同、信

---

[1] 陈力丹. 精神交往论——马克思恩格斯的传播观 [M]. 北京:中国人民大学出版社,2008:87.
[2] 马克思恩格斯选集:第1卷 [M]. 北京:人民出版社,1995:9.

奉宣传的价值观话语，并能够自觉践行话语理念。马克思恩格斯虽然没有直接论述主流价值观话语权建设需要注重理论彻底性、说服力提升的问题，但是他们的著作中蕴含着无产阶级意识形态话语权建构的相关原理。马克思恩格斯认为无产阶级意识形态话语权的实现与提升很大程度上取决于理论说服力的强弱。在马克思恩格斯的视域中，理论和实践都有非常重要的作用。马克思一再强调，无产阶级想要实现革命的胜利、组建自己的政权，关键在于要有反映无产阶级以及人民群众利益的思想理论作为自己的精神武器。那么，怎样才能使这种革命性的意识形态得到更多受众的认同呢？马克思认为必须要注重提升理论的说服力。

由于价值观是意识形态最核心的部分，马克思对于无产阶级意识形态理论的说服力与意识形态发展的关系进行了论述，实际也间接或内蕴地指出了社会主义价值观话语权。或者说，未来社会主流价值观话语权的提升也必须要注重提升理论的说服力。此外，对于价值观本身来说，任何一种价值观要想凸显其优势，扩大影响力，提升话语权，都需要有一定的理论、学理做支撑。缺乏深厚理论做支撑的价值观是难以实现有效传播的，任凭话语主体具有何等程度的素质与能力，都难以从根本上获得足够的话语权。价值观与意识形态相比，其呈现形式往往较为清晰，比如说会由具体的范畴来呈现，如自由价值观、民主价值观、法治价值观等。因此，对于价值观话语权来说，它强调的理论说服力提升问题，重点就表现在如何使价值观的相关范畴增强说服力这一方面上。

那么，怎样才能提升主流价值观话语权的说服力？马克思恩格斯并没有明确的论述，但是他们对提升意识形态理论说服力问题有一些论述。通过梳理、分析他们的相关著作、论述，可以概括为以下几个方面：

首先，要坚持理论的彻底性。马克思曾指出："理论只要彻底，就能

<<< 第二章 马克思主义经典作家关于主流价值观话语权的基本思想

说服人。所谓彻底,就是抓住事物的根本。"① 在马克思的视域中,无产阶级意识形态理论只有对事物以及问题的本身从根本上进行阐明、澄清、回答,才能够使意识形态产生足够的吸引力,才能提升说服力,从而获取话语权。按照意识形态与价值观本身的逻辑关联,这里其实也间接指出了未来社会主义社会的主流价值观话语权要想提升说服力,就要注重理论的彻底性,具体来说,最为重要的就是注重具体价值观范畴相关理论的彻底性。

要做到"彻底",马克思恩格斯认为相关的理论必须要充分体现人民群众的利益。"人们奋斗所争取的一切,都同他们的利益有关。"② "思想一旦离开利益,就一定会使自己出丑。"③ 倘若相关的理论没有反映民众的根本利益,那么这样的理论是很难具有说服力的,也是很难得到民众认同的。在马克思看来,无产阶级政党要掌握意识形态的话语权,必须要让相关的理论、思想充分体现、反映人民群众的利益,不仅要反映其短期的利益,更要反映其长期利益。通过不断满足人民群众的需要,增强人民群众对它的认识,才能真正掌握好"人民群众"。马克思的这一论断,不仅科学揭示了在无产阶级尚未取得政权之前的理论策略要求,其实也适用于无产阶级夺取政权之后。在无产阶级掌权后,社会主流价值观的建设成为无产阶级意识形态建设的重要组成部分。要想巩固无产阶级意识形态话语权,如何提升社会主流价值观话语权就显得至关重要。那么,对于社会主流价值观的相关范畴来说,显然必须要体现人民群众的利益。相关的价值观范畴只有体现人民群众的利益,增强价值观范畴的"理论彻底性",才能提升相关价值观范畴的说服力,这对于话语权提升来说极为重要。

其次,要提升理论的说服力,相关的理论必须积极回应时代课题。"理

---

① 马克思恩格斯选集:第 1 卷 [M]. 北京:人民出版社,1995:9.
② 马克思恩格斯全集:第 1 卷 [M]. 北京:人民出版社,1956:82.
③ 马克思恩格斯全集:第 2 卷 [M]. 北京:人民出版社,1957:103.

论在一个国家的实现程度，总是决定于理论满足这个国家的需要的程度。"①马克思曾多次强调无产阶级意识形态理论要想获得民众认同，就必须重视对时代课题的把握，要重点抓住在人类社会发展过程中最紧迫以及最现实的问题，对之加以回应。马克思的这一论断不仅指无产阶级革命前，同时也指无产阶级革命胜利之后。这其实也间接、内蕴地指出了未来社会的社会主义价值观要想巩固在价值观领域的主流地位，要想增强价值观话语内容的说服力，必须使话语内容及时地关照在社会现实里。只有根植于实践，反映社会现实的话语，才能够使话语保持先进性，增强与社会的契合性，提升说服力。

再次，要注重批判与斗争。在马克思恩格斯的视域里，在阶级社会里，意识形态具有明显的阶级性。前文也论述过，统治阶级这一主体是意识形态话语权建设中最为重要的主体。不过马克思又指出，在资本主义社会，社会日益分化为两大对立阶级：无产阶级和资产阶级。两种阶级分别代表着不同的阶级利益，这两大阶级要想扩大本阶级的利益，两种阶级的意识形态将难免出现激烈的斗争与对抗，彼此争夺话语权。那么无产阶级意识形态要想实现与提升话语权，在理论说服力方面，显然需要加强对资产阶级意识形态理论的批判与斗争，通过批判与斗争来彰显无产阶级意识形态理论是科学性的理论、是先进性的理论，这样才能提升无产阶级意识形态理论的说服力。在当今时代，尽管当前世界形势与马克思恩格斯所处的年代有着很大的变化，但还是有无产阶级意识形态与资产阶级意识形态的相互对峙、对抗，并且存在冲突的问题，这集中体现为以自由、平等、博爱等为核心的"普世价值观"与社会主义主流价值观的较量。那么，要想提升当代中国主流价值观话语权，显然要加强对"普世价值观"中明显局限性的揭露与批判，从而凸显当代中国主流价值观话语的先进性和说

---

① 马克思恩格斯文集：第 2 卷 [M]. 北京：人民出版社，2009：12.

<<< 第二章 马克思主义经典作家关于主流价值观话语权的基本思想

服力。

总之,马克思恩格斯尽管没有明确指出主流价值观话语权建设的基本思想,但是在他们的著作中蕴含着许多无产阶级意识形态话语权的相关思想,能够反映出马克思恩格斯的相关论述其实也蕴含着丰富的主流价值观话语权建设思想,能给予当代中国主流价值观话语权建构深刻的启发。

第二节　列宁关于主流价值观话语权的基本思想

列宁继承并发展了马克思恩格斯关于意识形态以及价值观建设的相关思想,十月革命之后,社会主义价值观逐渐成为俄国的主流价值观,如何提升这一主流价值观的话语权,是十分重要的任务。尽管列宁也没有明确提出主流价值观话语权的概念以及具体加强主流价值观话语权建设的举措,但是他的许多著作及相关讲话蕴含着主流价值观话语权的思想,具体体现在以下四个方面:

一、"灌输"是提升主流价值观话语权的有效手段

列宁认为要想提升社会主义价值观这一主流价值观的话语权,必须要加强对民众的马克思主义理论教育,必须使群众进一步掌握理论。通过增强民众对于马克思主义理论的熟识度、理解度,可进一步提升大众对社会主义价值观的认同感。如何能够使群众掌握理论,列宁认为必须要加强对群众的"灌输"。

列宁强调,"工人本来也不可能有社会民主主义的意识。这种意识只能从外面灌输进去。"① 在十月革命胜利之前,列宁认为要想实现对社会主

---

① 列宁选集:第1卷[M].北京:人民出版社,1995:317.

义意识的"灌输",必须要把社会主义理论与工人运动相结合。十月革命胜利之后,列宁认为要想提升主流价值观的民众认同度、实现话语权,必须要进一步运用"灌输"。他认为灌输首先需注重方式和方法。"要善于对所有一切专横和压迫的现象做出反应……要善于把所有这些现象综合成为一幅警察暴行和资本主义剥削的图画……要善于利用每一件小事来向大家说明自己的社会主义信念和自己的民主主义要求,向大家解释无产阶级解放斗争的世界历史意义。"① 列宁的这段论述形象地说明了灌输不能依靠外力强行进行,必须要重视感化、说理等方式,此外灌输还应当结合社会各阶层的心理特征,努力贴切民众生活。通过一些生动的描述,可使广大民众能够透过现象看本质,从而加深对资本主义制度局限性的深度认识,同时也可以使广大民众更好地理解社会主义的优越性,这对于提升社会主义价值观这一主流价值观话语权显然是极为有益的。

其次,列宁认为灌输尤其要重视青年、农民这两大类群体。关于青年群体,列宁认为这一群体是马克思主义理论教育中极为重要的群体,因为青年是社会主义建设事业的继承者,是极具革命与建设热情的群体。加强对青年群体的马克思主义理论教育,使青年认同社会主义、认同共产主义远大理想,才能巩固社会主义价值观这一主流价值观话语权的现实基础。对此,列宁曾明确指出,"我们是未来的党,而未来是属于青年的"②。然而,青年也是资产阶级争夺的对象,资产阶级一直在不断追求通过思想的传播与渗透腐蚀青年来达到削弱社会主义根基的目的。十月革命胜利之后,列宁认为为了增强社会主义价值观的话语权,理论灌输一定要重视青年这一对象,要使马克思主义理论对于广大青年群体产生强大的吸引力。因此,列宁强烈要求无论党的核心领导人,抑或分管文化建设的相关苏维埃机关,都要高度重视青年群体的马克思主义理论灌输教育,同时也要在

---

① 列宁选集:第1卷 [M]. 北京:人民出版社,1995:364-365.
② 列宁全集:第14卷 [M]. 北京:人民出版社,1988:161.

<<< 第二章 马克思主义经典作家关于主流价值观话语权的基本思想

战略上重视非社会主义价值观对于青年群体的影响，要采取有力的措施坚决与之斗争，从而使广大青年不仅真正认同社会主义价值观，并且也自觉践行之，积极为党和国家的发展而努力奉献。在列宁的积极呼吁与领导下，"俄罗斯共产主义青年团"于1918年成立。该团体的最重要任务之一就是协助执政党对广大青年进行马克思主义、共产主义的思想教育，增强对非社会主义价值观的鉴别力、抵御力。列宁不仅为广大青年多次开展演讲，同时也进行着相关的写作。尤其是在1920年10月，他在"俄国共产主义青年团"发表了著名的演说，即《青年团的任务》，极大地增强了青年人对于社会主义价值观的认识与理解，这篇演讲成为青年积极投入社会主义建设事业的重要力量源泉。

除了青年群体，十月革命后，列宁也高度重视农民群体的理论灌输工作。列宁认为当时苏俄农民在旧社会长期形成的陈旧的、落后的思想意识（主要指封建主义思想以及小生产者意识）不会马上被消除干净。因此，要想增强社会主义价值观的话语权，必须要通过强有力的理论灌输来加强农民群体的思想意识改造，"使他们克服旧制度遗留下来的旧习惯、旧风气，那些在群众中根深蒂固的私有者的习惯和风气。……决不能忘记这个整个社会主义革命的主要任务"[①]。通过加强对农民的理论灌输，使他们认同社会主义，这样才能进一步扩大社会主义价值观这一主流价值观认同的阶级基础，促进话语权的实现与提升。

二、通俗化表达是促进主流价值观话语传播的重要方式

语言是整个人类社会人们借以表情言意的极为关键的交际工具。通过语言能够实现各种思想文化的交流。社会主流意识形态以及价值观话语传播必须要重视语言及其表达、运用的问题。既然语言如此重要，那么，怎

---

① 列宁全集：第41卷［M］.北京：人民出版社，1986：355.

样能够推动语言的有效运用？列宁认为必须要注重通俗化的表达。"通俗化"的表达，是指运用简单、明了、直白、群众易听易懂的语言来进行言说、表达。他曾强调，"坚决抛弃难懂的术语，外来语，背得烂熟的、现成的但是群众还不懂、还不熟悉的口号"①。显然列宁认为艰深晦涩的言说方式是不利于民众理解的。列宁关于语言表达方式要通俗化的相关思想主张由来已久。他在1894年所写的《什么是"人民之友"以及他们如何攻击社会民主党人?》中就对俄国的社会主义者提出了如下的要求："应该更详细地探讨对俄国历史和现实的马克思主义观点，……应该进而把这个理论通俗化，把它灌输给工人……以便传播社会民主主义并把工人团结为一支政治力量。"②另外，列宁本人也是亲力亲为，积极地用通俗化的表达方式来加强广大工人和民众的马克思主义教育。他在19世纪90年代在与友人的书信中就曾说道，"我最大的希望和幻想得最多的就是能够为工人写作"③。他所写的《告托伦顿工厂男女工人》《对工厂工人罢工法的解释》等著作都堪称通俗化表达的典范之作。不仅是工人，列宁对农民也同样注重运用通俗化的表达方式。例如，在1903年列宁写了《告贫苦农民》一文，运用马克思主义的观点，通过通俗化言说方式深刻剖析了农民贫困的根源、工农联盟的重要性以及对未来国家的具体构想这几方面。这有利于农民加强对马克思主义和社会主义的认识与理解。可以说，在十月革命前，列宁的马克思主义通俗化表达思想在增强民众对于马克思主义和社会主义的认同方面发挥了重要作用，同时也对社会主义价值观成为俄国社会主流价值观发挥着积极影响。

十月革命之后，列宁深刻地认识到，如何运用有效的语言表达来使社会主义价值观这一主流价值观在广大民众中宣传开来，是这一主流价值观

---

① 列宁全集：第14卷[M]. 北京：人民出版社，1988：89.
② 列宁全集：第1卷[M]. 北京：人民出版社，1984：284.
③ 列宁全集：第44卷[M]. 北京：人民出版社，1990：13.

第二章 马克思主义经典作家关于主流价值观话语权的基本思想

话语权实现与提升的重点。对此，列宁尽管没有明确指出主流价值观话语的言说要注重通俗化的表达，但是通过分析其相关的讲话、论述，还是可以看出他是充分肯定通俗化表达在主流价值观话语传播中的重要性的。他曾提出一个著名的论断，"最高限度的马克思主义=最高限度的通俗化"[①]。反映社会主义价值观的相关话语就是反映马克思主义、社会主义主要特征的重要话语，因此，要想实现有效的传播，就必须采取通俗化的言说方式。对于社会主义价值观这一主流价值观话语如何进行通俗化表达这一问题，通过梳理列宁的相关论述，可以概括为以下两大方面：

首先，列宁认为党报、机关报纸这些传播主流价值观话语的重要平台要重视通俗化的表达。党报和机关报纸是传播社会主义价值观话语的重要平台，然而十月革命胜利后，当时的党报和机关报存在着一定程度的空洞宣传的情况，列宁强烈抨击这种现象。在1918年，列宁对于报纸这些现象提出明确的要求，要"少来一些政治空谈。少发一些书生的议论。多深入生活"[②]。显然，列宁认为报纸的言说要少些说理性、空谈性，多些通俗性、大众性，这样才能使民众爱看报纸，才能使民众逐渐对报纸所传播的社会主义价值观话语内容真正产生兴趣，这是主流价值观话语权建设极为重要的方面。

其次，列宁认为推进话语通俗化的表达要避免庸俗化、冗长化的趋向。列宁认为进行通俗化的表达并不意味着完全迎合民众。反映社会主义价值观这一主流价值观的相关话语本身极具科学性以及价值性，倘若这些话语走向庸俗化、冗长化，显然会降低主流价值观的价值优势，不利于主流价值观话语的传播。关于庸俗化，列宁在十月革命之后，曾针对党报这一主流价值观话语传播的重要平台明确指出，这类报纸"应当是千百万人都能看懂的通俗报纸，但绝不能庸俗化。不要降低水平迁就落后读者，而

---

① 列宁全集：第36卷［M］.北京：人民出版社，1959：468.
② 列宁全集：第35卷［M］.北京：人民出版社，1985：93.

要不断地——十分谨慎地逐渐地——提高读者的水平"①。一旦走向庸俗化，不仅无法使主流价值观话语有效传播，甚至还会适得其反，使民众认为主流价值观话语本身就具有相当局限性的。除了要防止庸俗化，列宁也强调要防止冗长化表达的趋向。冗长化的表达表现为啰唆、重复。对于社会主义价值观这一主流价值观话语的表达来说，由于话语具有鲜明的马克思主义、社会主义特征，因此，在进行相关话语表达时难免会提及马克思恩格斯的相关著作。但是列宁认为对于广大民众来说，党报、机关报以及相关的理论工作者这些话语主体在进行相关的话语言说时，切记大量机械摘录马克思恩格斯的著作，因为这样做，容易导致言说表达冗长晦涩，这是不利于主流价值观话语传播的，甚至可能让民众觉得这一主流价值观的科学性与价值性是生搬硬凑的，从而产生质疑。列宁指出要避免表达的冗长化，对于相关的话语主体来说，尤其是党报、机关报等媒体宣传工作者，要"从最简单的、众所周知的材料出发，用简单的推论或恰当的例子来说明从这些材料得出的主要结论，启发肯动脑筋的读者不断地去思考更深一层的问题"②。这样才能增强广大民众对于主流价值观言说主体的信赖感，从而进一步增强对苏维埃政权的认同感，这对于更好地推动社会主义价值观这一主流价值观话语的传播而言，是极为重要的。

三、不断夯实物质基础是实现与提升主流价值观话语权的有力保障

社会主义价值观成为俄国社会的主流价值观之后，列宁认为，要想提升这一主流价值观的话语权，不仅需要借助有效的灌输手段、通俗化的表达方式，还要重视大力发展生产力，不断增强苏俄的经济实力，夯实物质基础，这样才能够彰显社会主义的优越性，才能进一步吸引民众对于社

---

① 列宁全集：第6卷 [M]. 北京：人民出版社，1959：126.
② 列宁全集：第5卷 [M]. 北京：人民出版社，1986：322.

<<< 第二章 马克思主义经典作家关于主流价值观话语权的基本思想

主义价值观的认同,提升其话语权。列宁有此认识,跟其长期对社会主义的探索有着很大的关联。以十月革命为分界点,列宁前后思想发生了巨大的变化,但是其中有一点列宁始终如一,而且随着实践的推进,列宁更是坚定了这种认识。这一点指的是:社会主义的最显著特征之一是以高度生产力发展为基础。在十月革命前,他曾言道:"马克思和恩格斯在他们的科学著作中,最先说明了社会主义不是幻想家的臆想,而是现代社会生产力发展的最终目标和必然结果。"① 可见,列宁在十月革命前对于社会主义特征具有深刻的认识,社会主义显然是高于资本主义生产力的一种新的社会形态。

在十月革命之后,列宁对于社会主义这一特征的认识进一步深化。他指出:"没有建筑在现代科学最新成就基础上的大资本主义技术,没有一个使千百万人在产品的生产和分配中严格遵守统一标准的有计划的国家组织,社会主义就无从设想。"② 这里,列宁显然认为社会主义价值理想的实现,必须要有高度发达的生产力。列宁认为俄国是一个较为落后的国家,第一次世界大战又使俄国遭遇了重创。因此,十月革命之后,面对这样落后的国家,要使强调"共同富裕""自由""平等""公平"的社会主义价值观这一主流价值观实现并提升话语权,最为根本的途径是充分彰显社会主义价值观中经济价值观的优越性,通过大力发展生产力,不断夯实物质基础,提高人民收入和生活水平,使民众了解社会主义强调的"共同富裕"价值观并不是空中楼阁,它是完全可以实现的价值梦想,它具有显著优越性。他曾言:"非得改善农民的生活状况,提高他们的生产力不可。"③

列宁不仅认为大力发展生产力、夯实社会物质基础对于实现与提升主流价值观话语权具有重大意义,而且也探索出了发展生产力、夯实社会物

---

① 列宁选集:第1卷 [M].北京:人民出版社,1995:88.
② 列宁选集:第3卷 [M].北京:人民出版社,1995:525-526.
③ 列宁全集:第41卷 [M].北京:人民出版社,1986:207.

质基础的具体有效措施。这里必须要指出，尽管俄国在十月革命之后推行"战时共产主义政策"，但是这是在特殊的时代背景下推出的，确实也出现了不少问题，"尤其存在着急于向社会主义、共产主义直接过渡，或者说急于实现社会主义价值的倾向"①。"战时共产主义政策"从某种意义而言忽视了社会生产力发展的基础。对此，列宁曾反思，"我们上层制定的经济政策同下层脱节，它没有促成生产力的提高，而提高生产力本是我们党纲规定的紧迫的基本任务"②。然而回顾十月革命之后列宁对于发展生产力和夯实社会物质基础的探索历程，列宁还是提出了许多极具现实价值的新思想、新观点，对于俄国的社会主义建设，对于夯实社会物质基础，提高人民生活水平，提升社会主义价值观对于民众的感召力、吸引力具有重大意义。

列宁首先认为生产力能否实现快速发展、高速发展，一个很重要的因素是能否实现电气化、工业化。在推进俄国的经济建设中，列宁十分重视俄国的电气化、工业化实现问题。他曾言："蒸汽时代是资产阶级的时代，电气时代是社会主义的时代"③"共产主义就是苏维埃政权加全国电气化"④。只有全面推进电气化、工业化，建立完整的国民经济体系，才能够为物质财富的极大丰富奠定极为重要的基础。其次，列宁认为要想推进生产力发展、夯实物质基础，必须要高度重视知识分子这一群体。知识分子在推进生产力发展，夯实物质基础方面起着极为重要的作用。马克思恩格斯高度重视知识分子的问题。恩格斯曾特别指出："过去资产阶级革命向大学要求的仅仅是律师，作为培养他们的政治活动家的最好的原料；而工人阶级的解放，除此之外还需要医生、工程师、化学家、农艺师及其他专

---

① 方爱东. 社会主义核心价值观研究 [M]. 合肥：中国科学技术大学出版社，2013：91.
② 列宁选集：第4卷 [M]. 北京：人民出版社，1995：576.
③ 列宁全集：第38卷 [M]. 北京：人民出版社，1986：117.
④ 列宁全集：第40卷 [M]. 北京：人民出版社，1986：30.

门人才,因为问题在于不仅要掌管政治机器,而且要掌管全部的社会生产,而在这里需要的决不是响亮的词句,而是丰富的知识。"① 列宁在革命和建设实践的基础上,进一步丰富和发展了这种思想。列宁在领导俄国的社会主义建设过程中多次强调俄国的经济发展、社会进步必须要倚重知识分子。他曾指出:"如果我们能把所有的技术家都安排在理想的工作环境里,那么,二十五年以后,俄国一定会成为世界上的先进国家。"② 再次,列宁认为要想实现生产力的高速发展,不断夯实物质基础,还需要积极借鉴西方资本主义国家的有益经验,学习西方的先进技术。在列宁的号召和鼓励下,苏俄从西方资本主义国家引进了大量的技术、设备,同时还学习西方一些先进的管理方法。他曾言:"社会主义能否实现,就取决于我们把苏维埃政权和苏维埃管理组织同资本主义最新的进步的东西结合得好坏。"③

列宁的这一思想,对于当前我国主流价值观话语权的提升来说,也有重大启示。对于当前我国主流价值观话语权的提升来说,一方面需要重视从主流价值观话语权自身的内在要素着手,探讨主流价值观话语权提升的问题;另一方面也要重视主流价值观话语权的外部环境,采取有效的措施来不断地发展生产力,从而进一步增强经济实力,提高人民生活水平,不断增强民众自发认同主流价值观的动力。

四、注重多样化载体运用是实现与提升主流价值观话语权的重要途径

社会主义价值观这一主流价值观话语权的实现离不开有效的传播,传播的载体的运用也是极为重要的。列宁认为社会主义价值观话语的传播必须要充分运用各种载体,要充分运用广播、报纸、书籍以及电影等载体,

---

① 马克思恩格斯全集:第 22 卷 [M]. 北京:人民出版社,1965:487.
② 回忆列宁:第 2 卷 [M]. 北京:人民出版社,1982:329.
③ 列宁专题文集·论社会主义 [M]. 北京:人民出版社,2009:98.

使反映社会主义价值观的相关话语能够得到有效传播。具体来看主要有以下三种载体：

首先，列宁认为广播具有显著的传播优势。在 1920 年 2 月，列宁在给著名的无线电发明家邦契·布鲁也维奇的书信中称他们发明的广播为不要纸张、没有距离的报纸①，充分肯定了广播宣传的现实价值。此外，列宁最早阐明了广播在社会主义主流意识形态以及价值观宣传中的重要性。在 1922 年 5 月 19 日，他在给《斯大林的信》中指出："无论是就进行宣传鼓动（特别是对没有文化的群众进行宣传鼓动）来说，还是就举办讲座来说，'广播'都是我们绝对必要的。"②列宁深刻地认识到推动社会主义价值观话语的传播，马克思主义理论的宣传是重要的基础。因此，列宁对于广播的舆论宣传提出了明确的认识，那就是要把对马克思主义的宣传当作广播宣传的重要任务。由于广播能够"把一个人的生动的语言播送到尽可能远的地方"，因此，借助于这一载体来宣传马克思主义，显然能够有效扩大马克思主义学说的受众覆盖面，这对于主流价值观话语的传播来说是极为有利的。

其次，列宁认为要想推动主流价值观话语实现有效传播，要重视报纸这一媒体，尤其是党报和机关报。列宁在革命时期就高度重视报纸的舆论宣传作用。他认为："创办全俄政治报应当是行动的出发点，是建立我们所希望的组织的第一个实际步骤。"③ 而且，列宁也身体力行，积极参与报纸的创办与编辑工作。在他的领导与努力下创办了俄国第一个传播马克思主义的报刊，即《火星报》，对马克思主义思想推广，对促进工人、农民的觉醒发挥了巨大的作用。十月革命之后，列宁认为主流价值观话语的宣传仍然要发挥报纸的舆论宣传作用。他指出，"报刊应该成为社会主义建

---

① 列宁全集：第 49 卷 [M]．北京：人民出版社，1988：244.
② 列宁全集：第 43 卷 [M]．北京：人民出版社，1987：192.
③ 列宁全集：第 5 卷 [M]．北京：人民出版社，1986：6-7.

第二章 马克思主义经典作家关于主流价值观话语权的基本思想

设的工具"[1]。报纸的宣传有助于帮助人们更好地理解社会主义制度的优越性,使人们深刻认识到社会主义强调的重视人民利益、追求国家繁荣昌盛的价值观是极为真实的,突出了社会主义价值观的价值特性,有助于提升社会主义价值观在价值观领域的感召力、辐射力。

再次,除了广播和报纸以外,列宁也充分认可电影在传播主流价值观话语中起到的重要作用。电影具有表现形式的丰富性、新颖性以及内容的可复制性等特征,受众的对象可以覆盖大部分群体,对文化层次与水平方面没有明显的要求,所以在意识形态以及价值观领域的传播中具有独特的地位。列宁高度重视电影事业的发展,对于电影给予很高的评价,他曾强调,"在一切艺术中,对我们来说,最重要的就是电影"[2]。既然电影如此重要,那么怎样使电影成为社会主义价值观这一主流价值观话语传播的重要平台,为社会主义建设事业服务,就成了列宁极为关注的问题。对此,列宁认为必须要加强对电影事业的有效管理。1922年1月17日,列宁在《对电影事业的指示》中强调:"教育人民委员部应当对所有影片的放映组织监督,并形成制度。在俄罗斯联邦上映的所有影片,都应在教育人民委员部登记编号。"[3] 在这里,可以看出列宁希望电影的反映权掌控在苏维埃政权手中,以保证电影能够在社会上产生正面的宣传效果。再者,列宁认为要想使电影达到积极传播主流价值观话语的目标,反对和揭露一些非主流价值观宣扬的错误的价值观念,那么就必须加强意识形态以及价值观教育方面电影的拍摄,要多出一些优秀的作品。例如,1919年4月12日,他在《给秘书的指示》中针对影片解剖圣者干尸强调,"应监督并检查,使这部电影能在莫斯科早日上映"[4]。列宁究竟为何希望这部电影早日上

---

[1] 列宁全集:第34卷[M].北京:人民出版社,1985:172.
[2] 列宁全集:第42卷[M].北京:人民出版社,1987:594.
[3] 列宁全集:第42卷[M].北京:人民出版社,1987:383.
[4] 列宁全集:第48卷[M].北京:人民出版社,1990:551.

映，这跟当时俄国的社会环境有着很大的关系。当时俄国有大量的东正教基督徒，这些信徒相信"圣者干尸"（即尊奉着东正教圣徒的遗骸），并认为"圣者干尸"能够不朽不烂，还能医治患者，创造奇迹。显然当时苏俄还有不少民众没有从宗教的精神束缚中解放出来，仍然持有传统迷信、落后的价值观，所以，列宁希望解剖圣者干尸这部电影能够早日上映，通过戳穿教会的邪恶谎言，使民众转变这种迷信落后价值观，加强对于社会主义价值观的理解与认同，这对于提升社会主义价值观这一主流价值观的话语权来说显然是有益的。此外，列宁还认为要想使电影有效传播社会的主流价值观话语，必须要重视电影院的全国覆盖面，不仅要重视发达地区，同时也要重视欠发达的地区。"要特别注意在农村和在东部地区兴建电影院的工作，在这些地方电影院还是新鲜事，因而我们的宣传将会特别有效。"①

虽然当今时代与列宁所处的时代有很大的不同，但是广播、报纸、电影等传播媒介仍然是当前社会主流意识形态以及价值观话语传播的重要载体。列宁多样化传播载体有效运用的思想做法，对于当代中国主流价值观话语权建设来说，仍然具有重大的现实价值。

第三节 斯大林关于主流价值观话语权的基本思想

斯大林作为列宁的继承者，他在不少路线、原则问题上与列宁出现背离的情况，但是他还是在很大程度上继承了列宁关于社会主义意识形态以及价值观建设的相关思想。"在斯大林的社会主义理论与实践中，社会主义价值理想及其实践基础都是他所关注的。"② 在斯大林的相关讲话以及论

---

① 列宁全集：第42卷［M］．北京：人民出版社，1987：383．
② 郁建兴，朱旭红社会主义价值学导论［M］．杭州：浙江人民出版社，1997：195．

<<< 第二章 马克思主义经典作家关于主流价值观话语权的基本思想

著中,也蕴含着主流价值观话语权的基本思想。这些思想对于当代中国主流价值观话语权的研究以及建设来说,也具有一定的启发意义。他的主流价值观话语权基本思想体现在以下四个方面。

一、高度重视党政干部话语主体的素质与能力提升问题

在十月革命胜利后,布尔什维克党成为俄国的执政党。许多布尔什维克党内的干部成为国家机关的工作人员。这些党政干部正是俄国社会主义价值观这一主流价值观话语权建设的最重要的话语主体,"如何使这些党政干部更好地担负主流价值观话语权建设重任"这个问题,列宁是极为关注。列宁认为要重视党政干部素质与能力的提升。他尤其强调要加强党政干部与人民群众的密切联系,列宁曾对各级领导干部说:"在人民群众中,我们毕竟是沧海一粟,只有我们正确地表达人民的想法,我们才能管理。否则共产党就不能率领无产阶级。"① 同时列宁也提出要坚决反对官僚主义等主张。斯大林也高度重视党政干部的素质与能力提升的问题,而且有更为深入的阐述。斯大林对党政干部对党和国家的建设和发展的重要性有着清晰的认识,他曾指出,"在制定了经过实践检验的正确政治路线以后,党的干部就成为党的领导和国家领导的决定力量"②。这一决定性力量不仅体现在党和国家的路线和政策的制定以及管理上,而且也体现在社会主义意识形态以及价值观话语的创新、宣传以及教育等各个层面。所以,要想提升社会主义价值观这一主流价值观的话语权,必须要加强对党政干部的教育,提升其素质与能力。

斯大林对于如何推进党政干部的素质与能力提升有一系列的论述,对于当前我国主流价值观党政干部话语主体建设来说,仍然具有很多现实启发意义。他的相关论述主要集中在以下几大方面:

---

① 列宁选集:第 4 卷 [M]. 北京:人民出版社,1995:695.
② 斯大林选集:下卷 [M]. 北京:人民出版社,1979:458.

第一，要想提升党政干部话语主体的素质与能力，必须要重视对这一话语主体的马克思主义理论教育。苏联社会主义价值观从马克思恩格斯的价值思想中获得了丰富的价值资源，要想使广大党政干部更好地理解、认同并践行社会主义价值观，必须要加强马克思主义理论教育。斯大林认为务必要努力提升党政干部的马克思主义理论水平，他对于党政干部马克思主义理论教育的重要性有着深刻认识。例如，1939年，斯大林在联共（布）第十八次代表大会所做的《关于联共（布）中央工作的总结报告》中就曾指出："如果用马克思列宁主义教育我们干部的工作松懈了，如果我们对提高这些干部的政治和理论水平的工作有所削弱，……那么我们国家和党的整个工作就一定会削弱下去。"① 马克思主义教育弱化会直接动摇党政干部工作的积极性，或弱化社会主义建设事业的责任感与使命感，与此同时，也必然会影响到这一主体对社会主义价值观的理解力与认同力，影响话语权建设。对于如何加强党政干部马克思主义理论教育，斯大林也提出了许多具体的论述。他认为马克思主义理论教育从总体上看要注重精细化，要有极大的耐性。他指出，"有系统地重复所谓'众所周知'的真理，耐心地解释这些真理，是对这些同志进行马克思主义教育的最好的办法之一"②。对于具体的教育方法，斯大林认为必须要继承和发扬列宁的"灌输"理论，并加强其在现实中的运用，同时更要注重理论与实际相结合，更要注重自我教育，把批评与自我批评相结合。这些具体的措施与方法对于提升话语主体的马克思主义理论水平发挥着重要的作用。

第二，斯大林认为要想提升党政干部的素质与能力，必须要密切与人民群众的联系。他曾引用希腊神话，用安泰故事的神话来描述党政干部和群众之间的关系。他言道："布尔什维克也同安泰一样，其所以强大，就

---

① 斯大林文选 [M]. 北京：人民出版社，1978：246.
② 斯大林选集：下卷 [M]. 北京：人民出版社，1979：545.

<<< 第二章　马克思主义经典作家关于主流价值观话语权的基本思想

是因为他们同自己的母亲，即同那生育、抚养和教导他们成人的群众保持联系。"① 只有始终与人民群众保持密切联系，才能使民众更加理解与认同执政党主张的价值理念，才能让广大民众更加信赖党政干部，为推动社会主义价值观这一主流价值观话语的有效传播奠定重要的基础。而怎样才能保持与人民群众的密切联系，斯大林认为必须要制定有利于加强与群众联系的理论政策，与此同时要加强政策的执行力。他曾强调："如果我们说的是一套，而做的是另一套，那么我们就会丧失我们在人民群众中的威信。"② 没有威信、没有执行力的执政党，人民群众显然是难以与之进行良好的互动的。

第三，斯大林认为要积极接受人民群众的监督和批评。勇于接受群众监督与批评，一方面能够表明党政干部虚心纳谏的态度，另一方面也能使民众感受到社会主义执政党和政府的新氛围，增强对党政干部的信任深度。

第四，斯大林认为还要强化群众组织的建设。要充分运用群众组织来吸引更多的人民群众参与国家管理。这对于密切党政干部与人民群众有着积极作用。他曾说道："这些组织把苏维埃同'下层'结合起来，使国家机关同千百万群众打成一片，并且逐步消除着国家机关同人民之间的任何类似壁垒的东西。"③ 可见，斯大林高度重视群众组织的建设，这对于当代中国主流价值观党员领导干部与人民群众之间如何加强联系、形成良性互动来说也有深刻的启迪意义。

二、推进马克思主义的不断创新是提升主流价值观话语权的现实基础

俄国十月革命之后，社会主义价值观成为俄国社会的主流价值观。社

---

① 斯大林文集（1934—1952）［M］. 北京：人民出版社，1958：171-172.
② 斯大林选集：下卷［M］. 北京：人民出版社，1979：307.
③ 斯大林选集：上卷［M］. 北京：人民出版社，1979：358.

会主义价值观以实现人的自由全面发展为终极价值目标；倡导集体主义价值取向，倡导社会主义的自由、民主、公正、法治等价值原则。这一主流价值观要想提升话语权，增强主流价值观话语的论断权以及解释权是极为缓慢的。"所谓论断权，就是对于时代、时代特征、时代潮流及其重大问题所做出的回答和判断，是为历史任务的完成所必需的理论武装制定思想依据，是一个政党及其领袖思想创造力的体现，其表达方式通常是形成独特的思想体系或理论纲领。所谓解释权，就是在完成重大历史任务过程中开展政治动员所做的理论阐释，是一个政党及其领袖的思想深入社会实践和人民大众的方式，通常通过及时提出适当的理论概括及其'口号'，以及口号的把握、贯彻和落实。"① 要使主流价值观话语对当时的时代特征、重要现实问题进行科学论断，做出合理的阐释，从而有效提升主流价值观话语权。无论是进行科学论断，还是合理的阐释，都离不开马克思主义指导原则，需要积极从马克思主义中获取价值资源。然而马克思主义并不是一成不变的理论，它需要在实践中不断地发展、创新。通过不断地发展、创新，才能使马克思主义始终充满生机活力，这样才能有助于增强主流价值观的论断权以及阐释权，进而提升话语权。

　　斯大林对于理论的创新是极为重视的。尽管他没有明确提出推进马克思主义不断创新是提升主流价值观话语权的现实基础的相关论断，但是通过分析其对于马克思主义创新重要性的相关论述，可以间接看出他是极为重视这一问题的。他曾指出："书呆子和死啃书本的人把马克思主义、马克思主义的结论和公式看作教条的汇集。"② "书呆子和死啃书本的人"其实涉及很多人，既包括一些党员、领导干部，也包含理论工作者，同时也涉及一些普通民众。我们知道，党员领导干部是主流价值观的重要话语主体，倘若对于充分反映马克思主义的主流价值观话语机械地、教条式地运

---

① 侯惠勤. 意识形态话语权初探 [J]. 马克思主义研究, 2014 (12): 5-6.
② 斯大林选集: 下卷 [M]. 北京: 人民出版社, 1979: 538.

<<< 第二章 马克思主义经典作家关于主流价值观话语权的基本思想

用马克思主义原理来进行解读,这样不仅不能够彰显主流价值观话语的科学性,更不能展现其说服力。而在理论工作者中,马克思主义理论工作者也是主流价值观的重要话语主体。倘若这类话语主体也存在教条式、机械式地理解马克思主义的现象,那么,显然对于主流价值观话语的解读可能会出现误读,解释也会缺乏说服力,这样是不利于主流价值观话语有效传播的。斯大林的这段论述是极具现实启发意义的,从侧面反映出了要想增强主流价值观的话语权,我们绝不能机械式、教条式地来理解马克思主义,要理解马克思主义是发展的、亟待进一步创新完善的理论,并且要积极推进马克思主义创新。一个真正成熟的马克思主义者不在于对马克思主义相关原理是否能做到熟背的程度,而在于能否真正领会马克思主义原理的精神实质、内在要领。要善于探索和发展马克思恩格斯等经典作家没有阐述过或者阐述不够全面的理论以及随着实践发展亟待解决的重大理论与现实问题。他曾明确指出:"有教条式的马克思主义者,也有创造性的马克思主义者,我是主张后一种马克思主义的。"①

那么,怎样才能推进马克思主义的创新,以便为提升主流价值观话语的论断权、解释权奠定基础?通过分析、总结斯大林的相关讲话、著作,可以把斯大林的相关论述概括为以下几个方面:

第一,斯大林认为要想推进马克思主义的创新,必须要对马克思主义的性质及其产生的时空背景有深入认识。斯大林认为马克思主义本身就是亟待发展、创新的理论。1926年,斯大林在《再论我们党内社会民主主义倾向》中针对季诺维也夫主张的必须死守马克思恩格斯的原理、观点,如果对相关原理、观点进行修改,那就是修正主义的观点,强调指出:"试问,为什么呢?难道马克思主义不是科学,难道科学不是不断发展的,不断用新经验丰富自己,使旧公式更加完善的吗?"② 此外,斯大林认为我们

---

① 斯大林全集:第3卷[M].北京:人民出版社,1956:174.
② 斯大林选集:上卷[M].北京:人民出版社,1979:568.

之所以要推进马克思主义的创新，原因在于马克思恩格斯提出的理论学说是处在特定历史条件下的，一些原理、论断具有一定的历史局限性。但他认为这是极为正常的，"不能要求距今四十五至五十五年以前的马克思主义经典作家预见到每一个别国家在遥远的将来所发生的所有一切历史曲折"①。

第二，斯大林认为要想推进马克思主义创新，必须要充分关注实践的需求与变化。他强调，"离开革命实践的理论是空洞的理论"②。面对社会主义建设时期所遇到的困难和问题，斯大林更是指出，"理论工作不仅必须赶上实际工作，而且要超过实际工作"③。而要想使"理论工作"赶上并超过"实际工作"，必须要加强理论的创新，这种创新必须紧密联系实践，并且要使创新的理论能够指导并有效运用于实践。

当前，当代中国主流价值观话语权建设必须要坚持马克思主义的基本原则，从马克思主义的理论中获取价值资源，然而当代中国主流价值观本身就具有鲜明的时代性特征，因此，也必然要了解最新的马克思主义理论创新成果。当然斯大林在具体领导苏联社会主义建设过程中遇到过很多问题，回顾历史的发展历程，其并没有真正做好马克思主义的创新与实践相结合。但是从理论层面来看他的相关论述，还是有值得借鉴和汲取之处。关于他推进马克思主义创新的相关论述，对于当前我国马克思主义理论创新仍然具有现实启发意义。

三、加强对青年共产主义理想信念教育是主流价值观话语权建设的重要任务

斯大林主政之后，斯大林认为要想进一步巩固社会主义价值观这一主流价值观的"主流"地位，进一步增强社会主义价值观的影响力以及感召

---

① 斯大林选集：下卷［M］．北京：人民出版社，1979：468.
② 斯大林全集：第6卷［M］．北京：人民出版社，1956：79.
③ 斯大林全集：第12卷［M］．北京：人民出版社，1955：126.

第二章 马克思主义经典作家关于主流价值观话语权的基本思想

力,必须要重视青年群体。一方面,青年是一个国家的希望和未来,如果青年不认同国家的主流价值观,那么,这一国家的主流价值观话语权建设很明显是难以成功的。另外,当时苏联国家的意识形态安全面临着严峻威胁。资本主义价值观、传统落后的价值观仍然是当时苏联社会主义价值观这一主流价值观话语权提升的重大威胁。而这些价值观的传播者为了抢夺话语权,也在积极争取话语对象,青年群体正是这些传播者极力争夺的对象。对此,斯大林有着深刻的认识。他认为青年群体由于相对缺乏社会实践经验,思想意识相对单纯,辨别能力也相对较弱,因此,各种非主流价值观要与主流价值观争夺话语权,青年必然是它们重要的争夺群体之一。"青年战线应当认为是特别受威胁的战线,因为我们党的敌人对这方面的攻击特别顽强。"① 为了应对各种非主流价值观的威胁,为了使青年更加认同主流价值观,斯大林认为必须要加强青年的共产主义理想信念教育。通过加强共产主义理想信念教育,才能使广大青年更加坚定社会主义发展的信心,才能提升其对各种非主流价值观的抵御力。这样,显然会有利于主流价值观话语感召力、影响力的提升,也有助于提升话语权。那么,究竟应该如何加强青年的共产主义理想信念教育?通过梳理与总结斯大林的相关谈话、论述,可以归纳为以下几大方面:

首先,斯大林认为要想加强青年的共产主义理想信念教育必须要高度关注共青团组织并充分运用好这一组织。列宁去世之后,斯大林也高度重视共青团建设,充分肯定共青团在加强青年社会主义、共产主义理想信念教育方面发挥的巨大作用,并进一步明确青年团与党的关系。在1924年4月3日召开的一次关于青年工作的会议上,斯大林说:"共产主义青年团是后备军,是由农民和工人组成的后备军,党就是用它来补充自己的队伍的。但它同时又是工具,是党用来影响青年群众的工具。"② 由于青年团是

---

① 斯大林全集:第5卷[M].北京:人民出版社,1957:165.
② 马克思恩格斯列宁斯大林论青年[M].北京:人民出版社,1980:189.

由农民和工人所组成的，而农民青年毕竟是多数，斯大林认为共青团应当把努力指导青年成为"农村中的执行者"作为最重要的任务之一。通过重视并加强共青团建设，发挥共青团组织的力量，使青年把对共产主义理想信念教育的学习与社会实践相结合，这样才能够使青年更加理解共产主义理想信念的科学性、价值性，从而增强共产主义理想信念教育的有效性。对于共青团建设，斯大林尤其强调要重视对农村青年积极分子的培养。

其次，斯大林认为要想坚定青年的共产主义理想信念就必须要重视劳动教育。共产主义是一种社会制度，是一种思想理论体系，同时也是一项社会运动。在共产主义社会，阶级的差别、城乡的差别以及脑力劳动与体力劳动的差别将会消失，劳动成为人们的第一需要，社会生产力高度发展，人们可以充分彰显自身的价值，可以说共产主义是人类的理想制度。斯大林认为要想使民众坚定共产主义的理想信念就必须要重视劳动，在社会主义阶段就要充分认识到劳动的重要性，尤其是针对青年一代。他曾强调："为了使劳动成为苏维埃人生活的第一需要，应当从学生的幼年起就培养他们热爱劳动。"[1] 在斯大林的视域中，社会主义的建设、共产主义理想信念的实现都与劳动密不可分。对于广大青年来说，加强这类群体的劳动教育，是使之坚定共产主义理想信念的重要手段。

再次，斯大林还有许多关于加强青年共产主义理想信念教育的论述。比如，他主张积极开展爱国主义的实践活动，使青年增强爱国主义的情感意识，坚定共产主义的理想信念。他认为这是提升青年对于主流价值观认同，扩大主流价值观话语权的重要方法。

斯大林关于加强青年的共产主义理想信念教育的相关思想对于当代中国主流价值观话语权建设也有很大启迪。比如说，当前我国主流价值观话语权的提升也面临着许多外部挑战，各种非主流价值观对青年群体的争夺

---

[1] 列宁斯大林论青年的共产主义道德教育 [M]. 北京：人民出版社，1954：32.

表现得更加激烈。在当代，随着社会主义市场经济的进一步发展，各种非主流价值观通过多种形式影响着青年群体。因此，我国当前也必须要更加重视青年的共产主义理想信念教育，只有这样，才能够有效维护当代中国主流价值观话语权。

四、加快经济建设、促进共同富裕目标实现是扩大主流价值观话语权的有力保证

在斯大林执政初期，苏联国民经济的恢复工作已基本完成，进一步巩固了社会主义价值观在价值观领域的主流地位。但是由于贫穷、落后的现实国情没有得到根本改变，因此，斯大林认为必须要进一步夯实物质基础，不断地改善民生，提高人民生活水平，从而使民众增强现实获得感。在当时，对于如何巩固和发展社会主义，社会上存在分歧。有些人认为社会主义可以在困苦窘迫的基础上用拉平个人物质生活水平的途径巩固起来。针对这类人的说法，斯大林给予了严厉的驳斥，他指出："这是不对的。这是小资产阶级的社会主义观念。"① 他曾言："苏维埃政权不能长久地建立在落后的基础上，只有不仅不逊于而且过一个时候能够超过资本主义各国工业的现代大工业才能成为苏维埃政权的真正的和可靠的基础。"② 倘若苏维埃政权一直没有在经济建设上取得显著的突破，那么苏联不仅会面临经济困难严重的局面，与此同时西方资本主义国家也会加强军事威胁以及意识形态、价值观的传播与渗透，社会主义价值观话语权势必会被削弱甚至丧失解释力以及说服力。只有不断地夯实社会物质基础，增强民众的现实获得感，才能使民众进一步认同社会主义价值观，深刻体会社会主义价值观所倡导的"人的自由而全面发展"绝非空谈，从而进一步增强社会主义价值观这一主流价值观在价值观领域的感召力、吸引力，提升话语

---

① 斯大林选集：下卷［M］. 北京：人民出版社，1979：375.
② 斯大林全集：第13卷［M］. 北京：人民出版社，1956：158.

权。那么该怎样夯实社会物质基础,增强民众的现实获得感呢?斯大林认为要重视经济建设,要大力地发展社会生产力,同时也要积极促进共同富裕目标的实现。

关于加快经济建设,大力发展社会生产力。斯大林认为这是夯实社会物质基础的最根本任务,同时也是最重要的任务,对此他高度重视。早在1921年国内趋于安定的时候,斯大林就强调,我们必须要将工作重心进行转移,"这个时期要求共产党员把全部力量投到经济战线上,投到工业、农业、粮食工作、合作社、运输业等上去"①。列宁去世之后,斯大林开始主政,对于社会主义经济建设该怎样推进的问题,斯大林认为经济建设要以工业的发展作为首先目标。他在1925年党的十四大政治报告中就曾明确指出,"把我国从农业国变成能自力生产必需的装备的工业国,——这就是我们总路线的实质和基础"②。当然我们必须要指出的是,斯大林这种优先发展重工业的战略,从后来的历史发展来看,存在着很多的弊端,但是他对于生产力发展、经济建设的重要性的认识,还是值得肯定的。

关于共同富裕目标,斯大林认为这是发展和建设社会主义的重要目标。他在1925年曾指出:"资本主义的道路是使大多数农民陷于贫困而让城乡资产阶级上层分子发财致富的道路。"③ 在斯大林的视域中,资本主义价值观与社会主义价值观的显著差别之一在于,是否以多数人的利益为最根本的考量。因此,斯大林认为要想使苏联的社会主义价值观不断地巩固和发展,就必须要使更多民众受益,使全社会达到共同富裕的目标。这样才能够充分地彰显社会主义的强大优越性,才能够使民众真正理解社会主义价值观的科学性、合理性以及人民性,也才能使民众增强对资本主义价值观的自觉抵御力。那么,该如何实现共同富裕目标呢?斯大林对这方面

---

① 斯大林全集:第5卷 [M]. 北京:人民出版社,1957:72.
② 斯大林全集:第7卷 [M]. 北京:人民出版社,1958:294.
③ 斯大林选集:上卷 [M]. 北京:人民出版社,1979:336-337.

也有丰富的论述。

他认为要想实现共同富裕的目标，特别要重视工人和农民这两大阶级。斯大林在长期的革命实践中对于工人阶级和农民阶级的处境变化有着深刻感触。他认为在社会主义制度下，倘若农民以及工人阶级的经济收入、社会经济地位没有根本改变，那么社会主义价值观显然就难以得到民众的真正认同。因此，斯大林认为在社会主义制度下，要想实现共同富裕必须要高度关注农民以及工人这两大阶级。斯大林认为只有社会主义才能真正改变他们的命运。"社会主义的道路则特别是使大多数农民的物质生活不断提高的道路。也是农民摆脱'贫困和半饥半饱的生活'的唯一生路"①。

当然斯大林对于共同富裕目标的实现的相关认识也有不少错误，他对于共同富裕的理解较为浅薄、天真。1933年，他在对全苏集体农庄突击队员的一次演讲中曾言道："如果我们诚实地劳动，为自己，为自己的集体农庄诚实地劳动，那么我们就能做到在短短两三年内把全体集体农庄庄员，不论是从前的贫农或从前的中农，提高到富裕农民的水平，提高到享有丰富产品并过着完全文明的人的水平。"② 显然斯大林没有深刻认识到共同富裕目标实现的复杂性、艰巨性，他特别强调共同富裕的结果，而忽视了实现的过程。再者，他对于共同富裕的认识从某种意义而言，比较接近于同步富裕。此外，斯大林对于共同富裕目标实现的路径也存在一些认识的局限性，他特别强调单一的社会主义公有制的重要性，并认为按劳分配制度要建立在这种单一的社会主义公有制基础之上，认为这种在单一的社会主义公有制基础上的按劳分配制度才是实现共同富裕的重要途径。此外，他认为非公有制经济没有在一定程度上存在的必要性和合理性，并强调它是资本主义性质的，是"资本主义类型的生产"，社会主义国家仅能

---

① 斯大林选集：上卷[M]. 北京：人民出版社，1979：336-337.
② 斯大林选集：下卷[M]. 北京：人民出版社，1979：323.

是"全民的所有制以及合作社集体农庄的所有制"①。

尽管斯大林对于经济建设以及共同富裕目标实现的认识有不少错误,"打破、取消了社会主义建设过程中科学与价值、手段与目的之间的适度张力"②,但是他重视经济建设、重视共同富裕目标的实现,对于当代中国主流价值观话语权建设依然具有深刻的启示。当前,我们要实现与提升主流价值观话语权,也要高度重视经济建设、重视共同富裕目标的实现。当然,我们也要吸取斯大林关于经济建设、共同富裕目标实现的相关错误认识、做法的历史教训,制定出符合社会发展规律、符合本国国情的经济政策,这样才能进一步推动经济发展,为主流价值观话语权的实现与提升提供有力的保证。

---

① 斯大林选集:下卷 [M]. 北京:人民出版社,1979:542.
② 方爱东. 斯大林社会主义价值观探析 [J]. 社会主义研究,2009 (6):4.

第三章 中国共产党人关于主流价值观话语权的基本思想

前面说过，新中国成立之后的社会主义价值观分为两个时期：改革开放之前的社会主义价值观时期、改革开放后的社会主义价值观时期。前一个时期是以社会主义计划经济为重要基础的社会主义价值观占统治地位的时期，传统社会主义价值观，是该阶段中国的主流价值观；后一个时期是自实行改革开放后逐渐形成的以社会主义市场经济为重要基础的社会主义价值观占主导地位的时期，中国特色社会主义价值观是这个阶段的中国主流价值观。尽管中国共产党人也没有明确提出主流价值观话语权的范畴和概念，但是他们在阐述文化以及意识形态建设的相关论著、讲话中，包含着关于主流价值观话语权建设的相关思想。中国共产党人关于主流价值观话语权的基本思想是对马克思恩格斯、列宁与斯大林相关思想的进一步完善与发展。无论是中国共产党人，还是马克思主义经典作家，他们的相关思想与论述都是当代中国主流价值观话语权建构的重要思想资源。

第一节 毛泽东关于主流价值观话语权的基本思想

毛泽东作为党的第一代中央领导集体的核心，对于中国的革命做出了巨大的贡献。新中国成立之后，毛泽东就如何向社会主义过渡、如何巩固和建设社会主义都有十分丰富的论述。而传统社会主义价值观本身就是对当时社会主义发展的重要反映。毛泽东关于社会主义的相关论述蕴含着如何提升传统社会主义这一主流价值观话语权的观点与主张。尽管后来证明，以计划经济为核心的社会主义价值观存在不少的局限，但是毛泽东同志关于如何提升当时这一主流价值观话语权的基本思想，对当代中国主流价值观话语权的建设来说，仍然具有现实启发意义。毛泽东对于主流价值观话语权的基本思想主要体现在以下三个方面：

一、重视同各种反马克思主义思潮做斗争是维护与提升主流价值观话语权的重要举措

以计划经济为基础的传统社会主义价值观成为当时中国的主流价值观之后，毛泽东高度重视主流价值观影响力、感召力的扩大问题。传统社会主义价值观是以实现人的自由全面发展为终极价值目标的，具有明显的马克思主义价值指向性。提升传统社会主义价值观这一主流价值观的话语权有助于凝聚民心，使民众齐力建设社会主义。

新中国成立之后，以美国为首的西方发达国家注重意识形态以及价值观的渗透，将其作为颠覆社会主义政权的重要手段。例如，在20世纪50年代，当时的美国国务卿杜勒斯在国会做证时提出所谓"解放"社会主义国家的举措，他言道："解放并不是解放战争，解放可以用战争以外的方法达到。"[1] 他强调美国作为全球自由世界的领导者，必须要带头推广西方的"价值观念"，通过发挥其影响，"以缩短共产帝国主义的预期寿命"[2]。可以说，当时西方国家早已积极部署了运用价值观的手段，通过传播西方价值观，动摇、压缩社会主义价值观在价值观领域的作用力和影响力，当

---

[1] 转引自李长久.中美关系二百年［M］.北京：新华出版社，1984：182.
[2] 辛灿.西方政界要人谈和平演变［M］.北京：新华出版社，1989：3-4.

第三章 中国共产党人关于主流价值观话语权的基本思想

时的社会主义价值观的话语权面临着严峻的国际挑战。

在国内,社会主义价值观的话语权也同样面临严重威胁。"三大改造"完成后,尽管以计划经济为主要特征的社会主义价值观成为当时社会的主流价值观,但是毛泽东认为这种新的主流价值观建立在传统旧社会的基础之上,而中国封建社会持续了两千多年,不能低估封建主义价值观对社会各领域的影响,"反映旧制度的旧思想的残余,总是长期地留在人们的头脑里,不愿意轻易地退走的"①。新中国刚刚从半殖民地半封建社会过渡而来,因此,传统的封建主义价值观在国内价值观领域仍存在着一定的影响,对社会主义价值观这一主流价值观话语权的巩固与提升形成了一定程度的威胁。对此,毛泽东有深刻的认识,他在1957年《关于整风运动的指示》中强调:"有许多同志就容易采取单纯的行政命令的办法去处理问题,而有一部分立场不坚定的分子,就容易沾染旧社会的残余,形成一种特权思想,甚至用打击压迫的方法对待群众。"② 而这些领导干部是社会主义价值观话语权的重要话语主体,他们中的一些人出现这种行为,显然会使民众降低对相关官员的信任感,同时也会使民众降低对中国共产党以及社会主义的认同感,不利于传统社会主义价值观这一主流价值观话语权的提升。此外,1956年后,中国和苏联在意识形态、价值观领域对于如何保持、巩固马克思主义指导地位等问题方面也出现了重大分歧,国内的资产阶级思想和教条主义对马克思主义的指导地位构成严峻挑战。毛泽东对这一问题有着清晰的认识,在1957年一次党内会议中他就深刻地指出:"无产阶级和资产阶级之间在意识形态方面的谁胜谁负的问题,还没有真正解决。我们同资产阶级和小资产阶级的思想还要进行长期的斗争。"③

面对这样严峻的国内外形势,毛泽东认为要想巩固并提升传统社会主

---

① 毛泽东文集:第6卷[M].北京:人民出版社,1999:450.
② 胡绳.中国共产党的七十年[M].北京:中共党史出版社,1991:355.
③ 毛泽东文集:第7卷[M].北京:人民出版社,1999:281.

义价值观的话语权，必须要勇敢回击其他反马克思主义、反社会主义思潮。他强调："马克思主义也是在斗争中发展起来的。"① 通过交锋、斗争，才能够彰显马克思主义学说的真理性、科学性，才能够增强马克思主义在民众中的说服力以及感召力，才能够巩固社会主义价值观在价值观领域的统摄力、控制力，增强其话语权。毛泽东认为要想对各种反马克思主义思潮进行有效的斗争，必须要高度重视思想政治工作。他特别强调，"不搞政治思想工作那就很危险"②。毛泽东认为要想强化马克思主义在与种种反马克思主义思潮斗争中的强大优势，必须要组建强有力的理论宣传队伍，这是重要的基础。"组成这么一支强大的理论队伍，有几百万人读马克思主义的理论基础，即辩证唯物论和历史唯物论，反对各种唯心论和机械唯物论"③。拥有强有力的理论宣传队伍，才能够使马克思主义的学说实现更广泛的传播，从而使民众更好地理解马克思主义、认同马克思主义，这对于有效抵制各种腐朽落后的封建主义价值观、资本主义价值观的渗透、侵蚀，扩大传统社会主义价值观的影响力，显然是具有重大意义的。其次，毛泽东认为必须要对资产阶级及其知识分子进行思想改造。通过加强改造，他们对马克思主义有了更深入的了解之后，逐渐转变立场，进而认同社会主义价值观。如此一来社会主义价值观的受众认同覆盖面进一步扩大，有助于增强社会主义价值观的辐射力，提升其话语权。毛泽东认为对于这一群体的改造，在改造的方式上必须坚持"百花齐放、百家争鸣"的方针。它不仅是科学领域重要的指导方针，同时也是文化艺术领域的重要方针，还是对资产阶级及相关知识分子进行改造的有效方式。在放"香花"的同时，把"毒草"放出来，人民群众就可以判断什么是"香花"、什么是"毒草"，使正确的思想得到发扬和传播，错误的思想受到鞭策，

---

① 毛泽东文集：第7卷［M］. 北京：人民出版社，1999：230.
② 毛泽东选集：第5卷［M］. 北京：人民出版社，1977：357.
③ 毛泽东文集：第6卷［M］. 北京：人民出版社，1999：395.

有利于资产阶级及其相关知识分子明辨是非,认同马克思主义,理解社会主义价值观才是具有先进性、科学性的价值观,才是应该坚持和遵从的价值观。除此之外,毛泽东认为要想使资产阶级及其相关知识分子实现有效改造,还要注意使他们深入人民群众内部,使他们树立为人民服务的价值宗旨。毛泽东曾指出:"无论资产阶级思想也好,小资产阶级思想也好,在知识分子中还是占大多数的,他们还没有跟群众打成一片。我看还是跟工农兵打成一片才有出路……"① 通过树立为人民服务的价值宗旨,他们才能够真正改变自己的世界观、人生观与价值观。为人民服务是社会主义价值观这一主流价值观的重要内容,通过加强该群体与人民群众的交流与联系,有助于该群体逐渐践行当时社会的主流价值观,这有益于主流价值观话语权的提升。

二、努力实现最广大人民的根本利益是提升主流价值观话语权的重要途径

社会主义价值观与资本主义价值观的一大重要区别在于是否把人民群众利益看作最高的价值标准。马克思在《共产党宣言》中提出了一个核心的主题,即必须要为大多数人谋利益。而社会主义不仅是一场运动,同时也是一种制度,一种价值观,因此,以人民为核心是社会主义价值观最显著的特征之一,无论是传统社会主义价值观还是当代中国主流价值观都极为重视人民群众利益的实现。新中国成立之后,尤其是"三大改造"完成之后,要想进一步加强社会主义价值观的影响力与感召力,毛泽东认为除了要在意识形态和价值观领域同各种反马克思主义思潮做斗争之外,还要重视人民群众利益的实现。积极促进最广大人民群众利益的实现,提高人民的生活水平,不断满足人民的物质文化需求,这样才能够彰显社会主义价值观的优越性,从而提高其感召力,促进话语权的实现与提升。

---

① 毛泽东文集:第7卷[M].北京:人民出版社,1999:255.

毛泽东认为要想实现人民根本利益，首先要加强广大党员和领导干部话语主体自身的建设问题，要使该话语主体树立全心全意为人民服务的宗旨，并身体力行。毛泽东曾指出，所谓"为人民服务"主要指"共产党人的一切言论行动，必须以合乎最广大人民群众的最大利益，并为最广大人民群众所拥护为最高标准"①。他还进一步指出了做到为人民服务需要注意的相关问题，他强调，"全心全意地为人民服务，一刻也不脱离群众；一切从人民的利益出发，而不是从个人和小集团的利益出发；向人民负责和向党的领导机关负责的一致性；这些就是我们的出发点"②。要想做到为人民服务，就必须解决群众最现实、最迫切的问题。只有注意这些问题，并积极解决这些问题，才能够得到民众真正的认同。新中国成立之后，社会主义价值观逐渐成为国家的主流价值观。而这一主流价值观要想提升话语权，广大党员和领导干部这一话语主体能否胜任就显得至关重要，毛泽东认为"为人民服务"，努力实现最广大人民群众的根本利益还应当是中国共产党人的价值信念和原则要求，并且需要进一步强化，同时也是衡量这类话语主体自身是否养成的重要标尺。他曾强调，人民群众是新中国各项事业发展的根本，"我们作计划、办事、想问题，都要从我国有六亿人口这一点出发，千万不要忘记这一点"③。当广大党员和领导干部自觉践行"为人民服务"的宗旨，能够为广大民众多做实事、多做要紧事，这本身就是努力实现人民根本利益的重要体现，这样必然可以密切与人民群众的联系，从而提高大众对中国共产党的信赖感和对社会主义的认同度，使民众了解社会主义价值观与旧社会封建落后的价值观以及资本主义价值观的巨大差异性，最终提升社会主义价值观话语权。

其次，毛泽东认为要想实现最广大人民群众的根本利益，必须要大力

---

① 毛泽东选集：第3卷［M］．北京：人民出版社，1991：1096.
② 毛泽东选集：第3卷［M］．北京：人民出版社，1991：1094-1095.
③ 毛泽东文集：第7卷［M］．北京：人民出版社，1999：228.

<<< 第三章 中国共产党人关于主流价值观话语权的基本思想

发展生产力，不断提高人民生活水平。毛泽东早在民主革命时期就提出："中国一切政党的政策及其实践在中国人民中所表现的作用的好坏、大小，归根到底，看它对于中国人民的生产力的发展是否有帮助及其帮助之大小，看它是束缚生产力的，还是解放生产力的。"① 一个政党的政策及其实践，在一定意义上也反映了该政党倡导的价值观，毛泽东的这段论述也表明了，一个政党要想推广某种价值观，要想提高这种价值观的民众认同感、影响力，主要看该政党是否能够促进生产力的发展，提高人民生活水平，有效满足人民群众需要。新中国成立之后，社会主义价值观逐渐成为社会主流价值观。社会主义价值观以实现人的自由全面发展为最终价值目标，毛泽东认为要想实现这一最终价值目标必须要加强物质基础建设。只有不断地丰富社会物质财富，才能为实现最广大人民群众的根本利益奠定基础的条件，才能够进一步增强社会主义价值观对于民众的吸引力、感召力。对此，毛泽东认为要想实现人民群众的根本利益，最为关键的就是不断地发展生产力，加快经济发展，尽快改变旧中国贫穷落后的面貌，提高人民生活水平。因此，毛泽东根据国内外发展情势，提出了一些有利于生产力发展的相关主张。他认为，应该努力摆脱苏联模式，勇于探索符合我国国情的社会主义建设之路。例如，对于经济体制改革，他有初步的设想，提议要改变过度集中的计划经济体制，并使中央与地方关系能够处理得当，同时使企业自主权适度扩大。又如在所有制结构方面，毛泽东提出"可以消灭资本主义，又搞资本主义"的"新经济政策"②，其实质可以认为是在社会主义公有制占据主体优势的现实条件下，适当允许一些非公有制经济存在，并使之获得一定程度的发展，从而活跃经济，促进生产力的发展，从而为进一步提高人民生活水平创造更好的条件。毛泽东的这些思想还没有系统性，但无疑是正确的，从理论上看是有助于生产力发展的，

---

① 毛泽东选集：第3卷[M]. 北京：人民出版社，1991：1079.
② 毛泽东文集：第7卷[M]. 北京：人民出版社，1996：170.

但后来由于种种原因，使相关的思想没有得到很好的贯彻执行，但他的这些论述对当代中国主流价值观话语权的建构来说，还是具有现实意义的。

三、高度重视大众传媒在传播主流价值观话语中的作用

毛泽东高度重视运用大众传媒做好宣传工作。早在民主革命时期，毛泽东就充分认识到大众传媒在宣传党的思想主张、路线、方针政策等方面的重要性，并号召广大共产党人要积极运用这一传播载体来宣传。毛泽东尤其重视报刊的宣传作用，例如，在土地革命时期，毛泽东就指出，"《时事简报》是苏维埃区域中提高群众斗争情绪、打破群众保守观念的重要武器，在新争取的区域对于推动群众斗争更有伟大的作用"①。社会主义价值观成为当时社会的主流价值观之后，如何推动这一主流价值观话语的传播，是关系到社会主义价值观影响力和统摄力增强的值得思考的重大问题。毛泽东认为必须要重视舆论宣传，必须要继续重视大众传媒。毛泽东认为对任何一种意识形态、价值观来说，要想增强其对社会的影响力，舆论造势、舆论宣传都是十分重要的手段，他强调："凡是要推翻一个政权总要先造成舆论，总要先做意识形态领域方面的工作。革命的阶级是这样，反革命的阶级也是这样。"② 发挥大众传媒的作用，尤其是报纸的作用，能够有效地传播主流价值观，达到凝聚人心的目的，从而使民众致力于社会主义建设这一伟大事业中，"一张省报，对于全省工作，全体人民，有极大的组织、鼓舞、激励、批判、推动的作用"③。

毛泽东认为要想借助大众传媒来传播主流价值观话语，首先大众传媒必须要坚持正确的导向原则。无论是报纸还是广播、电视，这些大众媒体

---

① 毛泽东文集：第1卷 [M]．北京：人民出版社，1993：259．
② 中共中央文献研究室．建国以来毛泽东文稿：第10册 [M]．北京：中央文献出版社，1992：194．
③ 毛泽东文集：第7卷 [M]．北京：人民出版社，1999：338．

<<< 第三章 中国共产党人关于主流价值观话语权的基本思想

在传播信息的过程中总是会反映一定阶级的基本立场。毛泽东认为，必须坚持党管媒体，增强媒体的党性，使媒体能够自觉运用马克思主义的基本原则和基本立场来传播信息内容。他曾明确指出："要责成省委、地委、县委书记管思想工作，管报纸、学校、文学艺术和广播。"[①] 省委、地委、县委书记这些党的高级领导干部本身就是传统社会主义价值观话语的重要传播者，而党的路线、方针、政策往往蕴含着传统社会主义价值观的重要内容，通过他们来加强大众传媒的管理，有助于使反映传统社会主义价值观的重要话语顺利通过大众传媒传播。对此，毛泽东还特别指出："要把新闻记者、报纸工作人员和广播工作人员召集起来开会，跟他们交换意见，告诉他们宣传的方针。"[②] 毛泽东认为除了要坚持党管媒体之外，他还进一步指出了资产阶级所谓"新闻自由"观的虚伪性。毛泽东鲜明地指出："在阶级消灭之前，不管通讯社或报纸的新闻，都有阶级性。资产阶级所说的'新闻自由'是骗人的，完全客观的报道是没有的。"[③] 资产阶级的那种"新闻自由"，从某种意义上讲有为资本主义价值观提供传播舞台的意味。毛泽东的这些论述，充分论证了党管理大众媒体、使大众传媒坚持正确的舆论导向的合理性以及必要性，对当代中国主流价值观话语传播媒体使用来说，同样值得借鉴。

其次，毛泽东认为要想使大众传媒能够有效传播主流价值观话语，必须要努力贴近群众。毛泽东早在1931年就提出，新闻"一定要是与人民群众生活紧密地关联着的"[④]。传统社会主义价值观这一主流价值观话语相对其他价值观来说较为抽象，理论性、学理性较强，倘若大众传媒在传播过程中没有进行很好的话语转换，没有进行很好的通俗化、大众化的表

[①] 毛泽东新闻工作文选 [M]. 北京：新华出版社，1983：115.
[②] 毛泽东新闻工作文选 [M]. 北京：新华出版社，1983：183-184.
[③] 毛泽东新闻工作文选 [M]. 北京：新华出版社，1983：263.
[④] 毛泽东文集：第1卷 [M]. 北京：人民出版社，1993：264.

达，是难以引起群众兴趣的，也很难提升主流价值观话语权。由于广大人民群众文化程度不均衡，因此，毛泽东特别强调大众媒体在具体传播内容上必须要充分认识到这一现状，特别是报刊，要努力使发表的文章既写得通俗，同时又亲切，不要过于专业化。再者，毛泽东认为要想使大众传媒能够贴近群众，必须要善于接受群众的意见和反馈。他强调："看的人提出意见，写短信短文寄去，表示喜欢什么，不喜欢什么，这是很重要的，这样才能使这个报纸办得好。"[①] 此外，毛泽东认为要想使大众传媒有效传播主流价值观话语，必须要加强专业队伍建设。对报刊来说，要有专业化和高素质的编辑和记者。他曾指出，"各省、市、自治区要有自己的马克思主义理论家……要有自己的出色的报纸和刊物的编辑和记者"[②]，而且编辑和记者必须要从社会实践中加强培养，"报社的人应该经常到下边去，呼吸新鲜空气……下去又做工作，又当记者"[③]。通过加强社会实践，有助于相关的媒体工作者更好地了解社会、掌握民情，从而使反映主流价值观的相关话语得到精准传播，提高传播效果。

第二节 邓小平关于主流价值观话语权的基本思想

改革开放之后，中国进入社会主义现代化建设新时期。当代中国主流价值观正是在改革开放之后孕育而成的。邓小平作为党的第二代中央领导集体核心，高度重视主流价值观话语权建设，提出了许多精辟的观点与精

---

① 中共中央文献研究室. 建国以来毛泽东文稿：第6册 [M]. 北京：中央文献出版社，1992：728.
② 中共中央文献研究室. 建国以来毛泽东文稿：第10册 [M]. 北京：中央文献出版社，1996：201.
③ 中共中央文献研究室. 建国以来毛泽东文稿：第10册 [M]. 北京：中央文献出版社，1996：203.

彩的论述。具体体现在以下五大方面。

一、坚持马克思主义指导思想是主流价值观话语权建设的基本前提

改革开放之前，传统社会主义价值观在当时价值观领域处于绝对主导地位，而传统社会主义价值观从其特征来看是偏理想性、精神性的，相对而言世俗性、物质性不强。改革开放之后，我国社会的价值观领域呈现出深刻的变化。随着计划经济逐渐被市场经济取代，中国特色社会主义事业不断推进，与之相应的中国特色社会主义价值观就具有了一定的世俗性以及物质性，这与传统社会主义价值观有着较大的差异。在整个社会价值观领域，中国特色社会主义价值观尽管是主流的价值观，统摄其他非主流价值观，但与传统社会主义价值观纯粹的一元化的价值观格局有着极大不同，而且各种非主流价值观逐渐兴起，开始与中国特色社会主义价值观这一主流价值观抢夺话语权。在这样的背景下，如何加强主流价值观话语权建设，如何鼓舞全国人民团结一致共同建设社会主义是一项艰巨的任务。在当时，尽管邓小平没有明确指出主流价值观话语权建设要依循什么样的理论做指导，但是通过梳理其对意识形态建设相关的讲话与论述，可以间接得出这样的结论：中国特色社会主义价值观这一主流价值观话语权建设必须要坚持马克思主义指导思想。

邓小平充分肯定马克思主义，对马克思主义和社会主义的发展前景抱有足够的信心，他曾说道："我坚信，世界上赞成马克思主义的人会多起来的，因为马克思主义是科学。"[1] 邓小平也认为马克思主义在指导中国革命实践中，在凝聚人心方面发挥着巨大作用。"为什么我们过去能在非常困难的情况下奋斗出来，战胜千难万险使革命胜利呢？就是因为我们有理想，有马克思主义信念，有共产主义信念。"[2] 邓小平认为必须要坚持马克

---

[1] 邓小平文选：第3卷 [M]. 北京：人民出版社，1993：382.
[2] 邓小平文选：第3卷 [M]. 北京：人民出版社，1993：110.

思主义指导思想不动摇。整个社会主义事业成功与否的关键就在于是否始终坚持马克思主义的指导思想。而整个社会主义事业的成功,不仅表现在政治领域的极大进步,经济、科技等领域的高度发达,同时也表现在主流价值观实现高度的民众认同度及对外影响力等方面。因此,邓小平的上述论述其实间接指出了主流价值观话语权建设离不开马克思主义的指导,要以马克思主义的指导为基本前提。

然而必须要进一步指出,邓小平虽然认为主流价值观话语权建设要坚持马克思主义基本原则,但坚持并不意味着一味地抱住理论不放,并不是机械地对待马克思主义,相反是采取灵活、务实的态度来对待马克思主义,使马克思主义指导思想能够有效指导主流价值观话语权建设。

二、大力发展生产力提高人民生活水平是提升主流价值观话语权的现实基础

对任何一国而言,主流价值观话语权的实现与提升都需要一定的现实基础。毕竟,只有一国的社会生产力有了显著发展、经济实力有了明显增强、人民生活水平有了极大提高才能够证明该国政治、经济、文化等各项制度的合理性。所以制度本身与价值观有着内在的关联性,"制度和机制、体制中隐含、折射、包容着价值观"[①]。因此,当整个国家的经济实力有了显著增强,人民生活水平有了显著提高,必然有助于彰显国家制度背后体现的主流价值观的说服力以及感召力,从而使该国的主流价值观能够有效统摄其他非主流价值观,从而自然而然地获取话语权。在改革开放初期,当时我国的经济发展水平以及人民生活水平是相对偏低的,再加上西方社会思潮逐渐涌入国内,中国特色社会主义价值观的感召力与影响力与传统社会主义价值观相比,有了一定程度的减弱。面对这样的形势,尽管邓小

---

① 陈新汉. 警惕核心价值体系"边缘化危机"[M]. 北京:社会科学文献出版社,2011:274.

<<< 第三章　中国共产党人关于主流价值观话语权的基本思想

平没有直接论述提升主流价值观话语权的现实基础问题，但是通过深入地分析他的相关谈话还是可以间接看出他是高度重视中国特色社会主义价值观这一主流价值观话语权提升的现实基础问题的。

中国特色社会主义价值观在改革开放初期处于刚刚确立和初步发展的阶段。受"文革"的影响，在改革开放初期，对于"人的自由而全面发展"这一终极价值目标，不少民众较为漠视。此外，由于"文革"使整个国民经济遭受了巨大损失，人民生活水平也偏低，因此，民众对于国家的"富强"有着强烈的期盼，渴望能够获得政治安定，也希望生活水平可以得到提高。在这样的情势之下，邓小平通过分析社会主义较之于资本主义的优越性，同时立足改革开放之初的具体国情，认为要通过不断地解放和发展生产力，大力发展经济，提高人民生活水平，才是中国特色社会主义应有之义。对此，他有许多相关的论述，例如，他曾指出："贫穷不是社会主义，发展太慢也不是社会主义。否则社会主义有什么优越性呢？"[1] 然而，由于"社会主义既是一种理论学说、实践运动和社会形态，也是一种价值观，蕴含着对未来理想社会的各种价值规定"[2]，因此，邓小平所说的社会主义优越性，其实从某种意义而言也反映了社会主义价值观的优越性，在改革开放之后的社会主义现代化建设新时期，它其实更具体指的是中国特色社会主义价值观的优越性。所以，邓小平的这些论述如果按照这一逻辑来进行理解，其实也是指出了要想彰显中国特色社会主义价值观的优越性，最为基础的就是要大力发展生产力，加快经济的发展，努力提高人民生活水平。而中国特色社会主义价值观的优越性得到彰显之后，必然有助于增强它的对内吸引力，增强它对其他非主流价值观的统摄力以及引领力，同时也有助于增强它对外的国际影响力、感召力，展现其较之于西

---

[1]　邓小平文选：第3卷[M].北京：人民出版社，1993：255
[2]　方爱东.社会主义核心价值观研究[M].合肥：中国科学技术大学出版社，2013：25.

方资本主义价值观的独特优势，而这正是话语权增强的重要体现。

所以说，大力发展生产力提高人民生活水平是增强主流价值观话语权的现实基础，也是构成邓小平主流价值观话语权思想的重要内容。

三、要坚持将"共同富裕"作为主流价值观话语权的重要话语主题

"共同富裕"话语一直是社会主义价值观的重要话语。"共同富裕"话语目标的实现是"人的自由而全面发展"这一终极价值目标实现的重要基础，它也是终极价值目标在物质层面实现的具体表现。从理论上看，努力实现"共同富裕"话语目标显然是彰显当代中国主流价值观感召力和影响力、提升话语权的重要着力点。以毛泽东为核心的党的第一代中央领导集体也把"共同富裕"话语作为社会主义价值观最为重要的话语之一，并认为这一话语目标的实现，只有坚持社会主义道路以及制度才能达成，可惜在具体实施"共同富裕"话语目标上出现了一系列的错误。党的十一届三中全会之后，在社会主义现代化建设新时期的初期，邓小平继承和发展了毛泽东有关"共同富裕"的话语内涵以及目标实现的相关思想，同时也吸取了一些经验教训。邓小平认为只有实现"共同富裕"，才能不断彰显社会主义取代资本主义的合理性，才能向人类表明"社会主义是必由之路，社会主义优于资本主义"①。他曾强调："如果走资本主义道路，可能在某些局部地区少数人能更快地富裕起来，形成一个新的资产阶级，产生一批百万富翁，但顶多也不会达到人口的百万之一，而大量的人仍然摆脱不了贫穷，甚至温饱问题都不可能解决。"② 前面说过，社会主义本身是一种价值观，但资本主义其实也是一种价值观。所以，邓小平上面论述中实际上也指出了当代中国主流价值观较之于西方资本主义价值观的显著差别。邓小平不仅把"共同富裕"话语当作当代中国主流价值观的重要话语，同时

---

① 邓小平文选：第3卷 [M]．北京：人民出版社，1993：224-225.
② 邓小平文选：第3卷 [M]．北京：人民出版社，1993：208.

更把它上升到社会主义本质的层次与高度。在改革开放后的社会主义现代化建设新时期，邓小平的上述论述，可以说充分论证了"共同富裕"话语对于当代中国主流价值观优势的彰显，对话语权影响力、主控力的增强具有重要影响。显然，邓小平认为要想实现与提升主流价值观话语权，必须要把"共同富裕"当成重要的话语主题。

值得注意的是，邓小平认为"共同富裕"是主流价值观话语权建设的重要主题，这里不仅指的是要把"共同富裕"话语当作一种重要的意识形态以及价值观宣传话语，达到凝聚人心的目的，同时也要把它当作一种亟待实践和奋斗的话语，为此，邓小平明确提出了以实现"共同富裕"为话语发展目标的具体有效战略。只有让"共同富裕"话语目标实现，才能让西方国家真正信服社会主义是具有巨大优越性的，才能增强当代中国主流价值观对外的感召力、说服力，进而提高话语权。对此，首先他认为实现"共同富裕"这一话语目标，除了要坚持社会主义制度和道路的原则之外，还要通过大力发展生产力来不断巩固"共同富裕"话语目标实现的物质基础条件。其次，他提出"共同富裕"话语目标实现的具体路径应当是"先富带共富帮后富"，超越了毛泽东的"平均发展""同步富裕"的方法，并且具体分析了缘由。他曾言道："我们坚持走社会主义道路，根本目标是实现共同富裕，然而平均发展是不可能的。过去搞平均主义，吃'大锅饭'，实际上是共同落后，共同贫穷，我们就是吃了这个亏。"[①] 此外，他还高度重视科学技术在推动社会生产力发展以及"共同富裕"话语目标实现中所起的重要作用，"我们要实现现代化，关键是科学技术要能上去"[②]。邓小平关于"共同富裕"话语目标实现的具体战略、做法，显然是较为具体的，极具可行性。通过逐渐践行"共同富裕"话语目标，并日益取得成效，必然有助于提高"人的自由而全面发展"这一终极价值目标的民众

---

① 邓小平文选：第3卷 [M]. 北京：人民出版社，1993：155.
② 邓小平文选：第2卷 [M]. 北京：人民出版社，1994：40.

认同感,从而增强主流价值观的吸引力、说服力,使主流价值观提高与实现话语权。

四、坚决反对西方资产阶级自由化思潮是维护主流价值观话语权的必要措施

邓小平没有明确提出如何维护主流价值观话语权的具体措施,但通过分析其相关的谈话与论述,我们可以看出邓小平是高度重视维护主流价值观话语权的。党的十一届三中全会之后,我国开始实行改革开放。改革开放一方面为我国经济的腾飞提供了许多有利的条件,但与此同时,西方资本主义国家的思想文化以及价值观也逐渐传播或渗透到我国,并加强对话语权的争夺。当代中国主流价值观话语权至此受到严重的挑战。尤其是在20世纪80年代中后期,当时西方资产阶级自由化思潮对我国产生了不小的影响。该思潮里面充斥着西方个人主义、自由主义等价值观。自由化思潮的鼓吹者极力宣扬西方的民主制度以及价值观,反对社会主义制度。这一思潮的兴起对于以马克思主义为指导原则,以人的自由而全面发展为终极目标的当代中国主流价值观产生了极大影响,严重冲击着话语权。邓小平对这一形势有着清晰的认识,为此,他认为必须要坚决反对西方资产阶级自由化思潮。

《邓小平文选》第 3 卷中有许多他对资产阶级自由化思潮揭露以及批判的文章。邓小平曾一针见血地指出:"自由化是一种什么东西?实质上就是要把我们中国现行的政策引导到走资本主义道路。"[①] 邓小平认为自由化具有浓厚的资本主义色彩,此外,他还进一步指出了自由化和社会主义的对立性:"自由化本身就是资产阶级的,没有什么无产阶级的、社会主义的自由化,自由化本身就是对我们现行政策、现行制度的对抗,或者叫

---

① 邓小平文选:第 3 卷 [M]. 北京:人民出版社,1993:181.

<<< 第三章 中国共产党人关于主流价值观话语权的基本思想

反对,或者叫修改。……所以我们用反资产阶级自由化这个提法。"① 从这些论述看,邓小平是坚决反对当时资产阶级自由化思潮的,并对之有着较为彻底、清晰的认识。

面对这样的严峻形势,邓小平高瞻远瞩,认为为了维护主流价值观话语权,巩固社会主义意识形态,必须要坚决地反对西方资产阶级自由化思潮。对此,他认为有必要采取多种方式和策略。首先邓小平认为要把反对西方资产阶级自由化思潮作为一项长期性的战略任务来抓,他曾强调:"这个斗争将贯穿在实现四化的整个过程中,不仅本世纪内要进行,下个世纪还要继续进行。"② 其次,他明确指出要反对西方资产阶级自由化思潮与坚持四项基本原则结合起来。四项基本原则是抵御西方资产阶级自由化思潮传播与渗透的有力武器。"现在经济发展这么快,没有四个坚持,究竟会是个什么局面?……四个坚持是'成套设备'"③,只有坚持四项基本原则,才能不断突出中国共产党执政的高度合法性,还有中国特色社会主义的先进性和优越性,进而有力地证明西方资产阶级自由化思潮"全盘西化"的主张是不符合中国国情的。此外,邓小平认为还必须加强党的建设以及人才队伍建设,尤其是要加强党的思想、组织、作风建设并完善人才选拔任用的具体标准。他特别指出,"要按照革命化、年轻化、知识化、专业化的标准,选拔德才兼备的人进班子"④,这样才能有效增强广大党员和领导干部对资产阶级自由化思潮的鉴别力以及抵御力。邓小平关于反对西方资产阶级自由化思潮的论述,对于当前全面建成小康社会的新时期如何增强当代中国主流价值观话语对西方价值观话语霸权的抵御能力,具有重要的现实启发意义。

---

① 邓小平文选:第3卷[M].北京:人民出版社,1993:182.
② 邓小平文选:第3卷[M].北京:人民出版社,1993:204.
③ 邓小平年谱:下卷[M].北京:中央文献出版社,2004:1363.
④ 邓小平文选:第3卷[M].北京:人民出版社,1993:380.

五、加强对主流价值观话语的有效宣传是增强主流价值观话语权的重要保证

党的十一届三中全会之后,由于当代中国主流价值观处于刚刚确立、发展的阶段,各种非主流价值观(比如,西方资本主义价值观、传统封建价值观)暗流涌动,力求与主流价值观抢夺话语权。而这些非主流价值观与主流价值观抢夺话语权的一个重要手段就是优化自身的宣传方式。对主流价值观而言,必须要加强并优化宣传,这样才能使民众更加了解主流价值观较之于其他非主流价值观的价值优势,才能更好地增强话语权。尽管邓小平没有直接谈及如何加强主流价值观的有效宣传,但是通过其相关的论述,可以看出他是高度重视这一问题的。邓小平曾指出:"我们干的是社会主义事业,最终目的是实现共产主义。这一点,我希望宣传方面任何时候都不要忽略。"[①]

邓小平对于如何进行主流价值观有效宣传的相关论述,可以概括为以下几个方面:

首先,加强主流价值观的有效宣传必须要注重反映现实实践新话语的创造。在20世纪70年代末至20世纪90年代初,邓小平创造出了许多反映当代中国主流价值观发展初期阶段的话语。例如,他提出的"三个有利于""三步走""小康社会"等话语都是反映当代中国主流价值观发展初期阶段的重要话语。这些新创造的话语既通俗易懂,又体现了当代主流价值观的本质意蕴,并且随着改革开放的推进,这些话语经实践证明确实有助于推动中国特色社会主义事业不断向前发展,有助于增强民众对主流价值观的认同,也有助于展现当代中国主流价值观较之于其他非主流价值观的话语说服力。

[①] 邓小平文选:第3卷[M].北京:人民出版社,1993:110.

>>> 第三章　中国共产党人关于主流价值观话语权的基本思想

其次，加强主流价值观的有效宣传还需要注重话语的大众化、通俗化表达。当代中国主流价值观是当代中国主流意识形态的本质体现。就主流价值观来说，尤其是终极价值目标以及基本价值观都具有高度的学理性以及抽象性。当时中国主流价值观处于初步的发展时期，基本价值观层次也不系统，但是当时社会对于"富强""民主""法治"等价值观的讨论已较为广泛。究竟如何能够使广大民众加强对社会主义民主与法治的认识，如何能够让民众理解党和政府的路线、方针、政策是以人民群众利益为根本出发点的，邓小平认为必须要注重话语言说方式的合理运用。早在1956年，他就曾言道："人家都说中国共产党讲的语言全是一个腔调，我们就不要腔调太一致了。"① 纵观邓小平的著作，语言极具通俗化、大众化的特点。通俗化、大众化的语言，更容易受到大众的接受与认可，使当代中国主流价值观更加深入人心。例如，邓小平曾说过，"不管黄猫、黑猫，抓住老鼠就是好猫""不改善人民生活，只能是死路一条"。他的这种形象化、通俗化的表达显然有助于后来社会主义市场经济的确立和发展，同时也让民众了解了当代中国主流价值观追求国家富强、人民幸福是实实在在的，而且是有具体有效的政策的。随着经济的发展、人民生活水平的不断提高，民众自然对这些通俗化、大众化的表达有更为深入的认识，会进一步认同主流价值观，这对主流价值观话语权的提高来说，显然是极为有益的。邓小平注重话语的大众化、通俗化的表达方式的相关论述，对当前我国主流价值观话语权的建构来说也是具有重要启示的，值得进一步借鉴与吸收。

再次，邓小平也注重宣传平台的使用。新中国成立后，广播、电视和报纸由于是官方所主办，在过去宣传马克思主义思想，宣传党的路线、方针、政策方面发挥着巨大作用。改革开放之后，邓小平高度肯定广播、电

---

① 邓小平文集：1949—1974（中卷）[M]．北京：人民出版社，2014：254．

视、报纸等传统媒体在宣传马克思主义、中国特色社会主义中所起的重要作用，并认为要想加强对当代中国主流意识形态以及价值观话语的宣传，必须要坚定不移地重视传统媒体的作用。"报刊、广播、电视都要把促进安定团结，提高青年的社会主义觉悟，作为自己的一项经常性的、基本的任务。"[①]

第三节　江泽民关于主流价值观话语权的基本思想

江泽民对主流价值观话语权建设也给予了极大的关注。虽然他也没有直接论及主流价值观话语权的相关问题，但是通过分析其对当时国际局势风云变化的相关看法以及他关于意识形态建设的基本观点，还是可以看出他是思考了主流价值观话语权问题的。江泽民关于主流价值观话语权的基本思想体现在以下三个方面。

一、坚持并发展马克思主义是维护与提升主流价值观话语权的基本原则

20世纪90年代至21世纪初，当时世情、国情以及党情都发生了巨大的变化，价值观领域的斗争日益尖锐化、复杂化。尤其是苏联解体严重冲击了社会主义价值观在整个国际价值观领域的号召力、感召力。而当代中国主流价值观中的民主价值观、法治价值观等核心价值观与苏联的核心价值观有何不同？有何优越性？不少民众对之也不甚了解。随着改革开放的推进，西方的思想文化、价值观进一步传播或渗透到中国，由于西方发达国家在经济实力、科学技术、文化产业发展等方面具有明显的优势，因此，西方资本主义的主流价值观也逐渐增强了在中国的影响力。在当时这

---

① 邓小平文选：第2卷 [M]．北京：人民出版社，1994：255.

种形势之下,有了初步发展的当代中国主流价值观在价值观领域的话语权的影响力遭遇了不小的冲击。

面对这样的形势,江泽民坚定地认为当代中国主流价值观具有显著的价值优势,必须要维护与提升主流价值观话语权,也要增强对西方霸权的防御力。江泽民认为,要想维护与提升主流价值观话语权,必须要坚持和发展马克思主义。究其原因,他认为当代中国主流价值观具有鲜明的马克思主义、共产主义特征。例如,关于"人的自由而全面发展"这一终极价值目标,江泽民认为它具有科学性,因而这一目标是绝不能动摇的。他充分肯定马克思恩格斯关于"人的自由而全面发展"是共产主义主要价值特征的论断,强调"共产主义社会,将是物质财富极大丰富,人民精神境界极大提高,每个人自由而全面发展的社会"[1]。对于民主等核心价值观,他认为与西方国家相比具有显著的价值先进性——人民性。"我们发展社会主义民主,不是为了给西方什么人看的,而是要真正维护和发展中国人民的根本利益,保证和促进中国的稳定和发展。"[2] 而民主价值观的人民性从何而来,显然也跟马克思主义思想学说与原则有着很大的关系。所以要想增强主流价值观的影响力以及说服力,维护并提升话语权,江泽民认为必须要坚持马克思主义,同时也要发展马克思主义,通过坚持和发展马克思主义,赋予当代中国主流价值观新的价值内涵,提高主流价值观的说服力以及对新环境的适应力,从而增强其话语权。

如何做到既坚持马克思主义,同时又发展马克思主义呢?他提出了两个"坚定不移"、两个"不能含糊"的著名论断,即"必须坚持马克思主义的立场、观点、方法,坚持马克思主义的基本原理。这一点,要坚定不移,不能含糊。二是一定要贯彻解放思想、实事求是的思想路线,坚持勇

---

[1] 江泽民文选:第3卷[M].北京:人民出版社,2006:293.
[2] 江泽民文选:第3卷[M].北京:人民出版社,2006:235.

于追求真理和探索真理的革命精神。这一点，也要坚定不移，不能含糊"①。此外，江泽民认为关键在于坚持与时俱进。坚持与时俱进"就是不能用本本去框实践，而只能用实践去发展本本。如果一切都要先看本本上有没有，老祖宗讲过没有，就很难在实践中迈开步子"②。坚持与时俱进，对社会发展的新实践进行理论总结，进一步拓展马克思主义发展的新境界，使其学说得到进一步丰富完善，从而使当代中国主流价值观汲取源源不断的价值资源，为话语创新提供重要的基础，这是有利于主流价值观话语权建设的。

二、巩固和扩大舆论阵地是维护与提升主流价值观话语权的重要保障

任何信息、话语的传播都需要借助一定的传播媒介。主流价值观话语作用于社会日常生活的传播媒介，即我们说的主流价值观话语传播的舆论阵地。在江泽民主政时期，信息网络化发展迅速，不同的意识形态、价值观逐渐运用各种传播媒介来推动话语传播，抢夺话语权，尤其是欧美发达国家高度重视运用多种传播媒介来传播其主流意识形态以及价值观话语。可以说，巩固和扩大舆论阵地是当时主要资本主义国家加强和扩大其主流价值观话语权的重要手段。江泽民对这一形势有着清晰的认识，他曾强调："西方国家都有一套系统的方法和手段，来对他们的官员、学生、群众、军队灌输资本主义的思想、价值观和政治信条。"③ 面对西方国家有着一套成熟、完备的主流价值观话语传播平台体系，有着较为多样化的舆论阵地，江泽民认为，要想维护与提升当代中国主流价值观的话语权，必须要加强舆论阵地建设，要巩固和扩大舆论阵地，并进一步指出（对于舆论阵地）"马克思主义不去占领，各种非马克思主义、非无产阶级的思想甚

---

① 江泽民文选：第 3 卷 [M]. 北京：人民出版社，2006：335.
② 江泽民文选：第 3 卷 [M]. 北京：人民出版社，2006：338.
③ 江泽民文选：第 3 卷 [M]. 北京：人民出版社，2006：86.

至反马克思主义的思想就会去占领"①。此外,当代中国主流价值观话语既有终极价值目标话语,又有核心价值观以及基本价值观话语。终极价值目标话语理论性、学理性最强;核心价值观话语次之;基本价值观话语往往较为通俗化、大众化。而各种传播媒介有着不同的定位及功能,因此,若仅用单一的传播媒介来传播,显然是难以取得良好传播效果的。江泽民对这一问题有着清晰的认识,所以他主张要巩固并扩大舆论阵地,"包括理论、新闻、出版、报刊、小说、诗歌、音乐、绘画、舞蹈、戏剧、电影、电视、广播、网络等,都应该成为我们宣传科学理论、传播先进文化、塑造美好心灵的阵地"②。可以看出,江泽民高度重视舆论阵地建设。在这里,江泽民其实也间接指出了要想扩大舆论阵地就必须要进一步地解放思想、开拓思维,要充分利用可以用来推动主流价值观话语传播的传播载体,既要重视电视、广播、报刊等传播媒体,又要运用网络这一新兴的媒体,还要运用小说、诗歌、音乐等较为隐性的传播载体。就当时的主流价值观话语的传播形势而言,江泽民认为网络这一传播平台,具有强大的传播潜力。"信息技术特别是信息网络技术的发展,为我们开展思想政治工作提供了现代化手段,拓展了思想政治工作的空间和渠道。"③ 主流价值观话语传播从一定意义上来说也是思想政治工作的一项重要内容,必须要重视信息网络技术这一新的传播手段。在当时,我国还没有完全有效占领这一舆论阵地,因此,他尤其强调要高度重视网络舆论阵地的占领问题,并从当时意识形态安全形势角度分析了占领网络舆论阵地的必要性。他指出,"国内外敌对势力正竭力利用它同我们党和政府争夺群众、争夺青年"④,所以必须要高度重视对它的占领,并采取积极有效的措施来促进早

---

① 江泽民文选:第3卷[M].北京:人民出版社,2006:97.
② 江泽民文选:第3卷[M].北京:人民出版社,2006:97.
③ 江泽民文选:第3卷[M].北京:人民出版社,2006:97.
④ 江泽民文选:第3卷[M].北京:人民出版社,2006:97.

日占领,掌握网络舆论阵地的领导权,积极运用这一阵地来传播主流价值观话语。江泽民认为维护与提升主流价值观话语权要占领并扩大舆论阵地这一思想观点,对于当前主流价值观话语权建构具有重大的现实意义。

三、使民众坚定中国特色社会主义共同理想与信念是主流价值观话语权建设的重要目标

共同理想和信念能够凝聚人心,能够汇聚强大的精神力量。回顾中国共产党的历史,中国共产党能够带领全国各族人民推翻三座大山的压迫建立新中国,其中原因有很多,这之中一个重要原因就是当时广大民众与中国共产党人有着共同的理想与信念,都希望改变当时半殖民地半封建社会的面貌,争取国家独立并实现民族振兴。这一共同的理想信念成为新民主主义革命取得胜利的重要精神动力。新中国成立之后,随着"三大改造"的完成,社会主义建设事业的不断推进都与当时社会人们迫切改变中国落后面貌的理想追求有关。然而,20世纪90年代初社会主义市场经济的确立与发展使得当时整个社会的利益格局发生了巨大的变化。由于市场经济是效率经济和竞争性的经济,因此,使得民众的利益矛盾以及价值冲突日益增多。此外,随着改革开放的进一步推进,西方的思想、文化以及价值观又进一步地传播或渗透到我国。人们的利益诉求以及价值信仰开始出现分化的情况,因此,整个社会的共同理想以及精神支柱出现了一定程度的松动。因此,如何使大众坚定对中国特色社会主义的共同理想和信念使中国特色社会主义进一步发展是一大重要问题。江泽民也充分认识到理想与信念对于整个国家以及社会发展所发挥的巨大作用,他曾指出:"没有坚强精神的民族,是没有前途的。……在革命、建设、改革的各个历史时期,用革命精神武装起来的中国共产党人和中国人民克服了种种艰难险

<<< 第三章 中国共产党人关于主流价值观话语权的基本思想

阻,创造了一个又一个人间奇迹。"① "对一个国家、一个民族、一个政党来说,牢固树立并始终保持积极向上的精神状态,是极端重要的。"②

与革命年代和新中国成立初期的环境不同,改革开放之后,尤其在社会主义市场经济确立之后,共同理想与信念主要是对中国特色社会主义共同理想与信念的追求。如何使民众坚定中国特色社会主义共同理想与信念,尽管江泽民没有直接提出要通过加强主流价值观话语权建设来实现这一目标,但深入分析他的谈话与论述,我们还是可以看出他把使民众坚定中国特色社会主义共同理想与信念作为主流价值观话语权建设的重要目标。他指出:"我们必须用马克思列宁主义、毛泽东思想、邓小平理论,用爱国主义、集体主义、社会主义思想,作为凝聚和团结全国人民的坚强精神支柱,并确立建设有中国特色社会主义共同理想。"③ 这里,江泽民显然表明要用马克思主义、中国特色社会主义的思想意识与价值观念作为坚定民众中国特色社会主义的共同理想与信念的重要手段。而当时西方资产阶级自由化思潮、和平演变策略并没有放松对我国的渗透进程,这是阻碍民众坚定中国特色社会主义理想与信念的重要外力因素。他强调:"思想宣传阵地,社会主义思想不去占领,资本主义思想就必然会去占领。各级党委要高度重视意识形态工作,加强对意识形态工作的领导,牢牢掌握意识形态各部门的领导权。"④ 可见,江泽民高度重视意识形态工作,在当代中国,中国特色社会主义价值观这一主流价值观是社会主义意识形态的本质体现,要掌握意识形态各部门的领导权,从根本上来说离不开主流价值观增强对社会各领域的影响力、感召力,以及获取话语权。此外,用社会主义思想去占领思想宣传阵地,必须要有反映社会主义的话语表述,并通

---

① 江泽民文选:第3卷[M].北京:人民出版社,2006:197.
② 江泽民文选:第3卷[M].北京:人民出版社,2006:198.
③ 江泽民文选:第3卷[M].北京:人民出版社,2006:199.
④ 江泽民文选:第1卷[M].北京:人民出版社,2006:160.

过有效的话语言说方式，增强对资产阶级自由化斗争的优势，这些都需要加强主流价值观话语权建设。总之，他的这段论述，间接指出了要高度重视主流价值观话语权建设，展现当代中国主流意识形态与价值观的独特魅力，通过有效抵御西方和平演变以及资产阶级自由化思潮对民众的消极影响，使民众坚定中国特色社会主义理想与信念。

第四节　胡锦涛关于主流价值观话语权的基本思想

党的十六大之后，以胡锦涛同志为总书记的党中央，高度重视主流价值观话语权建设。胡锦涛同志的相关谈话、论述蕴含着丰富的主流价值观话语权思想，主要集中在以下三大方面。

一、以人为本是实现与提升主流价值观话语权的基本原则

以人为本的理念，要求把人民群众的根本利益作为工作的出发点，也作为落脚点。它源于马克思主义的历史唯物主义，也植根于中国共产党的伟大实践中。而当代中国主流价值观话语权是否提升关键是看主流价值观是否展现出强大的吸引力与凝聚力，使广大人民群众能够对主流价值观倡导的价值准则、价值目标以及价值理想实现进一步的认同。当代中国主流价值观要想实现与提升话语权，从根本上说在于主流价值观充分体现最广大人民群众的根本利益。通过分析胡锦涛的相关论述与谈话，可以看出，他高度重视这个问题，并认为必须要把以人为本作为实现与提升主流价值观话语权的基本原则。他强调要始终把最广大人民的根本利益作为党和国家一切工作的出发点和落脚点，促进人的全面发展。人的全面发展是当代中国主流价值观终极价值目标的重要组成部分。显然胡锦涛认为以人为本，不断满足人民群众的物质文化需要是实现这一终极价值目标的重要原则。通过不断地满足人民群众的物质文化需要，才能够逐渐彰显中国特色社会主义制度的价值优势，凸显中国特色社会主义富强观与西方资本主义富强观的根本差别，同时也会让民众日渐认识到终极价值目标是极具科学性的，是完全可以在未来实现的。这对增强中国特色社会主义价值观这一当代中国主流价值观的吸引力以及凝聚力，提升话语权来说，无疑具有重大意义。

胡锦涛认为坚持将以人为本作为提升与实现主流价值观话语权的基本原则，关键在于要把"以人为本"融入主流价值观话语权建设的各个环节中。在这其中，话语主体是提升与实现主流价值观话语权的最基础要素，加强话语主体建设是实现与提升主流价值观话语权的重要任务。话语主体建设的重点是提高广大党员和领导干部的素质。胡锦涛尤其重视广大党员和领导干部话语主体的素养提升问题，以使广大党员和领导干部始终坚持并做到以人为本。胡锦涛认为广大党员和领导干部要做到以人为本，必须密切关注影响群众利益实现的民生问题，"群众利益无小事。凡是涉及群众的切身利益和实际困难的事情，再小也要竭尽全力去办"①。要注重协调群众之间的利益冲突，促进社会公平正义的实现。胡锦涛认为要做到以人为本，广大党员和领导干部还要加强自身的修养，树立正确的权力观、利益观、政绩观。他对广大领导干部提出"要自重、自省、自警、自励，讲党性、重品行、作表率，做到立身不忘做人之本、为政不移公仆之心、用权不谋一己之私，永葆共产党人政治本色"②。坚持以人为本的原则，才能增强民众对于党员和领导干部的信赖度，才能拉近话语主体之间的心理距离，促进主体间良性互动，这对主流价值观话语权提升与实现来说是极为重要的。

此外，对于其他话语权建设的环节，胡锦涛也认为必须要把坚持以人

---

① 胡锦涛文选：第2卷［M］. 北京：人民出版社，2016：58.
② 胡锦涛文选：第3卷［M］. 北京：人民出版社，2016：533.

为本作为基本原则。例如，对话语内容创新来说，胡锦涛提出的"社会主义和谐社会""和谐世界"这些话语就充分体现了这一点。"社会主义和谐社会"话语描绘的是一个民主法治、公平正义、诚信友爱、充满活力、安定有序、人与自然和谐相处的社会，它是反映当代中国主流价值观、核心价值观以及基本价值观层次的重要话语。而为何要提出构建社会主义和谐社会，胡锦涛强调，它"是我们党坚持立党为公、执政为民的必然要求，是我们党实现好、维护好、发展好最广大人民根本利益的重要体现"①。由于社会主义和谐社会是以人民群众为重要着眼点的，所以该话语一经提出，便得到了民众的积极响应，对于增强主流价值观在民众中的影响力、感召力发挥了积极影响。如果说"社会主义和谐社会"话语有助于促进国内民众对于主流价值观的认同，那么"和谐世界"话语的提出，则提升了当代中国主流价值观的国际话语权。胡锦涛在论述"构建和谐世界"时指出，"应该以平等开放的精神，维护文明多样性，促进国际关系民主化，协力构建各种文明兼容并蓄的和谐世界"②。可以看出"和谐世界"话语是着眼于全世界人民的根本利益，是根据世界文明多样性特征以及当今世界现有特点，反映出全世界民众希望追求一个安定、和平、繁荣世界的强烈愿望。它充分彰显出当代中国主流价值观包容性、开放性的优势特征。"和谐世界"话语提出之后，在国际上产生了极大的影响，得到了许多国家民众的拥护，增强了当代中国主流价值观的国际影响力，提高了话语权。

胡锦涛关于要把以人为本作为提升与实现当代中国主流价值观话语权的基本原则，对当前主流价值观话语权建设来说，也提供了重要现实启示。

---

① 胡锦涛文选：第2卷[M].北京：人民出版社，2016：58.
② 胡锦涛文选：第2卷[M].北京：人民出版社，2016：354-355.

<<< 第三章 中国共产党人关于主流价值观话语权的基本思想

二、建设社会主义核心价值体系是实现与提升主流价值观话语权的重要途径

改革开放经过二十多年，在以胡锦涛同志为总书记的党中央治国理政时期，整个国民经济有了显著发展，人民生活水平有了极大提升，可以说当代中国主流价值观话语权建设的物质基础有了显著的增强。但在改革开放的过程中，传统封建腐朽的价值观出现了一定程度的复活，西方拜金和堕落的思想价值观念进一步加强了对中国的传入与渗透，社会上"价值迷失""价值错乱"等现象日益增多，价值"多样化"、价值"复杂化"也日益明显，影响着当代中国主流价值观在价值观领域的统摄力、控制力，使话语权面临着严峻挑战。面对这样的形势，胡锦涛提出了要建设社会主义核心价值体系的战略任务。他在党的十七大报告中特别指出："要建设社会主义核心价值体系，增强社会主义意识形态的吸引力和凝聚力。"[①] 社会主义意识形态能否展现与提升吸引力和凝聚力，本身即是衡量社会主义意识形态的话语权是否提升的重要表现。当前我国社会主义意识形态的最集中体现就是当代中国主流价值观。从某种意义而言，当前社会主义意识形态建设的核心是当代中国主流价值观建设问题。所以胡锦涛在十七大报告中的论述实际上也表明了建设社会主义核心价值体系，对于主流价值观话语权的实现与提升有着重大影响。另外，我们从建设社会主义核心价值体系的具体任务来看，也能看出建设社会主义核心价值体系与实现与提升主流价值观话语权有着直接关联。事实上，社会主义核心价值体系可归纳为"指导思想、共同理想、民族精神、时代精神以及社会主义荣辱观"为一体的理论体系。这一体系从根本上来说，体现着马克思主义的价值理念。马克思主义指导思想是导向性的、最高层次的内容，加强社会主义核心价值体系建设，显然有益于马克思主义指导思想的主导地位进一步巩

---

① 胡锦涛文选：第2卷［M］．北京：人民出版社，2016：639．

109

固，从而增强马克思主义在民众中的传播力以及认同度，有利于当代中国主流价值观话语权的提高。

三、推进马克思主义大众化是实现与提升主流价值观话语权的关键环节

所谓马克思主义大众化是指"马克思主义基本原理由抽象到具体、由深奥到通俗、由被少数人掌握到被广大人民群众所掌握的过程"①。马克思主义的通俗化、普及化，能够促进人们把马克思主义的相关理论融入日常实践中去，并在实践活动中进一步发展马克思主义。当代中国主流价值观是以马克思主义作为内在灵魂的，当代中国主流价值观话语以马克思主义作为其最重要的源泉。使马克思主义的基本原理通俗化、亲和化有助于增强当代中国主流价值观话语的亲和力、吸引力，这对主流价值观话语权的提升与实现来说是极为有益的。胡锦涛对此有深入的认识，他强调："社会主义核心价值体系是社会主义意识形态的本质体现。要巩固马克思主义指导地位，坚持不懈地用马克思主义中国化最新成果武装全党、教育人民，用中国特色社会主义共同理想凝聚力量，用以爱国主义为核心的民族精神和以改革创新为核心的时代精神鼓舞斗志，用社会主义荣辱观引领风尚，巩固全党全国各族人民团结奋斗的共同思想基础。"② 巩固中国特色社会主义共同理想、凝聚全国各族人民共同奋斗是主流价值观话语权建设的重要目标。显然，胡锦涛认为推进马克思主义大众化，对于马克思主义意识形态建设、对于当代中国主流价值观话语权建设具有重大意义。

具体如何通过推进马克思主义大众化来促进当代中国主流价值观话语权建设呢？马克思主义大众化是要将马克思主义的原理、学说从抽象到具体、从理论到实践、从由少数人专门的学术研究转为普通大众的理性诉

---

① 十七大报告学习辅导百问［M］．北京：党建读物出版社，学习出版社，2007：149.
② 胡锦涛．胡锦涛同志关于建设社会主义核心价值体系的重要论述［EB/OL］. https：//news. rednet. cn/c/2014/02/24/3567072. htm，新华网，2014-2-24.

求。这里其实有一个前提，就是马克思主义的言说主体本身需要对马克思主义的理论、原则有较为全面的把握，是真正懂得马克思主义、认同马克思主义的。胡锦涛对此有深刻认识，他认为要推进马克思主义大众化，必须要加强广大党员和领导干部话语主体的马克思主义理论教育。要让广大党员和领导干部话语主体充分理解和把握马克思主义经典作家的主要学说和马克思主义中国化的最新成果，用理论来武装头脑、提升理论水平，达到对中国特色社会主义理想信念进一步坚定的目标，更好地扮演主流价值观话语主体的角色。此外，胡锦涛认为要想通过推进马克思主义大众化来促进当代中国主流价值观话语权建设，尤其要注重语言的大众化、思想阐释的大众化。要运用群众性的语言、民族性的语言、现时代的语言，并运用口语化、具体化、简单化的形式使抽象、深奥的马克思主义理论转变成民众所喜闻乐见的话语形式，提升中国特色社会主义理论的话语魅力、吸引力，这对提升当代中国主流价值观话语权而言是极为必要的方式。广大党员、领导干部要注重使用大众化、亲和化的语言，胡锦涛认为官方主流媒体工作者、宣传工作者，尤其是官方的新闻媒体工作者，也同样需要这种方式。要"善于用事实说话、用典型说话、用群众熟悉的语言和群众喜闻乐见的方式搞好宣传教育"[1]。与此同时，他还强调新闻宣传也要注重文风的改进，讲究传播艺术，要求"写文章、搞报道都要言之有物、生动鲜活、言简意赅，切忌八股习气"[2]。

---

[1] 胡锦涛. 在全国宣传思想工作会议上的讲话（节选）[J]. 大庆社会科学, 2004 (1): 1.
[2] 胡锦涛. 在全国宣传部长会议上讲话摘要 [J]. 思想教育研究, 2002 (2): 1.

第五节　以习近平同志为核心的党的新一届中央领导集体关于主流价值观话语权的基本思想

党的十八大形成了党的新一届中央领导集体。经历 30 多年的改革开放，社会主义市场经济也在不断发展和完善，中国的综合国力有了显著的提升。在这新的历史时期，习近平同志高度重视主流价值观话语权建设，对于如何加强主流价值观话语权建设有许多新的阐述，具体体现在以下三个方面。

一、主流价值观话语权的提升与"中国梦"的实现密不可分

一国的梦想，从本质上说反映了该国的主流意识形态以及价值观。有学者对于西方的"美国梦"有精彩的论述："最初的美国梦不过是建立一块能够充分建功立业的土地，具有竞争力和务实的人能够挣得一份财产或建立一个梦想的家园。久而久之，尽管每个人胸怀的梦想各不相同，但美国人都认为可以凭借自己的勤奋、勇气、创意和决心获得更好的生活，绝不依赖来自他人的施舍和援助，逐渐形成了独特的美国民族特征，即不断追求美好生活并为之奋斗，不达目的决不罢休，崇尚以自我为中心、实利主义、实用主义和个人主义的价值观念。"[①] "美国梦"可以说是西方个人主义、自由主义、实用主义等主流价值观的形象化、通俗化表达。正是由于"美国梦"具有实现的现实基础和条件，因此，"美国梦"在西方社会具有强大的吸引力和极强的感召力，这对于提升西方个人主义、自由主义等主流价值观的话语权起到了极大的促进作用。

---

① 赵可金. 习近平访美："中国梦"对话"美国梦"[J]. 人民论坛，2015 (28)：17.

第三章 中国共产党人关于主流价值观话语权的基本思想

中国与美国的国情、文化有很大的不同,同样,中国人也有自己的梦想。党的十八大后不久,习近平在参观《复兴之路》展览时最早提出中国梦,他说:"现在,大家都在讨论中国梦,我以为,实现中华民族伟大复兴,就是中华民族近代以来最伟大的梦想。这个梦想,凝聚了几代中国人的夙愿,体现了中华民族和中国人民的整体利益,是每一个中华儿女的共同期盼。"① 此后,习近平在多个场合谈及中国梦,中国梦可以说是将马克思主义理论同当代中国经济社会发展的现实相结合的产物,极具价值意蕴。它站在了价值、道德的制高点,同时也凝聚了全体中华儿女的夙愿,反映了中华民族的根本利益。习近平认为中国梦与当代主流价值观话语权有着密切的关联。他曾强调:"中国梦的宣传和阐释,要与当代中国价值观念紧密结合起来。中国梦意味着中国人民和中华民族的价值体认识和价值追求。"② 前文说过,价值观念与价值观从一定意义上而言是具体与一般的关系,价值观是最具体的价值观念,是价值观念的内核,当代中国价值观念在很大程度上强调的是当代中国主流价值观念。加强中国梦的宣传和阐释,能够充分反映当代中国人的价值追求,能够扩大中国特色社会主义价值原则、价值理想、价值目标的吸引力、影响力。在这里,习近平间接指出了推动中国梦与当代主流价值观话语权提升之间的内在关系。

另外,通过分析习近平所提出的中国梦的基本内涵以及主流价值观中核心价值观二十四字,也可以进一步看出,习近平认为推动中国梦实现是提升当代中国主流价值观话语权的重要途径。习近平曾明确指出了中国梦的基本内涵,"我们称之为'中国梦',基本内涵是实现国家富强、民族振兴、人民幸福"③。可以看出,中国梦是涵盖国家、民族、人民三个层面的

---

① 习近平. 在参观《复兴之路》展览时的讲话[N]. 人民日报,2012-11-30.
② 习近平. 习近平谈治国理政[M]. 北京:外文出版社,2014:161.
③ 习近平. 顺应时代前进潮流,促进世界和平发展——在莫斯科国际关系学院的演讲[N]. 人民日报,2013-03-24.

理念，而且每个层面是相互贯通的。在三个层面中，"人民幸福"不仅是基本内涵之一，同时更是中国梦的终极目标。"中国梦归根到底是人民的梦，必须紧紧依靠人民来实现，必须不断为人民造福。"① 中国梦的实现，关键是人民幸福的实现。而党的十八大概括的社会主义核心价值观二十四字也是由三个层面构成，即国家、社会、公民三个层面。而国家富强、民族振兴、人民幸福本身就直接关联着核心价值观各个层面的价值观。当代中国主流价值观是以二十四字核心价值观为重要层次的，显然当代中国主流价值观中的核心价值观层次与中国梦是紧密关联、内在统一的。对此，习近平曾指出："富强、民主、文明、和谐、自由、平等、公正、法治、爱国、敬业、诚信、友善，传承着中国传统文化的基因，寄托着近代以来中国人民上下求索、历经千辛万苦确立的理想和信念，也承载着我们每个人的美好愿景。"② 这段论述，习近平其实指出了社会主义核心价值观各个层面的具体价值观本身就是中国梦的具体反映。从一定意义而言，中国梦是当代中国主流价值观核心价值观层次二十四字的大众化、形象化概括，而核心价值观层次二十四字正是中国梦在当代中国更为现实化、具体化的梦想。因为富强梦、民主梦、文明梦、和谐梦等具体梦想正是中国梦的重要组成部分，推进中国梦的实现，使国家更加繁荣富强，民族实现振兴，人民生活更加殷实幸福，有助于增强当代中国主流价值观核心价值的感召力与影响力，有利于当代中国主流价值观话语权的提升。

二、新兴媒体是推动主流价值观话语传播的强势平台

随着现代科学技术的发展，传播技术日益丰富多样，舆论场出现巨大的变化。主流价值观话语权建设必须要重视传播平台的合理使用。改革开

---

① 习近平. 在第十二届全国人民代表大会第一次会议上的讲话 [N]. 人民日报，2013-03-18.

② 习近平. 习近平谈治国理政 [M]. 北京：外文出版社，2014：169.

放以来,党的几任领导人都认为对主流价值观话语权的提升与实现而言,必须要重视现代科学技术,尤其是互联网,而且重视的程度呈现与日俱增的态势。例如2008年,胡锦涛在视察人民网"强国论坛"时就曾指出:"必须加强主流媒体建设和新兴媒体建设,形成舆论引导新格局。"① 其尤其强调以互联网为主要平台的新兴媒体是一种不可忽视的传播媒介手段,正在兴起,其影响力也正在迅速扩大,必须要积极探索运用新兴媒体来传播主流意识形态以及价值观。党的十八大以来,习近平高度重视主流价值观话语传播问题,明确指出必须要重视网络这一新兴的舆论阵地。他强调:"很多人特别是年轻人基本不看主流媒体,大部分信息都从网上获取。必须正视这个事实,加大力量投入,尽快掌握这个舆论战场上的主动权,不能被边缘化了。"②

如何运用新兴媒体来传播主流价值观话语,习近平也有许多精彩的论述。首先,习近平高度重视主流价值观话语传播者自身的建设问题。他认为主流价值观话语传播者要树立创新的意识。"宣传思想工作创新,重点要抓好理念创新、手段创新、基层工作创新,努力以思想认识新飞跃打开工作新局面。"③ 而主流价值观话语传播正是一项重要的宣传工作,广大党员和领导干部是主流价值观话语传播的最重要主体,要想使主流价值观话语得到有效传播,广大党员和领导干部必须要树立创新的意识,要解放思想,要善于接受新事物,在这其中,尤其要重视运用新兴媒体这一新的传播手段。习近平认为话语传播者既要树立创新意识,还要注重协调与合作。他强调要"树立大宣传的工作理念,动员各条战线各个部门一起来

---

① 吴绮敏,孙成斌.唱响奋进凯歌,弘扬民族精神——记胡锦涛总书记在人民日报社考察工作[N].人民日报,2008-06-20.
② 习近平.习近平关于全面深化改革论述摘编[M].北京:中央文献出版社,2014:83.
③ 习近平.习近平谈治国理政[M].北京:外文出版社,2014:155.

做"①，只有这样，才能更好地提高话语传播的效力。

其次，习近平认为运用新兴媒体来传播主流价值观话语，必须要使新兴媒体坚持正确的舆论导向。传播媒体如果在舆论导向上出现问题，就极可能给党和人民带来严重的损失，甚至引发社会混乱，也会给西方敌对势力可乘之机。习近平不仅认为传统媒体应有导向性原则，同时也对新媒体的导向性提出了要求。主流价值观话语是反映中国特色社会主义、中国共产党以及中国政府重要理念的话语，政治性的色彩浓厚，使新兴媒体遵循正确的导向性原则是极为必要的。

再次，习近平认为对运用新兴媒体来传播主流价值观话语来说，尤其要注重运用它推动主流价值观话语的对外传播。主流价值观话语权的提升与实现尤其要关注国际话语权的获得与提升。而国际话语权的获得与提升，离不开主流价值观话语的对外传播，需要主流价值观话语具有极强的感召力与吸引力。可以说，在主流价值观话语传播受众中，国外民众是重要的受众对象。只有让更多的民众了解当代中国主流价值观的话语内涵、话语特色、话语优势，才能提高主流价值观话语的对外影响力，从而有助于提高话语权。习近平认为新兴媒体具有显著的传播优势，要"发挥好新兴媒体作用，增强对外话语的创造力、感召力、公信力，讲好中国故事，传播好中国声音，阐释好中国特色"②。

三、全面深化改革是提升主流价值观话语权的重要途径

在当代中国，主流价值观话语权能否提升，很大程度上取决于在核心价值观层次的具体价值观能否充分实现。价值观又是与制度、政策紧密关联的。当建立健全了与价值观相关的制度或政策，并且相关的制度或政策

---

① 习近平. 习近平谈治国理政 [M]. 北京：外文出版社，2014：156.
② 习近平. 习近平谈治国理政 [M]. 北京：外文出版社，2014：162.

能够发挥作用，促进具体价值观目标的实现，必然有助于提升相关价值观的感召力、影响力，从而提高话语权。习近平强调："改革开放是当代中国发展进步的活力之源，是我们党和人民大踏步赶上时代前进步伐的重要法宝，是坚持和发展中国特色社会主义的必由之路。"① 习近平认为必须要坚定不移地坚持改革开放的伟大决策，并且要通过全面深化改革，运用政策以及法律来推动反映国家、社会以及公民等层面核心价值观目标的实现。具体来看：

在国家层面。第一，关于富强。习近平认为要想实现国家富强的价值目标，必须要深化经济体制改革，要对市场在资源配置中的作用有更深的认识。他认为市场在资源配置中起决定性作用，"理论和实践都证明，市场配置资源是最有效的形式"②。与此同时，其强调必须进一步发展和完善社会主义市场经济，尤其要进一步"鼓励、支持、引导非公有制经济发展，激发非公有制经济活力和创造力……明确公有制和非公有制经济都是社会主义市场经济的重要组成部分，都是我国经济社会发展的重要基础"③。只有这样才能进一步调动一切积极因素来促进生产力的发展，提高国家的GDP总量。然而富强价值目标的实现，也体现在民众生活水平的提高上，尤其体现在农村以及欠发达地区的生活水平上。因此，习近平认为必须要积极探讨解决城乡发展不均衡的问题，要努力破除城乡二元结构，通过推动城乡一体化的发展来实现全面小康，使富强价值观目标能够真正实现。第二，关于民主。习近平认为"人民当家作主是社会主义民主政治的本质和核心"④，民主政治的改革与发展，必须要以"人民当家作主"

---

① 中共中央文献编辑室. 习近平关于协调推进"四个全面"战略布局论述摘编 [M]. 北京：中央文献出版社，2015：60-61.
② 中共中央文献编辑室. 习近平关于协调推进"四个全面"战略布局论述摘编 [M]. 北京：中央文献出版社，2015：60-61.
③ 习近平. 习近平谈治国理政 [M]. 北京：外文出版社，2014：79.
④ 习近平在庆祝全国人民代表大会成立60周年大会上的讲话 [N]. 人民日报，2014-09-06.

作为重要依据。要"构建程序合理、环节完整的协商民主体系,拓宽国家政权机关、政协组织、党派团体、基层组织、社会组织的协商渠道"①,把协商民主同选举民主结合起来,协调发展,逐步超越西方的"单轨道"民主,突出中国式民主优越性。第三,关于文明。习近平认为,"文明是多彩的、平等的和包容的"②。对文明价值目标的实现而言,不仅要注重物质文明、精神文明和政治文明建设,而且也要注重生态文明建设。第四,关于和谐。习近平认为必须要加强和谐社会的网络空间建设,要构建和谐的劳动关系,此外对于各项改革要注意相互促进、良性互动,推动和谐价值观目标的实现。

在社会层面。第一,关于自由。党的十八届三中全会提出要进一步解放思想、进一步解放和发展生产力、进一步解放和增强社会活力。而在马克思主义的话语解释体系中,"解放"与"自由"可以说是同一序列的概念,甚至在一些情况下可以相互替代。其实这里特别强调思想自由、社会自由以及经济自由。对此,习近平进一步阐释,"解放思想是前提,是解放和发展社会生产力、解放和增强社会活力的总开关"③。可以说思想自由是经济自由以及社会自由的基础。对思想文化领域来说,必须要坚持"双百"方针,这是自由价值观实现的重要保障。第二,关于平等。习近平强调,"我们要通过创新制度安排,努力克服人为因素造成的有违公平正义的现象,保证人民平等参与、平等发展权利"④。对此,习近平进一步指出要通过经济制度的变革,打造平等参与、平等发展的社会环境,通过健全平等的政治制度,为平等价值观在全社会广泛实现创造重要基础,通过完善社会制度为平等价值观实现提供最直接、最现实的保障。第三,关于公

---

① 习近平. 习近平谈治国理政 [M]. 北京:外文出版社,2014:82.
② 习近平. 习近平谈治国理政 [M]. 北京:外文出版社,2014:258-259.
③ 习近平. 习近平总书记系列重要讲话读本 [M]. 北京:学习出版社,人民出版社,2014:43.
④ 习近平. 习近平谈治国理政 [M]. 北京:外文出版社,2014:97.

正。从本质上看公正其实是对权利、自由以及利益等内容要素如何合理分配的问题。其关键是必须建立起一套科学、系统的维护公平的内容体系。习近平指出，要"加紧建设对保障社会公平正义具有重大作用的制度，逐步建立以权利公平、机会公平、规则公平为主要内容的社会公平保障体系"①。以"三大公平"为核心的制度化体系，将形式公正与实质公正相统一，体现出社会主义的内在要求，有助于公正价值观的实现。第四，关于法治。习近平认为法治价值观的实现，关键在于立法要科学、执法要严格、司法要公正，全民也应当守法，实现协调发展，共同推进依法治国、依法执政和依法行政，坚持党的领导、人民当家作主以及依法治国有机统一。在此基础上，使公权力受到明显的规范与制约，使全民增强法治意识，社会上形成浓厚的法治氛围。这是法治价值观实现的重要标志。

在公民层面，习近平没有明确指出要通过全面深化改革建立健全具体法律或政策来促进公民层面价值观的实现，但是由于全面深化改革反映的是社会生活的各个方面，同时也关乎着广大人民群众的切身利益，当其他各种改革的法律、政策得到有效执行，国家经济实现了进一步发展，人民生活水平得到了极大提升，社会更加公平正义，法治得到进一步推进，这既会有助于国家、社会层面价值观感召力以及影响力的增强，同时也会促使民众更加爱国爱家、爱岗敬业，也会使整个社会更加注重诚信、友善的精神品质。因为公平、正义、民主、法治等价值观本身就与公民层面的价值观紧密相连。例如，通过健全社会主义民主与法治的相关制度，使贪腐现象大为减少，公权力得到有效约束，民众自然会增强对党和政府的信赖感，有助于民众认同爱国、敬业等价值观。可见，通过全面深化改革，也会间接增强公民层面价值观的感召力、影响力。

---

① 习近平. 切实把思想统一到党的十八届三中全会精神上来 [N]. 人民日报, 2014-01-01.

第四章　当代中国主流价值观话语权的建构意义与基本原则

构建当代中国主流价值观话语权具有重大意义。它是事关社会主义现代化建设和主流意识形态安全的重大课题。然而要想建构主流价值观话语权必须依循一定的原则。原则,是人们说话或行事所依据的法则或标准。"没有规矩,不成方圆",干任何事情都离不开一定的原则。当前要想有效构建当代中国主流价值观话语权,必须要坚持和依循一定的价值原则和基本规范。离开了这些价值原则和基本规范,当代中国主流价值观话语权的构建就会偏离方向,最终难以成功。

第一节　当代中国主流价值观话语权建构的意义

当代中国主流价值观话语权建构具有十分显著的意义。既有利于提升我国的文化软实力,又有利于回击价值观领域的西方话语霸权,还有利于坚定民众对马克思主义的信仰。

一、有利于提升我国的文化软实力

文化软实力是软实力的附属概念。要充分把握文化软实力的真正含

<<< 第四章　当代中国主流价值观话语权的建构意义与基本原则

义，首先得明确软实力的基本内涵。软实力，最早可追溯到 20 世纪 70 年代美国著名学者克莱因提出的"现代综合国力方程"。克莱因用"战略意图"和"贯彻国家战略的意志"作为衡量综合国力的主要因素。无论是"战略意图"还是"贯彻国家战略的意志"，实际上都是一个国家软实力的重要表现。它和经济、科技、军事等因素有着明显的不同。只不过当时并没有明确提出"软实力"这一概念。当前国内外学术界较为一致的观点认为，最早明确提出"软实力"这一概念的是美国著名学者约瑟夫·奈。他于 1990 年出版了《美国定能领导世界吗——美国权力性质的变迁》一书。该书明确提出了"软实力"这个新颖的学术术语。这一术语一经提出便轰动世界，成为各国政治圈和学术界最为关注的术语之一。约瑟夫认为："软实力是通过吸引的手段而不是强迫或收买的手段从而达己所愿的能力。"① "软实力是一种能够影响他人喜好的能力。"② 文化、价值观、政治制度和外交政策是软实力的主要内容。对国家而言，按照约瑟夫的观点以及认知逻辑，软实力其实指的是一个国家的文化、价值观、社会制度、外交政策以及发展模式等诸多方面的国际影响力和吸引力。

在软实力的构成要素中，文化是最基础的，同时也是最具内在性的构成要素。在相当长的一段时间里，文化以及软实力这一概念是分开来使用的。党的十七大报告将"文化软实力"作为一个统一、完整的词提出之后，这一概念得到了广泛的传播。"'文化软实力'是由'软实力'演化出来的一个具有中国特色的概念，是'软实力'的中国话语。"③ 当前学术界对于文化软实力的理解，主要从文化的对内和对外两个方面来看，对内体现在文化的内在凝聚力，对外则反映在文化的吸引力、感召力和影响

---

① ［美］约瑟夫·奈. 软力量——世界政坛成功之道［M］. 吴晓辉，等，译. 北京：东方出版社，2005：2.
② ［美］约瑟夫·奈. 软力量——世界政坛成功之道［M］. 吴晓辉，等，译. 北京：东方出版社，2005：5.
③ 方爱东. 提升社会主义核心价值观国际影响力的思考［J］. 理论建设，2014（1）：8.

力等方面。文化软实力当然可以表现为内在凝聚力和外在吸引力,可是这内在凝聚力和外在吸引力从何而来?或者说内在凝聚力以及外在吸引力、影响力产生的更为基础的动因是什么?这也是值得深思的问题。笔者认为文化的创新力是文化的内在凝聚力以及外在吸引力产生的深层动因。没有创新力的文化,没有与时代相发展的文化是难以形成凝聚力以及吸引力的。因此,文化软实力,从某种程度而言,可以理解为一个国家或民族彰显出来的价值、智慧以及情感的力量。它是基于文化的创新力而形成的文化的内在凝聚力以及外在吸引力、影响力。当今世界,各国综合国力之较量,一方面表现为经济、科技、军事等硬实力的较量,另一方面也表现为文化软实力的较量。现在文化软实力强弱越来越成为衡量一国综合国力的重要标准之一。具有较强文化软实力的国家,往往能够使该国的综合国力处于较为稳定的状态。

　　由于文化软实力在衡量一国的综合国力中所占的比重越来越大,因此,对任何一国来说,提升国家的文化软实力就显得尤为重要。当前,我国日益看重文化软实力建设。习近平同志强调指出:"提高国家文化软实力,关系'两个一百年'奋斗目标和中华民族伟大复兴中国梦的实现。"[①]然而,文化的核心是价值观。前面说到,文化软实力主要由文化、社会制度以及外交政策等基本要素构成,文化是最基础的要素。文化主要表现为一套价值观念、原则和理想信仰等精神方面的内容。文化通过建构具体的符号来形成一种比较一致的价值观,来维持、巩固一个国家抑或民族的文化认同。文化与价值观的关系是极为密切的。因此,对一个国家来说,要想提升文化软实力,必须要重视主流价值观建设,提高主流价值观的影响力。话语权本身强调的是主控力、作用力以及影响力。一国要建构该国的主流价值观话语权,必然有助于增强主流价值观的影响力,增强主流价值

---

① 习近平. 习近平谈治国理政 [M]. 北京:外文出版社,2014:160.

<<< 第四章 当代中国主流价值观话语权的建构意义与基本原则

观所反映的文化的魅力以及精神品质。这显而易见是有助于提升一国的文化软实力的。

从国际视野来看,探讨美国雄厚的文化软实力产生的原因,我们就更容易理解建构一国主流价值观话语权对于一国文化软实力提升所起到的重要作用。当前,作为资本主义世界头号强国的美国,具有雄厚的文化软实力,究其原因很多,比如,跟其强大的硬实力有很大的关联。约瑟夫·奈曾指出:"一国经济和军事的衰落不仅使其丧失硬力量,也能使其丧失部分影响国际议程的能力,并丧失自身的部分吸引力。"[1] 以经济、军事等为核心的硬实力是文化软实力实现的重要基础。此外还有一个非常重要的原因是美国极力加强"普世价值观"自身的建设。在美国,"普世价值观"从某种意义上可以说是美国的主流价值观。美国通过多种途径的建构使"普世价值观"获得了优势话语权,并借助优势话语权进一步宣扬"普世价值观"的"优越性"以及"适用性",使他国对美国文化产生向心力。在这样的过程中,"普世价值观"就进一步巩固了自身在资本主义意识形态中的核心地位,再加上美国在全球的政治、经济、科技以及军事等方面有着显著的优势,因此,美国具有雄厚的文化软实力也就不难理解了。约瑟夫·奈曾试图论证普世价值观与一国文化软实力提升的重要关系,尽管该观点具有为西方"普世价值观"讨好、辩护的意味,但是还是可以从中获得一些启发。他说:"当一个国家的文化涵括普世价值观,其政策亦推行他国认同的价值观和利益,那么由于建立了吸引力和责任感相连的,该国如愿以偿的可能性就得以增强。狭隘的价值观和民族文化就没那么容易产生软力量。"[2] 这里约瑟夫·奈的观点显然是值得推敲的。比如,美国的

---

[1] 约瑟夫·奈.软力量——世界政坛成功之道[M].吴晓辉,等译.北京:东方出版社,2005:9.
[2] 约瑟夫·奈.软力量——世界政坛成功之道[M].吴晓辉,等译.北京:东方出版社,2005:11.

对外政策并不是推行他国认同的价值观,它只不过是把"普世价值观"当成全世界最合理、最科学的价值观来加以推广,默认他国也会认同其价值观。然而"普世价值观"的推广、传播其实也是"普世价值观"话语权建设的问题,通过加强"普世价值观"话语的传播与推广,巩固了"普世价值观"在美国文化中的核心地位,这是美国保持"文化软实力"优势的重要手段。

由于主流价值观话语权建设与文化软实力的提升有着密切的关联,美国的文化软实力优势获得就成为一个鲜明的例子。因此,从分析国际经验的角度来看,建构当代中国主流价值观话语权能够提升我国的文化软实力也就容易使人明白了。深入推究当代中国主流价值观话语权建构的内容以及文化软实力的具体内涵,我们就更能理解,建构当代中国主流价值观话语权对提升我国文化软实力来说,是具有合理逻辑的。

首先,从当代中国主流价值观以及话语权的主要特征来看。当代中国主流价值观在当前我国的价值观领域中是占支配地位、起统摄作用的。它是中国特色社会主义文化的显著体现。当代中国主流价值观包含三大层次,事实上,在当代中国主流价值观建设中,核心价值观以及基本价值观建设是最为重要的任务。倘若当代中国主流价值观具有较强的控制力以及影响力,那么,必然有利于我国文化软实力的提升。习近平指出:"一个国家的文化软实力,从根本上说,取决于其核心价值观的生命力、凝聚力、感召力。"[1] 而话语权本身体现的就是一种控制力、凝聚力、感召力以及影响力,建构当代中国主流价值观话语权一大重要目标,就是提升主流价值观的凝聚力以及影响力。因此说,建构当代中国主流价值观话语权有利于我国文化软实力的提升。

其次,从话语权以及文化软实力内在的结构要素来看。话语内容是话

---

[1] 习近平. 使社会主义核心价值观的影响像空气一样无所不在 [EB/OL]. (2014-02-25) [2014-04-29]. http://news.xinhuanet.com/politics/201402/25/c-119499523.htm.

语权最重要的结构要素之一,对当代中国主流价值观话语权的建构来说,创造反映当代中国特色、反映当前时代气息、反映社会主义属性的高品质的话语内容是当务之急。建构当代中国主流价值观话语权将会创造出许多反映上述特点的新概念、新范畴与新表述。前文也说过,文化的对内凝聚力以及对外影响力的产生是离不开文化创造力的,是以文化的创造力作为基础条件的。创造许多优质的新概念、新范畴与新表述,一方面是主流价值观话语权建构的必经阶段,同时也是文化创造力的展现。因此,主流价值观话语内容的创新过程其实也是不断累积文化对内凝聚力以及对外影响力、感召力的过程。当前,在主流价值观话语权话语内容建构方面,已经创造出了不少的新概念、新表述。例如,"人类命运共同体"这一概念,"它的提出既是对近代以来尤其是两次世界大战给人类带来血的教训的深刻总结,又是对中华优秀传统文化本身注重的'睦邻''仁爱''友善'等价值元素的充分吸收"[①]。其实它也反映了当代中国特色社会主义文化的巨大创造力。所以,这一概念一经提出,便得到了国际社会的广泛赞誉,表现出了强大的对外感召力以及吸引力,这正是中国文化软实力逐渐提升的重要表现。总之,建构当代中国主流价值观话语权有助于提升我国的文化软实力。

二、有利于增强对价值观领域西方话语霸权的有效回击力

当前,在国际上,西方的"普世价值观"垄断了国际价值观领域的话语权,并凭借政治、经济、军事等各种硬实力优势,形成了强大的话语霸权。"普世价值观"对各种与其价值理念不同的价值观进行强势的打压,力求最大程度地压缩其他价值观的话语空间。建构当代中国主流价值观话语权,有利于增强对价值观领域西方话语霸权的有效回击力。究其原因,

---

① 刘勇,方爱东.当代中国主流价值观话语权建构的四个维度[J].学术论坛,2016(6):18.

可以归结于以下几点：

第一，西方"普世价值观"本身就具有非常多的理论缺陷，长远看来，这种"普世价值观"的缺陷必将进一步暴露出来，而当代中国主流价值观则与之截然相反，通过加强对当代中国主流价值观话语权的建构，必将有助于展现出当代中国主流价值观的先进性、科学性。因此，在进行话语交锋的过程中，当代中国主流价值观话语必将会逐渐冲破西方话语霸权的束缚，给其有效的回击。西方"普世价值观"的理论缺陷，首先体现在概念上。"普世"这一概念本身就具有争议性。世界上并没有完全、绝对"普世"的东西，"普世"的东西往往是多变的，况且就算真有西方所理解的"普世"，那么这种普世价值难道仅仅只有西方所有吗？如果按照西方认知里的"普世"这一概念的逻辑来理解，其实东方文化中也有"普世"的价值。中国传统文化中的"仁""孝"等价值理念，在当前来看，显然并没有过时。所以说，西方提出"普世"的价值，从某种意义上讲就是文化霸权，其中充斥着西方中心主义。其实，西方鼓吹"普世"，从根本上看就是利益上的考虑。然而总结人类社会的规律与特点不难看出，人类社会是具有群体属性的。因此，不同的主体基于不同的立场以及利益，必然会有不同的价值原则以及追求。同时人类社会也是一个充满竞争与博弈的社会，不同的国家和民族有着不同的现状与特点。宣扬"普世"，本身就是与人类社会的发展现状相违背的，理论上有缺陷，在现实当中必然也会出现困境。

第二，体现在"普世价值观"本身的主要内容上。当前，资本主义的"自由""民主""人权"等是以美国为首的西方发达国家主要宣扬的"普世价值观"。无论"自由"，还是"民主""人权"都有非常多的局限性。西方往往会将它们依据"普世价值观"所创立的制度体系模式化、神圣化、普世化，以此来证明该制度是最具优越性的制度，是古今中外所无法比拟的制度，并要求其他国家认同，以至于学习与运用这种制度。西方国家这种强迫其他国家或民族认同其制度的这种行动本身就违反了它们所"标榜"的"自由""民主""人权"等价值观念。更何况，这些观念本身就存在内在的冲突与撕裂，而这些内在的冲突与撕裂进一步证明了西方"普世价值观"的虚伪性。"棱镜门事件"就是揭开西方所标榜的"普世价值观"的虚伪性的一个有力证明事件。斯诺登冒着生命危险，暴露美国监控盟国和其他国家，对维护法治、民主以及各国公民的隐私权做出重大贡献。但是，一直标榜是"人权卫士"的欧洲诸国，竟没有一国愿意收留斯诺登。西方国家在斯诺登面前所表现出来的"虚伪"暴露无遗，让世人进一步看清了西方所谓"普世价值观"的真面目。除此之外，西方所谓"普世价值观"面对世界多极化以及经济全球化进一步发展带来的诸多问题，面对资本主义世界内部的矛盾，也面临着缺乏解释力和说服力的话语困境。比如说，"无法解释自身的发展困境和社会问题；无法解释包括资源、环境、世界贫富分化、核扩散、恐怖主义等全球性问题"[1]。因此，尽管西方当前在价值观领域垄断话语霸权，但是由于自身的理论缺陷以及局限性，所以这种话语霸权优势正在逐渐削弱。

而当代中国主流价值观则与西方所谓"普世价值观"形成了鲜明的对比。从某种意义而言，西方"普世价值观"的落脚点是"个人的自由"，当代中国主流价值观的落脚点则是"全民的幸福"。西方"普世价值观"最为基础的条件是"资本"，是私有制，这一条件体现着资本主义鲜明的特征。而当代中国主流价值观依赖的根基是"劳动"，是走向共同富裕，体现出社会主义本质。而且当代中国主流价值观本身就是极具现实性的，是完全可以有效践行的价值观。例如，我们在社会上经常会听到"人人为我，我为人人"这一话语，这其实是反映主流价值观中基本价值观层次的重要话语，它充分反映了公民与国家、集体与个人的和谐统一。上至领导

---

[1] 刘笑盈. 关于构建中国话语体系的思考 [J]. 对外传播，2013（6）：34.

干部，下至普通民众，只要认同这一理念，都可以有效践行。可以说，当代中国主流价值观具有十分鲜明的历史进步性以及现实感召力。当前，资本对劳动的严密控制是整个资本主义世界各种弊端产生的根源所在。资本的冲动与刺激和私有制的固有本性，使得资本主义对人性的奴役难以避免，也难以消除。这些问题都是资本主义本身的内在体系导致的，同时也是难以解决的。只有在社会主义的发展环境下，劳动才能够体现其应有的价值，获得其应有的地位，为全民的幸福和自由全面发展的实现提供一定程度的可能。可以说，当代中国主流价值观较之于西方"普世价值观"的优越性是极为明显的。建构当代中国主流价值观话语权，将会进一步传承与弘扬中华民族优秀的传统文化，同时禀赋马克思主义的内在精神特质，也会汲取人类社会普遍认同的优秀文化元素。这必然会进一步彰显当代中国主流价值观的价值魅力，有助于进一步发挥当代中国主流价值观较之于西方"普世价值观"的优越性。这对在国际价值观领域有效回击"普世价值观"话语、提高当代中国主流价值观话语的国际影响力以及感召力来说，是极具现实意义的。

第三，建构当代中国主流价值观话语权，能够增强中华民族的民族凝聚力，有利于有效回击西方话语霸权。

俗话说"团结就是力量"，要想搞好中国的各项建设，要想有效回击西方的话语霸权，没有民族的凝聚力是不行的。民族凝聚力的核心是民族精神。一国民族精神的强弱主要体现在一国主流价值观在社会的影响力以及认同度上。只有拥有强大民族凝聚力的国家，才能够团结一致、积极回击国际对其进行的各种话语攻击与话语批评。当前，受多种因素的影响，中华民族的民族凝聚力有被弱化的风险。一方面，在经济全球化、信息网络化发展的背景之下，西方积极运用网络主控的优势来推行文化霸权，不断加强"西化""分化"的活动。另一方面，随着社会主义市场经济的发展以及对外开放的深入，西方各种非马克思主义价值观、非主流价值观也

<<< 第四章　当代中国主流价值观话语权的建构意义与基本原则

大行其道，企图争取更多民众的认同。尤其是争取大学生群体，这一群体是各种非马克思主义价值观、非主流价值观极力争取的对象。而受到传统意识形态以及价值观教育手段过于刻板化、机械化的影响，一些民众对于主流价值观的宣传存在"逆反"心理。这种"逆反"的心理一方面体现在对主流价值观本身所建立的体系存在直观、片面的刻板印象；另一方面对当前主流价值观相关的宣传与教育，尤其是对相关事迹的报道存在着反感、厌恶的态度。加上随着社会主义市场经济的进一步发展，受市场经济自发性、盲目性的影响，一些社会成员唯利是图、欺诈失信，甚至对党和政府出台的关于社会公平正义以及一些惠及民生的重大方针政策产生怀疑。除此之外，受多样化社会思潮的影响，现实中民众"价值错位""价值茫然"的现象也是屡见不鲜。在整个价值观领域，各种"价值噪音""价值杂音"也是日渐增多。受之影响，在整个社会价值观领域，民众对于非主流价值观以及主流价值观的认同呈现出一种分化的迹象，这显然不利于民族凝聚力的增强。而在这样的形势背景下，没有强大的民族凝聚力，西方话语霸权就能施加其影响力，就能加强"普世价值"话语的渗透，进一步采取"和平演变"策略分化中国的民心。

而建构当代中国主流价值观话语权，通过提高广大党员和领导干部话语主体的素质，通过积极吸收以及提炼广大人民群众在日常生活中所创造出来的丰富的语言，增强主流价值观话语对现实问题的解释力，使主流价值观话语契合民众日常生活用语。"让群众爱听爱看、产生共鸣，充分发挥正面宣传鼓舞人、激励人的作用"[①]，这样，必然有助于消除一些民众对于当代中国主流价值观的误解与成见，也会使得之前就认同当代中国主流价值观的民众进一步加深对主流价值观的理解与认同。当一个社会有越来越多的民众认同主流价值观，那么整个民族的凝聚力必然会显著增强。所

---

① 习近平. 习近平谈治国理政 [M]. 北京：外文出版社，2014：155.

129

以说，建构当代中国主流价值观话语权是有助于增强中华民族凝聚力的。此外，建构当代中国主流价值观话语权，必然会用马克思主义的相关立场、观点来总结党的十一届三中全会以来社会主义现代化建设的基本经验，会不断地丰富中国特色社会主义发展模式的相关话语，进一步展现社会主义现代化建设取得的巨大成就，在民族凝聚力逐渐增强的情势之下，有效地反击西方的攻击与诋毁。总之，建构当代中国主流价值观话语权，能够增强民族凝聚力，有利于回击西方话语霸权。

三、有利于民众坚定对马克思主义的信仰

何为信仰，对此学术界的观点不一。一般认为信仰是指人们对某人、某种思想、宗教的极度认同，并愿意将其作为个人行动的楷模或指南。信仰的出现，往往带有强烈的主观色彩，例如，康德认为，"对于某一判断，如果主观上坚信其正确性，而客观上却没有充分根据进行证明，这种判断就是信仰"[①]。但是，信仰又并不是完全盲目、感性化的，同时也具有理性的部分。信仰反映了人们内心中的一种寄托，一种价值追求。正如有学者所言，"信仰是人们对某种主张、主义和价值理想的极度信服和尊崇，寄托着人的精神最高的眷注和关怀"[②]。如果按照主客体的关系理解的话，信仰其实可以理解为信仰主体对信仰客体的由衷尊崇与极度信奉。信仰是蕴含巨大能量的。哥本哈根学派的重要代表海森伯曾说道："我们的主要动力是而且也一直是信仰。如果说我有信仰，就是说我也已决定去做某事，并甘愿为此而献出自己的一生。"[③] 信仰不仅对个人来说具有重大意义，对社会来说也有重大价值。信仰能够推动社会形成价值共识，有利于稳定社会秩序的构建，有利于行动合力的生成。正如托克维尔所言："不难理解，

---

① [德]康德. 逻辑学讲义 [M]. 许景行, 译. 北京：商务印书馆, 1991：59.
② 张曙光. "信仰"之思 [J]. 学术研究, 2000（12）：46.
③ [德]海森伯. 物理学家的自然观 [M]. 吴忠, 译. 北京：商务印书馆, 1990：46.

<<< 第四章 当代中国主流价值观话语权的建构意义与基本原则

一个社会要是没有这样的信仰,就不会欣欣向荣;甚至可以说,一个没有共同信仰的社会,就根本无法存在,因为没有共同的思想,就不会有共同的行动,这时虽然有人存在,但构不成社会。"①

对某种思想、学说的信仰而言,任何一种思想、学说要想获得民众的信仰,至少需要具备以下三大条件:首先,相关的思想与学说要具有科学性以及合理性;其次,相关的思想与学说必须要在实践中得到一定程度的论证;再次,相关的思想与学说必须要具有超越现实性的方面,为人们提供情感寄托。马克思主义这一思想学说,具备了这三大条件,理应成为民众的信仰。马克思主义是由对宗教的批判走向对社会现实的批判,对资本主义社会特征进行了深刻的揭露,是指导人们摆脱剥削制度、走向美好的共产主义社会的强大精神武器,理应成为全人类共同的信仰。可以说马克思主义的科学性以及合理性是极为鲜明的。而马克思主义自问世之后,其对资本主义社会固有矛盾的揭露,对人类社会发展规律所做出的推论无疑正在逐渐被证实。尽管东欧剧变以及苏联解体使马克思主义这一思想学说遭遇到国际社会的空前质疑,但马克思主义学说在中国的巨大成功,无疑有力地回击了西方"马克思主义过时论""共产主义终结论"等故意扭曲、污蔑马克思主义的言论。除此之外,马克思主义还给人们提供了一种情感寄托。如果说宗教能够"安顿心灵"的话,那么,马克思主义则是"归宿心灵"。马克思主义鼓励并激励人们不断提升自身的道德修养以及精神境界,为共产主义远大理想而不懈奋斗。可以说坚定马克思主义信仰有着内在的逻辑,坚定马克思主义信仰有着十分重大的意义。从某种意义而言,马克思主义信仰是指人们对于马克思主义的基本原理、价值理想以及思维方法的极度认同,对共产主义远大理想的坚守,并以马克思主义的相关原则与要求来要求自己、提升自己。从当前现实来看,坚定马克思主义的信

---

① [法]托克维尔. 论美国的民主 [M]. 董果良,译. 北京:商务印书馆,1991:525.

仰，对于推动中国特色社会主义事业向前进一步发展具有重大意义，同时对于巩固中国共产党的执政地位以及全面实现中华民族伟大复兴中国梦都具有重大的促进作用。

当前受国内外各种复杂因素的影响，一些民众对马克思主义的信仰出现动摇的情况，马克思主义面临着信仰危机。因此，必须要采取有力措施来使民众坚定马克思主义信仰，而建构当代中国主流价值观话语权则是重要的措施。为何建构当代中国主流价值观话语权有利于民众坚定对马克思主义的信仰？具体缘由如下：

从一定意义而言，当代中国主流价值观是马克思主义价值观中国化、时代化、大众化的产物。正如前文所言，马克思主义是一种科学的理论，马克思主义所阐明的世界观、方法论以及人类社会发展规律是经得起时代以及实践经验检验的，是科学性与价值性、理想性与现实性的有机统一。马克思主义价值观是离不开马克思主义这一科学理论学说的。马克思主义价值观是从马克思主义的科学理论体系中进一步深度化、抽象化提炼出来的。马克思主义价值观是马克思主义这一思想、学说的理论抽象、精神以及灵魂。它较为全面地反映了价值主体的愿望、需求。而当代中国主流价值观则不违背马克思主义思想学说及其理论体系这一基础。它更加注重反映当代中国马克思主义、中国特色社会主义发展的现实国情，它反映了当代中国民众的各种愿望、需求以及利益需要。建构当代中国主流价值观话语权，将会增强当代中国主流价值观的感召力、说服力以及影响力。随着主流价值观感召力、说服力以及影响力的增强，支撑主流价值观发展的马克思主义基本理论、中国特色社会主义发展理论必将也会增强其影响力以及感召力，使民众对这些理论与学说有更为深入的理解与认识，增强认同感，最终使民众更加坚定马克思主义的信仰。

例如，"人的自由而全面发展"，这一终极价值目标正是从马克思主义学说中深度提炼、概括得出的，同时也充分考虑了中国特色社会主义发展道路的最终目标。马克思运用历史唯物主义考察人类社会,认为人类社会要经历三种社会形态以及五种生产关系。"人的依赖关系(起初完全是自然发生的),是最初的社会形态,在这种形态下,人的生产能力只是在狭窄的范围内和孤立的地点上发展着。以物的依赖性为基础的人的独立性,是第二大形态,在这种形态下,才形成普遍的社会物质变换,全面的关系,多方面的需求以及全面的能力的体系。建立在个人全面发展和他们共同的社会生产能力成为他们的社会财富这一基础上的自由个性,是第三个阶段。第二个阶段为第三个阶段创造条件。"[①] 建构当代中国主流价值观话语权,将会创造出更多反映终极价值目标的话语表述,丰富"人的自由而全面发展"的话语表达,使民众对于马克思主义、共产主义的远大理想目标形成更为全面化、直观化的理解与认识。这将明显有助于人们进一步了解马克思主义的科学性并且增强对中国特色社会主义发展道路的认同感,也有利于人们坚定马克思主义信仰。

第二节 当代中国主流价值观话语权建构的基本原则

当代中国主流价值观话语权的建构必须要遵循的基本原则有以下三点:"坚持理论"与"立足实践"相结合的原则,"传承弘扬"与"创新重塑"相结合的原则,"吸收借鉴"与"批判超越"相结合的原则。

一、"坚持理论"与"立足实践"相结合的原则

"坚持理论"是指当代中国主流价值观话语权的建构必须始终坚持马克思主义基本原理,要以马克思主义指导思想为指导。马克思主义既是科

---

① 马克思恩格斯全集:第46卷(上)[M].北京:人民出版社,1979:104.

学理论，也是真理。从话语权本身的构成要素来看，当前中国主流价值观话语权的建构主要牵涉话语主体、话语内容、话语方式、话语传播体系以及话语效果体系等五大层面的建构，无论是哪一层面的建构都不能违反马克思主义、科学社会主义的基本原则与精神。

以话语内容的建构为例，当代中国主流价值观的话语内容如果不能反映马克思主义、科学社会主义基本原则与精神的新概念、新范畴与新表述，那么这样的话语内容创新是没有价值的，是没有中国特色的，是无法体现当代中国主流价值观的马克思主义、社会主义属性的。马克思曾言："如果从观念上来考察，那么一定的意识形态的解体足以使整个时代覆灭。"① 当代中国主流价值观话语内容建构如果不能反映马克思主义、科学社会主义原则与精神的新概念、新范畴与新表述，那么当代中国主流价值观话语很有可能会被西方"普世价值"所构成的话语世界吞并。当代中国主流价值观话语内容建构关联着国际共产主义运动事业的兴衰成败，无论是终极价值目标还是核心价值观、基本价值观都要有反映马克思主义、科学社会主义的基本原则与精神的概念、范畴与表述。因为从当代中国主流价值观的具体层次结构来看，当代中国主流价值观话语权的建构可以具体细化为终极价值目标的话语权、核心价值观的话语权以及基本价值观的话语权等三大部分的建构。"人的自由而全面发展"这一终极价值目标，本身就是马克思主义、共产主义的最终价值理想。终极价值目标要想获得话语权，显然必须要有反映马克思主义、共产主义的话语概念以及相关表述。核心价值观以及基本价值观也同样如此。有学者认为："社会主义价值观就是马克思主义价值观在历史实践中生动、鲜活与动态的展现。"② 而基本价值观又是"终极价值目标和核心价值观实现的最基本要求，是更具

---

① 马克思恩格斯文集：第8卷 [M]. 北京：人民出版社，2009：170.
② 李永胜. 关注马克思主义价值观研究 [J]. 天府新论，2011 (5)：27-33.

体的价值细化准则和形象化表述，展现对社会现实的积极关照"①。所以，无论是哪一层次的话语权建构，都离不开马克思主义指导思想的指导。此外，马克思主义也能为主流价值观话语内容建构提供鲜明的阶级立场，即人民立场，使建构的话语内容始终体现民意。这对当代中国主流价值观话语权的实现与提升来说都是极为重要的。

然而，对当代中国主流价值观话语权的建构而言，仅仅坚持马克思主义基本原理及指导思想是不够的，也要充分考虑当前中国的实践情况。仅仅按照马克思主义基本原理及其指导思想来建构当代中国主流价值观话语权，这样的价值观话语权往往是更偏向理想层面的话语权，缺少现实关怀。因此，当代中国主流价值观话语权的建构要坚持"坚持理论"与"立足实践"相结合的原则。"立足实践"是指立足当代中国的实践。实践涵盖政治、经济、社会等各领域。自党的十一届三中全会以来，当代中国最为典型、最具成功的实践就是围绕中国特色社会主义道路、制度以及理论的实践。当代中国主流价值观话语权的建构只有充分立足于当前中国实践，才不会脱离甚至超越当前的社会发展阶段，从而使建构的话语权稳定而持久。实践出真知，实践中会得出新的话语，"改革开放中每一次实践新形式的出现，都会在国内外出现一种反映中国改革前进的新的话语"②。当代中国主流价值观话语权的建构必须要有反映当前中国改革、反映现代化建设实践的话语，这样才能彰显当代中国主流价值观鲜明的时代性特征。总而言之，当代中国主流价值观话语权的建构必须要坚持"立足实践"的原则。

---

① 刘勇，方爱东. 当代中国主流价值观话语权建构的四个维度 [J]. 学术论坛，2016 (6)：16.
② 谭培文. 加强基于中国实践的中国话语权建设 [J]. 思想理论教育，2015 (3)：16-17.

二、"传承弘扬"与"创新重塑"相结合的原则

当代中国主流价值观话语权的建构不是随意建构、凭空建构的。正如任何一种思想学说的形成与成熟离不开继承与发展一样,当代中国主流价值观话语权的建构也要重视继承与发展的问题。

习近平同志对社会前进与继承的关系有过精彩的阐述,他曾言:"历史是从昨天走到今天再走向明天,历史的联系是不可能割断的,人们总是在继承前人的基础上向前发展的。"[①] 所谓"传承弘扬",指的是当代中国主流价值观话语权的建构必须从中华优秀传统文化中汲取精华,通过传承与弘扬中华优秀传统文化,增强主流价值观话语权建构的有效性。当代中国主流价值观具有鲜明的时代性,与此同时,它与中华优秀传统文化也紧密联系着。中华优秀传统文化绵延数千年而不衰,蕴涵着宝贵的精神财富。"中华优秀传统文化的丰富哲学思想、人文精神、教化思想、道德理念等,可以为人们认识和改造世界提供有益启迪,可以为治国理政提供有益启示,也可以为道德建设提供有益启发。"[②]

前文说过,当代中国主流价值观话语权的建构涵盖主体、内容、言说方式、传播体系和话语效果等多个层面。坚持"传承弘扬"的原则,对于话语主体建构以及话语内容建构显得尤其重要。广大党员和领导干部是当代中国主流价值观话语权最重要的话语主体。然而当前一些党员和领导干部存在腐败、堕落,脱离人民群众的现象。儒家优秀传统文化强调修身养性,注重反求诸己以成己,要求修炼理想人格。"以个体道德为起点,强调个人的修身、律己,强调'自天子以至庶人,壹是皆以修身为本'的个

[①] 习近平. 领导干部要读点历史 [J]. 中共党史研究,2011 (10):5-10.

[②] 习近平. 在纪念孔子诞辰2565周年国际学术研讨会暨国际儒学联合会第五届会员大会开幕上的讲话 [N]. 人民日报,2014-09-25.

体修养；突出个体为善的主动性。"① 弘扬儒家这些优秀传统思想，对于提升广大党员和领导干部话语主体的素质，减少腐败现象，有着重要现实意义，有利于话语主体建构。再比如，话语内容的建构，坚持"传承弘扬"的原则，可以从中华传统文化汲取丰富的价值资源，从而促进话语内容的创新，有助于增强话语内容的历史厚重感。中华传统文化资源极为丰富，"包括西周及以前的文化、春秋战国时期诸子百家的文化，后来佛教与中国文化融合后形成的文化、宋明程朱理学和陆王心学文化，以及自鸦片战争开始形成的'新文化'等思想文化，也包括极其丰富的制度文化、行为文化等"②。话语内容可以通过汲取儒家文化的价值资源以及其他学派的宝贵资源，增强创新的深入度，从而进一步丰富主流价值观话语的文化内涵。

然而，"传统文化在其形成和发展过程中，不可避免会受到当时人们的认识水平、时代条件、社会制度的局限性的制约和影响，因而也不可避免会存在陈旧过时或已成为糟粕性的东西"③。比如说，传统文化往往较为推崇德性的价值，极为标榜道德的崇高性，重义轻利，极为彰显价值理性而相对忽视了工具理性。此外，儒家传统文化极为强调宗法等级秩序，倡导个体价值附属于群体价值，倡导个人的责任与义务，而忽视个人本身的价值与意义。如果全盘机械地坚持"传承弘扬"的原则，显然是不符合当前社会现实的，对当代中国主流价值观话语权的建构来说，一定程度上可能会适得其反。例如，如果全盘机械地坚持"传承弘扬"原则，广大人民群众这一话语主体的重要性就有可能会弱化，党员干部与人民群众之间的话语互动可能会加大隔阂，此外，也不利于合理、恰当的言说方式体系的

---

① 方爱东. 社会主义核心价值观的发展历程及其当代建构 [D]. 安徽大学博士学位论文，2010：171.
② 江畅，张景. 当代中国价值观源流探析 [J]. 山东社会科学，2015（2）：31.
③ 习近平. 在纪念孔子诞辰2565周年国际学术研讨会暨国际儒学联合会第五届会员大会开幕会上的讲话 [N]. 人民日报，2014-09-25.

构建，当然，对于话语内容的建构也是极为不利的。全盘机械地坚持上述原则，将一些腐朽、落后的传统文化相关概念、表述作为主流价值观话语的重要内容，不仅会削弱主流价值观话语的品质，更无益于主流价值观话语权建构，甚至会加重西方"普世价值观"话语对当代中国主流价值观话语的挤压。所以在当代中国主流价值观话语权建构问题上，在对待中华传统文化方面，既要坚持"传承弘扬"的原则，又要坚持"创新重塑"的原则。所谓"创新重塑"的原则，就是要对传统文化中腐朽、落后、不合时宜的思想、观念以及相关的概念与表述进行现代更新与塑造，实现现代转换。要重点转换契合社会主义市场经济发展需要、反映中华民族伟大民族精神的传统文化的价值理念。通过转换，有利于创造更多既具有传统文化底蕴又契合当前现实的新概念、新范畴与新表述；通过转换，也有助于话语主体反向思考提高自身素质的重要性，使一些领导干部抵制传统"官本位""高高在上"的思想，这对当代中国主流价值观话语权的建构来说是极为重要的一个步骤。所以说，当代中国主流价值观话语权的建构要坚持"传承弘扬"与"创新重塑"相结合的原则。

三、"吸收借鉴"与"批判超越"相结合的原则

"吸收借鉴"原则是指当代中国主流价值观话语权建构要积极汲取外国发达国家建构本国主流价值观话语权的有益经验。无论是话语主体，还是话语内容、话语方式、话语传播、话语评价等各个方面都要加以借鉴。

例如，在话语主体建构方面。一般来说，衡量话语主体建构成功与否的重要标准是看话语主体是否具有良好的社会形象，是否是主流价值观的模范者与践行者。国外不少国家在话语主体建构方面有比较完备的方案与措施，值得当代中国主流价值观话语权话语主体建构作为参考。对一些发达国家来说，执政党以及政府也是主流价值观话语权的重要话语主体之一，对于话语主体的建构，执政党和政府这些话语主体通过各种途径来塑

造自身良好的形象，努力担负主流价值观话语权建设的艰巨使命。例如，德国的社民党在本党的联邦理事会中专门成立了青年的项目组，积极向年轻人"展开攻势"，试图吸引更多的青年来参加党内有关价值观方面的讨论，以此来扩大社民党在传播主流价值观话语中的主导力。新加坡"人民行动党"也高度重视自身建设，该党把与基层民众的互动当作提升党的形象的重要手段，专门成立了"人民行动党社区基金"组织，加强与基层社区民众的互动，从而使以"国家至上，社会为先；家庭为根，社会为本；社会关怀、尊重个人；协商共识，避免冲突；种族和谐，宗教宽容"为主要内容的共同价值观得到了有效传播，提高了话语权。借鉴国外这些经验是很有必要的。再如，话语内容建构方面。当代中国主流价值观话语权在很大程度上体现为国际话语权，所以要使当代中国主流价值观的话语在国际上产生很大的感召力与影响力。当今时代是多样化文明的时代，每一文明都有自己特有的文化传统和话语体系。资本主义文明，在当今世界占据主导地位。而当前国际上，人类面临的共有问题日益增多，例如，"全球变暖"问题、"恐怖主义"问题、"环境污染""艾滋病"等诸多问题。面对这些问题，西方有一些具有进步意义的话语及相关表述。我们的话语内容创新，一定程度上需要借鉴和吸收其合理、优质的话语主题。要通过汲取人类文明发展取得的有益价值资源，使建构的主流价值观话语更具有世界普遍意义，使当代中国主流价值观话语与人类共同价值话语实现共通与融合。但是西方也有不少话语主题具有鲜明的资本主义意识形态以及"普世价值"的色彩，因此，在吸收借鉴西方话语主题时，我们也要努力提升对话语的甄别力，对一些充斥着西方资本主义意识形态以及普世价值观的话语主题必须坚决剔除，当代中国主流价值观话语权建构绝对不能吸收这些话语主题。

"批判超越"原则主要强调的是当代中国主流价值观话语权的建构，既要深入分析批判西方一些国家在实现与维护本国主流价值观话语权背后

的邪恶用心,也要使建构的话语权超越西方话语霸权狭隘、自私的目标,从而建构具有鲜明中国特色的主流价值观话语权。具体来看:

当前,在价值观竞争中,各种价值观的冠名主要有两种趋势:一是以某个国家的名称冠名本国的价值观,这些以国家命名的价值观已经成为世界各国文化软实力和民族特色的标识;二是以某个地区的名称冠名本地区的价值观。① 然而在欧美主要发达国家垄断国际话语霸权的背景下,无论是美国价值观,还是英国价值观、法国价值观等以国名命名的价值观,虽然这些价值观可能在具体价值原则和价值目标上有差异性,但是从本质来看,这些发达国家倡导的价值观都是围绕"普世价值观"而形成的。当前西方一些国家积极运用各种场合,尤其是运用大型国际会议,来设置话语议题。这些话语议题的设置从表面上看可能涉及的是具体事务,但是实质上反映的往往是话语权的争夺。以美国为首的西方发达国家通过主导话语议题,一方面是为了维护本国以及资本主义世界的价值利益,另一方面是为了维持并扩大其在国际价值观领域的话语霸权,让广大发展中国家自觉接受其"话语统治"和"话语约束"。对当代中国主流价值观话语权的建构而言,我们要扩大主流价值观话语的传播就必须提高设置话语议题的能力,但是我们并不能也学西方,把设置话语议题、扩大话语传播的目的认为是为了取得话语霸权。当代中国主流价值观话语是具有包容性的,是具有开放性的,是具有共荣性的话语。这种话语跟西方"普世价值观"的那种带有强烈排他性、独占性的话语具有根本差异。西方"普世价值观"及力求维持的话语霸权本身就是一种狭隘、错误的思想意识。我们必须要对西方国家的这种做法予以坚决批判,要超越西方话语霸权那种狭隘性、自私性的目标,要使当代中国主流价值观话语权的建构目标指向为全人类美好生活目标的实现提供中国方案。坚持"批判超越"原则,才能使当代中

---

① 江畅,蔡梦雪."当代中国价值观"概念的提出、内涵与意义[J].湖北大学学报(哲学社会科学版),2016(4):1-7.

国主流价值观话语权建构沿着正确的轨道,才能使建构的话语权充分彰显当代中国主流价值观的鲜明特色以及较之于西方"普世价值观"话语的优越性。

总之,当代中国主流价值观话语权的建构既要坚持"吸收借鉴"的原则,积极吸收西方的有益经验;同时也要坚持"批判超越"的原则,充分彰显当代中国主流价值观话语权的独特魅力。

第五章　当代中国主流价值观话语权建构的路径设计

由于话语权是由话语主体、话语内容、话语方式、话语传播以及话语效果等基本要素构成，因此，要想增强当代中国主流价值观话语权建构的有效性，必须围绕话语权的基本要素来建构。

第一节　注重当代中国主流价值观话语主体的培育

由于话语主体是话语权的最基本构成要素，要想建构当代中国主流价值观话语权，显然必须要从话语主体入手，要养成成熟的话语主体。话语主体的养成需要把握以下两个方面。

一、话语主体养成的基础是主体坚定价值观自信

所谓价值观自信，是指人们对于某种价值观的高度肯定，具体来说就是对于该价值观的价值准则、价值取向以及价值理想目标持有的坚定认可的态度和看法。建构当代中国主流价值观，话语主体首先必须要养成价值观自信，即养成对当代中国主流价值观的自信。话语权在很大程度上表现为影响力、辐射力。而影响力、辐射力的提升首先离不开话语主体自身对

<<< 第五章　当代中国主流价值观话语权建构的路径设计

于主流价值观的充分认可、持有坚定的信念。话语主体只有自身养成主流价值观的自信，才能为话语内容的创新、话语的传播创造最基本的条件。要想养成价值观自信，核心在于树立坚定的信念。而坚定信念的树立需要经历内在性依次上升的两大阶段：理性认知、情感认同。理性认知是指主体对认识对象的基本内容、主要特性、具有的优势等方面的深入认识与理解。情感认同是指主体对认识对象能够实现自身内在需求而对其所表现出的强烈赞同与信赖的看法和态度。话语主体价值观自信的养成也必须重视这两点。

第一，要切实增强话语主体对于主流价值观的理性认知。对话语主体的养成来说，增强主流价值观的理性认知可以说是主体养成价值观自信乃至实现价值观自觉目标的最深层动力因素。由于以"人的自由而全面发展"的终极价值目标具有航标性，因此非常稳定。核心价值观以及基本价值观都会受到终极价值目标的强烈影响，并且都以它为最终价值指向。所以，话语主体要想增强对主流价值观的理性认知，最根本就在于加强对终极价值目标的理性认知。而实现"人的自由而全面发展"正是马克思主义的最高价值追求，马克思主义价值观与当代中国主流价值观是不可分割、紧密联系的。当代中国主流价值观是马克思主义价值观在当代中国进一步发展的结果。如果话语主体能够坚定对马克思主义的信仰，那么，也必定能够增强对于终极价值目标的理性认知。

要通过多种途径和方法强化话语主体的马克思主义信仰教育。在马克思主义信仰教育中，要特别注重对党政干部、普通党员和公众的教育。具体而言，需要重视以下两大方面：首先，要加强对马克思主义经典著作的学习与教育。经典著作揭示了整个人类社会的发展规律和方向，阐明了"人的自由而全面发展"崇高理想实现的必然性。它是形成马克思主义信仰的源头。唯有不断学习和研读马克思主义经典，才能真正理解、领悟马克思主义。尤其要采取精读细读的方法，加强对经典"原著"的阅读。其

143

次，要注重比较教育的策略方法。真理往往越辩越明，马克思主义是同时具有科学性与价值性的理论，它在同其他社会思潮的比较与辩论中更能彰显出显著特性，使其价值魅力进一步散发出来。话语主体通过深入、细致地鉴别真伪、判断是非，有利于更加自觉地树立对马克思主义的信仰。

第二，要增强话语主体对当代中国主流价值观的情感认同。情感是人的意识的一种基本形式，积极的情感会使人产生旺盛的精力，全身心地投入某种活动之中；而消极的情感则会损害人的积极性，对人的活动起抑制和妨碍的作用。情感是人类活动不可缺少的内在动力[1]。要想增强话语主体对主流价值观的情感认同，首先必须要增进话语主体对主流价值观的亲近感，要让话语主体真正理解主流价值观与每一个体的工作、学习以及家庭的幸福都息息相关。而要实现这一目标，关键在于要注重话语主体利益、需要的满足与实现。"'思想'一旦离开'利益'，就一定会使自己出丑。"[2] 要使话语主体充分理解当代中国主流价值观有反映他们各种需求的价值属性，这样才能增强主流价值观对于话语主体的吸引力，从而深深地打动人心。前文说过，当代中国主流价值观的"主流"，集中体现在它被多数民众推崇和信奉。所以，主流价值观反映的利益和相关诉求必然带有大众性。然而各话语主体的相关利益、诉求也是多样化的，各主体之间的利益与需求可能会出现矛盾。所以，要想增强话语主体对主流价值观的情感认同，首先，就要努力协调各话语主体间的利益关系，努力找寻最佳的利益平衡点。由于人民群众是最基本的话语主体，因此，在协调话语主体之间的利益关系的过程中，要充分反映人民群众的根本利益，把人民群众的利益放在最优先的地位来考虑。唯有如此，才能使话语主体对主流价值观所反映的大众性利益和需求有更深的认识，从而有益于情感认同的进一步增进。其次，要加强国家各领域建设，不断夯实话语主体对主流价值观

---

[1] 李淮春. 马克思主义哲学全书 [M]. 北京：中国人民大学出版社，1996：503.
[2] 马克思恩格斯全集：第2卷 [M]. 北京：人民出版社，1957：103.

情感认同的物质文化基础。倘若国家的经济并没有实现更好的发展、人们的生活水平没有得到显著的改善、整个社会不和谐因素没有明显减少,要想使话语主体增强对主流价值观的情感认同,显然是难以实现的。邓小平同志曾言:"群众从事实上感觉到党和社会主义好,这样,理想纪律教育,共产主义思想教育和爱国主义教育才会有效。"[①] 只有推进经济持续、健康向前发展,增进人民福祉,才能使话语主体在现实生活中的"获得感"不断提升,才能进一步增强话语主体对主流价值观的情感认同。

二、重要着力点:核心价值观融入高校青年马克思主义者培养

高校青年马克思主义者是当代中国主流价值观的重要话语主体。当代中国主流价值观中的社会主义核心价值观层次融入高校青年马克思主义者培养,是当代中国主流价值观话语主体养成建设的一个重要着力点。

社会主义核心价值观融入高校青年马克思主义者培养全过程的目的就在于使社会主义核心价值观成为高校青年马克思主义者内在的价值遵循,使他们在日常生活中能够自觉地践行。社会主义核心价值观要想有效融入高校青年马克思主义者培养全过程,需要从诸多方面来思考,笔者认为需要重点把握以下三大方面:

第一,优化、拓展社会主义核心价值观在高校青年马克思主义者群体的传播方式。首先,当前对于社会主义核心价值观融入高校青年马克思主义培养全过程,我们必须要重视发挥高校思想政治理论课的载体作用,但与此同时,也必须要优化这一"载体"。具体来说,要更新高校思想政治理论课的教学观念、改进教学方式。与社会主义核心价值观最为相关的高校思政课程是《思想道德修养与法律基础》以及《毛泽东思想和中国特色社会主义理论体系概论》,我们必须要改变一个认知倾向——认为核心价

---

① 邓小平文选:第3卷 [M]. 北京:人民出版社,1993:144-145.

值观教育主要就与这两门课程相关。社会主义核心价值观教育要想融入高校青年马克思主义者培养全过程，需要其他的思政课程有机地融入社会主义核心价值观。其次，在具体的社会主义核心价值观的课程教育过程中，要加强对马克思主义经典原著的学习与教育。恩格斯曾经对于如何进行历史唯物主义的研究指出，学习与研究历史唯物主义的有效方法是"根据原著来研究这个理论，而不要根据第二手的材料来进行研究"①。社会主义核心价值观从马克思主义经典原著中汲取了重要的价值资源。要想真正了解把握社会主义核心价值观的要义与精髓，就必须加强对马克思主义经典原著的研读。再次，在进行思想政治理论课的教学过程中，一定要注意把社会主义核心价值观教育与"四个自信"教育结合起来、与中华民族伟大复兴中国梦的教育结合起来，让高校青年马克思主义者增强中国特色社会主义自信，增强为中华民族伟大复兴中国梦的实现而奋斗的使命担当意识。最后，要想让社会主义核心价值观融入高校青年马克思主义者培养全过程，还要注重新媒体平台的运用。随着信息化的发展，以各种贴吧论坛以及微博粉丝群、微信平台等为主要代表的新媒体已嵌入大众的日常生活中。新媒体具有便捷性、即时性、交互性等优势特征，同时也具有显著的传播优势。当前，越来越多的大学生依赖新媒体来获取知识，新媒体正在日益影响着大学生的生活方式。要想加强对新媒体平台的运用，高校要依托新媒体的平台，建立网络基层党支部，重视社会主义核心价值观网络学习资料库的建设，此外，新媒体传播形式极为丰富，相关的管理者、组织者可以运用微信公众号，经常性地推送一些关于国家时事热点、社会正能量的文章、视频，争取使青年马克思主义者群体的各成员都能参与讨论与活动。人们的情感、态度以及价值观会受到交往环境的影响，随着青年马克思主义者关于正能量、时事热点讨论量的增多，讨论深度的加强，青年

---

① 马克思恩格斯选集：第4卷[M].北京：人民出版社，1995：697.

<<< 第五章　当代中国主流价值观话语权建构的路径设计

马克思主义者群体的成员必然会强化对社会主义核心价值观的情感认同,并提升自觉践行度。

第二,借助大数据,强化对高校青年马克思主义者心理信息的汇集,提高核心价值观教育的针对性。以学生党员、入党积极分子、学生干部为主要代表的高校青年马克思主义者的心理特点是共性与个性的统一。当前大学生主要属于00后,从整体上看,高校青年马克思主义者自我意识较强,行为的自主性相对较高,对于新事物的接受与适应能力相对较强,在思维方式上,思考的独立性、批判性也相对较高,但是由于心智发展还没有完全成熟,因此,高校马克思主义者容易受到各种非主流社会思潮的影响。功利主义、消费主义思潮能在当代大学生群体中"蔓延",就跟大学生心智发展还未完全成熟,容易受到新鲜、刺激的思想观念影响这一因素有很大关联。然而,高校青年马克思主义者各成员也有自己的"个性"。不同的成员受家庭环境、成长经历、自我认知等各方面因素的影响,性格会呈现出不同的特点。因此,要想将核心价值观有效融入高校青年马克思主义者的培养中,必须要重视对高校青年马克思主义者心理特点的科学具体分析,提高核心价值观教育的针对性。随着互联网技术的发展,大数据开启了一次重大的时代转型[①]。所谓大数据,麦肯锡(MGI)所下的定义是:大数据是指大小超出了传统数据库软件工具的抓取、存储、管理和分析能力的数据群[②]。可以说,大数据在信息管理和处理上,能够超越传统的信息技术处理。传统的定量研究方法往往选择抽样调查的方法来获取数据,然后再对数据进行统计以及分析。抽样调查方法有巨大的意义,但是也有一些局限性,主要是因为抽样本身其实就是一次选择过程,只是"整体"的代表。而大数据则是"样本=总体"的数据模式,有效克服抽样的

[①] [英]维克托·舍恩伯格,肯尼斯·库克耶. 大数据时代:生活、工作和思维的大变革[M]. 周涛,译. 杭州:浙江人民出版社,2013:9.
[②] 郭晓科. 大数据[M]. 北京:清华大学出版社,2013:5.

局限性，才能够通过云计算实现诸多事物的量化，包括心理状况、性格特征，甚至是思想以及价值观。要想科学、精准地分析高校青年马克思主义者的心理特点，必须要借助现代科学技术，面对大数据的兴起，笔者认为，借助大数据，加强对高校青年马克思主义者的信息汇集与数据分析，是提高核心价值观教育针对性、有效性的重要举措。首先，要借助大数据更加具体、细致地分析当代大学生的心理特点。要充分运用大数据的"云计算"功能，加强对高校青年马克思主义者行为状况、情感态度、认知能力等各方面的数据分析，以便于调整核心价值观的教育策略，优化核心价值观教育的表达方式。此外，也要重视运用大数据，加强对高校青年马克思主义者的心理发展趋势的研判，分析其可能出现的心理倾向，提升核心价值观教育的预见性，以遏制、扭转该群体可能出现的不良心理倾向。

第三，构建高校青年马克思主义者践行社会主义核心价值观的考核评价机制。社会主义核心价值观是否有效融入高校青年马克思主义者群体全过程，在很大程度上反映在该群体中的各成员践行核心价值观的具体效果上，其是否真正自觉地把核心价值观作为自己的价值指引，内化于心，外化于行。而"具体效果如何"、是否达到"真正自觉"，这其实是需要衡量与评价的。笔者认为，对此需要构建高校青年马克思主义者践行社会主义核心价值观的考核评价机制。高校青年马克思主义者践行核心价值观的考核评价机制的构建，需要重视以下两大方面：首先，考核评价要坚持稳定性与灵活性的统一。考核评价方式的稳定性，强调的是高校青年马克思主义者践行核心价值观的考核评价相关方式，制度一旦确立未来就必须要避免大幅度的变动与修改。只有保持稳定性，才能使广大高校青年马克思主义者逐渐熟悉该评价方式或制度，从而按照评价规定的基本要求来加强其在日常生活中对于核心价值观的践行。不过，考核评价的稳定性，并不代表考核评价方式是单一化的、死板的，相反考核评价应该具有灵活性。要把定期考核与非定期考核相结合、静态考核与动态考核相结合、具体践行指标的考核与基本素养整体反映的考核相结合，这样，才能够让高校青年马克思主义者充分体会到考核评价方式的科学性与合理性，从而增强对该考核评价方式的认同感。其次，考核评价要坚持奖励保障与劝诫惩罚的统一。对于积极践行社会主义核心价值观并被考核为优秀的高校青年马克思主义者，要加强表彰与奖励。比如说，对于一些践行核心价值观表现突出的入党积极分子，可以颁发相关的荣誉证书，并且可以考虑优先入党。对于优秀的学生骨干，可以推荐担任学生会以及学生社团的重要干部。在此基础上，可以在校内加强对这些成员先进事迹的报道，营造出一种比先进、赶先进以及争先进的良好氛围，形成践行核心价值观的强大动力。不过，对于践行核心价值观考核评价欠佳的成员，特别是考核不合格的成员一定要及时加强劝诫、警示教育，要使这些成员加强自我反省、自我教育，力争在今后的考核中取得进步。对于践行核心价值观倡导始终无动于衷、采取消极态度的成员，可以采取相应的惩罚措施，比如说，可以取消其高校青年马克思主义者培养资格，甚至通报批评。

第二节 构建当代中国主流价值观话语体系

话语是人们实践以及社会历史发展变化的产物，它具有历史继承性以及鲜明的时代性色彩。话语内容贵在继承基础上的创新。

一定的思想理论体系往往离不开相应的话语体系，因为话语体系是思想理论体系重要的外在表达形式。思想理论的创新很大程度上取决于该思想理论是否建立或创新了相应的话语体系。当代中国主流价值观具有复杂的层次结构，从一定意义上来说，也是一种重要的思想理论体系，因此，对当代中国主流价值观话语内容的创新而言，完全有必要构建反映当代中国主流价值观内涵、特征的话语体系。对当代中国主流价值观话语体系的构建来说，必须要围绕终极价值目标、核心价值观以及基本价值观来加以构建。具体来看：

一、终极价值目标以及核心价值观层次话语体系构建的审思

由于"当代中国主流价值观其实是一个同心圆结构，最里层是当代主流价值观的'最高表达'，是始终不变的"①，终极价值目标处于最里层，它与核心价值观、基本价值观紧密相连，尤其终极价值目标与核心价值观层次都涵有"自由"，但是侧重点有所不同。终极价值目标中所强调的"自由"与"发展"紧密联系。"人的自由而全面发展"其实包含"人的自由发展"与"人的全面发展"两大范畴。终极价值目标中强调的"自由"的实现是要以高度发达的生产力为基础的，同时也是以旧式的社会分工的彻底瓦解为基本条件的。而核心价值观中强调的"自由"，其实与终极价值目标中强调的"自由"有着内在联系。从某种意义上而言，核心价值观中所强调的"自由"是终极价值目标中的"自由"在社会主义阶段的具体化，它是与"平等""公正""法治"等价值观紧密联系的。可以说，终极价值目标中的"自由"与核心价值观中的"自由"既有区别，也有联系。对于"人的自由而全面发展"，要想通过简明扼要的语言表达定型，存在着一定的难度。但是学者江畅对于社会主义核心价值观终极价值目标的概括，能够给予当代中国主流价值观"人的自由而全面发展"这一终极价值目标概括一定的有益启示。江畅认为社会主义核心价值观的终极价值目标是中华民族伟大复兴，后来根据习近平总书记的相关谈话论述，进一步认为是"中国梦"。而当代中国主流价值观"人的自由而全面发展"这一终极价值目标要想在词汇上进行进一步提炼、压缩颇具难度，但是由于"人的自由而全面发展"反映了未来共产主义社会的本质特征，是社会主

---

① 吴永刚. 论当代中国主流价值观话语权建构 [J]. 宁夏社会科学，2016（1）：6.

义的最高价值以及根本指向,因此,可以将"人的自由而全面发展"这一终极价值目标进一步概括为"一大终极理想"。

而在核心价值观方面,党的十八大提出核心价值观二十四字的新表述,反映了国家、社会以及个人各个层面的价值诉求。从深层次来看,这二十四字的新表述,一方面汲取了马克思主义的价值资源,另一方面也扬弃了部分中西方文化传统。此外,它也是充分立足于当代中国社会主义现代化建设实践的结果。但是对比西方所谓自由、平等、博爱等核心价值观,我国核心价值观的二十四字显得不够简约,同时也不易识记,有必要进一步提炼与概括。事实上党的十八大提出这二十四字,其实也是一种开放性、务实性的表述,并不是终极、定型的表述。因此,这二十四字的"核心价值观"能否进一步缩减为12个字或者6个字,是一个值得思索的问题。由于社会主义核心价值观的二十四字分别是从国家、社会以及公民三个层面概括得来的,因此,要想将"核心价值观"进一步提炼为12个字或6个字最好继续兼顾国家、社会、公民三个层面。

二、基本价值观层次话语体系构建的审思

而在基本价值观层面,由于基本价值观涉及政治、经济、文化、社会、生态等诸多具体领域,只有积极构建基本价值观,才能为终极价值目标以及核心价值观提供现实化的路径。因此,提炼基本价值观是当代中国主流价值观话语权建设中极为重要的任务。基本价值观与社会成员的现实生活最为密切,它集中体现为实现终极价值目标、核心价值观的最基本的原则、要求。因此,概括与提炼的基本价值观的相关词汇必须要较为具体化。要想实现具体化,提炼与概括的词汇尤其要择取好字式。基于方便话语传播以及反映基本价值观为主要特征的考虑,本书认为对于基本价值观的提炼与概括适宜采用"四字式"。由于基本价值观反映诸多领域,因此,基本价值观的提炼与概括必须从各具体领域入手。同时,提炼与概括的基

本价值观必须充分反映各具体领域的鲜明特色。依据这样的原则与逻辑，可以将基本价值观提炼概括为"人民民主""共同富裕""包容进步""和谐关怀""永续共生"等五对范畴。究其原因，可以进一步展开来看：

第一，关于"人民民主"。"人民民主"能够充分反映当代中国政治领域面貌。邓小平说："没有民主就没有社会主义。"① 习近平在庆祝全国人民代表大会成立60周年大会上更是强调指出："人民民主是社会主义的生命。"② 可以说，人民民主是社会主义最为重要的标识之一。我国是人民民主专政的社会主义国家，人民是国家的主人。"人民民主"的实质是人民当家作主。既保障人民在国家政治生活中的地位，也保障人民的生存发展。只有社会主义国家才能实现广泛的人民民主。当代中国主流价值观话语权的实现与提升，必须要有充分反映社会主义特色的标志性话语。因此，对政治领域基本价值观的提炼与概括而言，"人民民主"是最具有代表性的话语。因此，可将"人民民主"概括为政治领域的基本价值观。

第二，关于"共同富裕"。"富强"是核心价值观的重要理念之一，但"富强"一词过于简练，单从字面上是难以充分把握其深层内涵的，而"基本价值观则是终极价值目标和核心价值观实现的最基本要求，是更具体的价值细化准则和形象化表述"③。因此，有必要在经济领域概括出一个能够进一步反映社会主义"富强"特征的词汇。如果说"社会主义"是一个较好的名词，那么，"共同富裕"则是一个更好的名词。邓小平曾言："没有贫穷的社会主义。社会主义的特点不是穷，而是富，但这种富是人民共同富裕。"④ "共同富裕"充分体现了中国特色社会主义的显著特征。

---

① 邓小平文选：第2卷［M］. 北京：人民出版社，1994：168.
② 习近平. 在庆祝全国人民代表大会成立60周年大会上的讲话［N］. 人民日报，2014-09-06.
③ 刘勇，方爱东. 当代中国主流价值观话语权建构的四个维度［J］. 学术论坛，2016（6）：16.
④ 邓小平文选：第3卷［M］. 北京：人民出版社，1993：265.

它是社会主义的本质，也"是中国特色社会主义的根本原则"①。尽管欧美发达国家经济发展程度较高，国家总体较为富足，但是生产资料私有制的存在，使得其现代化发展的最终结果将是进一步的两极分化，"共富"是难以实现的。中国的现代化建设最终目标是实现人民的"总富"与"共富"。因此，将"共同富裕"作为经济领域基本价值观是具有内在合理性的。

第三，关于"包容进步"。新中国成立之后，毛泽东提出在科学和文化领域要坚持"双百方针"（百花齐放、百家争鸣）。"百花齐放""百家争鸣"正是倡导包容的重要体现。但是由于受到各种复杂因素的影响，后来"双百方针"没有得到全面执行。党的十一届三中全会之后，党中央重申了在思想文化领域要坚持"双百方针"的战略决策，以促进社会主义文化的繁荣。江泽民曾言："支持学术上、艺术上不同形式、不同风格的自由发展的竞赛，使不同学术观点、不同艺术观点之间，能够相互了解、相互切磋、取长补短、共同进步。"② 可以说，在当代中国，文化领域是有着较为包容、开放的环境的。包容的精神是中国特色社会主义本身所具有的。而在当代中国，我们倡导的是先进的文化、科学的文化，坚决反对愚昧、落后、封建的文化。可以说，追求"进步"，也是当代中国文化领域的重要目标。故可将"包容进步"概括为文化领域的基本价值观。

第四，关于"和谐关怀"。社会主义社会是建立在生产资料公有制经济基础之上的，在政治、社会地位上强调人人平等，并且主张实现共同富裕，因此，社会关系较为和谐就构成了社会主义社会的本质属性之一。在社会主义社会中，当然也存在着一定的矛盾，但是大多数是非对抗性的矛

---

① 中共中央文献研究室. 十八大以来重要文献选编（上）[M]. 北京：中央文献出版社，2014：12.
② 中共中央文献研究室. 十四大以来重要文献选编（下）[M]. 北京：中央文献出版社，1999：2153.

盾，可以通过妥善处理而得到解决。从整体上看，这些矛盾并不影响整个社会的和谐大局。因此，对社会领域价值观的提炼与概括来说，"和谐"是优先要择取的词汇。然而，中国倡导集体主义，在社会领域中，强调"社会的关怀、扶持"也是极为重要的。况且，一些发达国家在主流价值观建设方面已有类似的表述，对于提升国家的主流价值观话语权产生了重要的影响。比如，新加坡明确把"社会关怀"作为其共同价值观的重要理念之一。基于上述原因，所以可把社会领域价值观提炼与概括为"和谐关怀"。

第五，关于"永续共生"。"永续"，顾名思义即长久的持续。"共生"强调物与物之间互利依存的状态。党和政府一直高度重视生态问题。中共十八大更是明确提出生态文明建设的重要目标，尤其强调建设社会主义生态文明，是关乎人民福祉、民族命运的长远大计。党的十八大报告具体指出："必须树立尊重自然、顺应自然、保护自然的生态文明理念，把生态文明放在突出地位……努力建设美丽中国，实现中华民族永续发展。"[1] 党的十八届五中全会又提出"五大发展理念"，其中"绿色发展"更是"五大发展理念"中极为重要的理念，从中足见党和政府对于生态问题的重视。然而十八大所凝练的二十四字核心价值观中并没有特别针对生态领域的价值观，因此，提炼和概括生态领域的价值观是极为迫切的任务。当代中国主流价值观必须要充分反映中国特色社会主义各领域发展的现状。生态文明尤其强调永续式发展，人与自然的和谐，要相互尊重，故可将生态领域的基本价值观概括为"永续共生"。

---

[1] 胡锦涛. 坚定不移沿着中国特色社会主义道路前进 为全面建成小康社会而奋斗——在中国共产党第十八次全国代表大会上的报告 [M]. 北京：人民出版社，2012：31.

第三节　优化当代中国主流价值观内外话语的表达

美国著名学者诺思认为："大凡成功的意识形态必须是灵活的，以便能得到新的团体的忠诚拥护，或者作为外在条件变化的结果而得到旧的团体的忠诚拥护。"[①] 对话语方式而言，尤其如此，必须要改变单一、固定的言说方式，要重视话语方式的优化。要优化主流价值观话语方式，需要重视以下两大方面。

一、对内维度：构建政治、大众、学理相统一的表达方式

话语方式作为一种表达方式，是人们思维模式、价值判断、价值选择的反映，要想更好地发挥作用，必须与现实结合、与大众结合。因此，要想推动主流价值观话语的有效传播，必须要注重言说的大众性。大众性的言说，一方面体现在话语内容的言说逻辑要契合大众的日常习惯以及认知的逻辑。例如，"民主""法治"等价值观念，对其的言说若单用政治宣传、灌输式的方式进行言说，普通民众往往是难以深入理解的，只有契合大众的日常习惯以及认知的逻辑，分析民主、法治与人民群众日常生活的深刻关联性，才能进一步提升言说的效果。大众性的言说，另一方面体现在言说的话语内容要契合大众的现实诉求上。对主流价值观话语的言说而言，尤其要注重涉及政治、经济、文化、社会、生态等具体领域基本价值观话语的言说。

主流价值观话语是科学建构而成的，反映了主流价值观的基本内涵与特性，极具科学性与思想性，尤其是终极价值目标话语以及基本价值观话

---

① [美]道格拉斯·C.诺思.经济史中的结构与变迁[M].陈郁，等译.上海：上海人民出版社，1994：58.

语。因此，我们在注重政治宣传式、大众性言说方式的同时，也要注重学理式的言说方式，通过深入、透彻的分析与解读，力求使话语对象对话语内容有较为系统、全面的理解。我们要使话语对象深刻认识到主流价值观话语的丰富内涵，增强当代中国主流价值观话语的说服力。

二、对外维度：构建中国话语与世界话语对接机制

"表达力"不仅仅是一种简单的输出性语用行为，更是由充满思想性、概括性、创造性和阐释性的言语行为在特定语境中受到激扬感情或启迪人心这些特殊的表达效应[①]。强"表达力"能够增强言说的感染力与有效性。当代中国主流价值观话语要想实现更广泛的传播，加强主流价值观话语的国际表达力建设、促进中国话语与世界话语相对接是极为重要的任务。对此，需要做好以下两大方面。

首先，对外言说要秉持中国立场、国际表达的原则。从西方价值观话语的对外传播来看，以美国为首的西方资本主义国家话语言说基本上都是秉持自身特有的立场来进行言说的。当代中国主流价值观要实现与提升话语权，应当借鉴西方的经验，秉持自身立场。话语对外言说要充分考虑到我国独特的社会主义属性、东方文明的文化属性以及发展中国家的经济与社会属性三重身份。倘若不秉持这一原则，那么言说行为的思想性、概括性、创造性和阐释性就无从谈起，这样的言说行为不仅不利于主流价值观话语传播，甚至有可能沦为西方价值观传播的"代言行为"。只有坚持中国立场来言说，才能阐释好中国话语的深刻内涵与价值特性，才能向国际充分展示主流价值观话语的独特魅力。要实现国际化表达目标，一要理解国际的话语言说惯例与规范，但是西方国家又掌控着话语霸权，因此，我们又不能囿于相关的惯例与规范，必须要提高价值观领域的议题设置能

[①] 潘涌. 提升中国文化软实力的路径选择：培育活力话语 [J]. 南京社会科学，2014 (6)：134.

力，要用国外受众乐于接受的方式来设置话语议程，并力求多用浅显、通俗化的表达方式，切入对方较为关心的价值观话语议题。二要由习惯中文式表达转变为逐步注重外语式的表达。伽达默尔曾说道："只要一个人所说的是其他人不理解的语言，他就不算在讲话。……讲话并不属于'我'的范围而属于'我们'的范围。"① 显然，语言表达极为重要，在对外话语言说中，务必要注重语言距离的拉近。对此，尤其要用外语讲好中国故事、积极传播中国社会的正能量。既要用发达国家的语言，也要用亚非拉发展中国家的语言来讲述中国故事、中国文化和中国话语。② 通过外语来表达当代中国主流价值观，为全球呈现一个具有悠久历史、灿烂文明、腾飞经济、和谐社会的中国形象，从而有效增强主流价值观话语对外的感召力与影响力。

其次，在具体对外言说中，尤其要言说好反映当代中国主流价值观的新概念、新范畴与新表述的特色之处。近些年来，国内创造了许多反映当代中国主流价值观的新概念、新术语。这些新概念、新术语的"新"主要体现在两大方面：一类是名称新、内容新；另一类虽名称不新，但反映的价值内涵新。不管是哪一类，创新和特色之处都是实实在在的。由于当代中国主流价值观话语不是自发形成的，它是从马克思主义、中外优秀文化传统汲取了丰富的价值养分与资源，纵使有"与其他的价值观有近似或相同的概念术语，但却因为处在不同的历史阶段有着不同的社会实践，因而也就具有了不同的内涵和规定性"③。比如，"以人为本"话语，"以人为本"从理论源头来看源于西方的人本主义，强调人的伟大力量，注重人的内在潜能、人的思想以及人的人格与尊严，充分肯定人的价值。但是当代

---

① [德] 伽达默尔. 诠释学Ⅱ：真理与方法 [M]. 洪汉鼎，译. 北京：商务印书馆，2010：189.
② 韩震. 对外话语传播中的话语创新 [J]. 中国特色社会主义研究，2016 (1)：72.
③ 韩震. 面向人类社会的理想规范——论培育和践行社会主义核心价值观 [J]. 中国特色社会主义研究，2013 (5)：78.

中国主流价值观话语系统中所强调的"以人为本"尽管术语与西方一样，但是内涵与规定是有显著差异的。当代中国主流价值观话语系统中所强调的"以人为本"不仅吸收了西方的人本主义的思想精华，同时也从马克思主义经典作家那里汲取了丰富的养分，尤其是马克思主义人学思想；此外，也从中国古代儒家"民本"思想中进行了批判性继承。只有对外充分言说与阐释反映主流价值观话语的新概念、新范畴与新表述的中国特色、民族特色以及对西方文化的批判吸收情况，才能够彰显主流价值观话语的科学性，从而提升话语国际影响力。

第四节 强化当代中国主流价值观的话语传播

当代中国主流价值观话语权的生成既要话语主体创新话语内容、优化话语方式，同时也要在此基础上加强话语传播。要强化话语传播，我们需要积极运用多种传播平台与渠道。

一、强化点一：重视微信平台对于当代中国主流价值观话语传播的作用

在新媒体中，微信平台目前已成为国内人们最常用的信息交流平台之一。探讨主流价值观话语如何运用微信实现有效传播之类的问题，颇具现实意义。

（一）微信背景下当代中国主流价值观话语传播的现实境遇

微信对主流价值观话语的传播而言，是一把双刃剑。一方面，它为主流价值观话语传播覆盖面的扩大、亲和力和吸引力的增强提供了很好的机遇，另一方面也使主流价值观话语的传播面临严峻的挑战。

1. 微信为当代中国主流价值观话语传播提供了一个全新的契机。第一，传播者与受众对等性强、信息传播渠道多样化，这样有利于扩大主流价值观话语传播的覆盖面。长期以来，我们一直把电视、广播、报纸等传统媒体作为传播主流价值观话语的主要阵地，它们通过发挥舆论导向的作用、文化传承与弘扬之类的功能，成为社会主流价值观话语传播的"助推器"。而传统媒体，信息传播呈现出由上而下的单向、线性特点，受众主要是被动地接受，传播者与受众之间存在着一定程度的不对等性。但随着网络时代的发展，去中心化、分散化、个性化的特征日益显著。受众对于信息传播有了新的需求，主流价值观话语的传播若仅依赖于传统媒体，是难以扩大有效的覆盖面的。在微信平台中，由于传播者与受众之间的对等性日益增强，使受众接受信息从被动接受进一步转化为主动接收，并增加了信息再分享、再传播的概率。此外，由于微信的信息传播主要依托于移动通信终端这一"母体"，信息可以通过微信好友、朋友圈以及公众号等多种渠道实现便捷传播的目的。可以说，只要具备一定的网络条件，微信的信息传播者就可以将自身的思想、观点以及价值观通过移动通信终端进入整个互联网平台，即时实现好友内信息传播、微信朋友圈的群体化信息传播以及公众号的大众化信息传播。而且，微信能够实现与腾讯微博的传播互动，使微信内容具备在微博上实现二次传播的可能性。因此，主流价值观话语若要借助微信平台传播，必然可以实现覆盖面的进一步扩大。

第二，强关系性传播，有利于增强主流价值观话语传播的亲和力。缺乏亲和力，一直是主流价值观话语传播效果不佳的重要原因之一。亲和力的高低受多种因素影响，其中传播主体之间是否熟悉、是否具有信任感是极为重要的影响因素。微信的强关系传播的特性，有利于增强主流价值观话语传播的亲和力。前文提到微信具有强关系传播的特性，信息传播是以熟人、朋友为基础的。而它为何以这个为基础？为何有利于增强主流价值观话语传播的亲和力？要想破解这些问题需要深入分析微信传播的渠道。微信的信息传播尽管有微信好友、朋友圈以及公众号等渠道，但在这其中，微信好友的传播是最基础的。微信好友基本来源于手机号码通讯簿、QQ好友以及陌生人等。前两大来源群体构成了微信好友的主要部分，前两类群体往往也是微信用户本人最为熟悉、最为亲密的。因此，在微信的信息传播受众中，熟人交际圈里的成员是最基础的部分。大体而言，熟人交际圈里面的成员往往存在着某种血缘关系、共同的价值信仰、共同的利益关系、共同的兴趣爱好或相似的人生经历。熟人交际圈中的成员之间可以借助语音、视频、图片、文字等多种形式进行深入交流，并且相互评价朋友圈的信息内容，使得信息的传播极具人情味、亲和力。因此，若主流价值观话语的传播者充分利用这一特点，必然能够增强话语传播的亲和力，也能使相关话语内容更容易被受众接受与认同。

第三，朋友圈的信息过滤机制运行、信息传播方式的生动性，有利于提升主流价值观话语传播的吸引力。在微信平台中，朋友圈是极为重要的传播渠道。微信平台的朋友圈传播链是"一对多"样式，并通过发散式网络进行传播。因此，它本质上是一个以个人为中心，向外扩散的发散式社会交往圈。在这一社会交往圈中，众多的热点话题往往就会投射在这一场域，使得相关的话语出现不断累积的局面。而微信可以通过信息过滤机制筛选、过滤、清理一些品质低劣、内容粗俗的话题，保留一些优质并且与民众生活休戚相关的话题。随着时间的推移，在微信话语场域中，这些反映多数民众利益与需要、品质较高的话题就保持了在场的相对稳定性与延续性。主流价值观话语是极具"正能量"的话语，因此，主流价值观话语倘若借助微信朋友圈平台进行传播，自然容易通过"信息过滤机制"的检测，并逐渐成为重要传播话题。此外，通过信息过滤机制的检测与过滤，也能够淡化在话题内容背后的背景因素，减少权威人物以及其他相关力量对话题的干扰与影响，使话题的内在魅力能够逐渐散发出来。此外，由于微信的信息传播往往是图文并茂、音文并茂，甚至视频与图文相结合，因此，对主流价值观话语的传播而言，若传播者精心传播优质的话语主题，并运用这种生动的传播形式,必然有利于拉近传播者与受众之间的心理距离,提升主流价值观话语传播的吸引力。

2. 微信使当代中国主流价值观话语传播面临着严峻的挑战。第一,微信信息传播者与受众媒介素养不均衡,主流价值观话语有被娱乐化、庸俗化传播的风险。何为媒介素养,学术界观点不一。它主要指"人们面对媒介各种信息时的选择能力、理解能力、质疑能力、评估能力、创造和生产能力、思辨反应能力"①。就主流价值观话语的传播而言,既需要有对主流价值观话语具有充分理性认知力的传播者,同时又需要有较强理解力、领悟力的受众。这些能力都与媒体素养直接关联。当前由于微信平台的注册门槛较低,旨趣各异的各类人群都可以申请注册,因此,微信用户的成员结构日趋多元化。受这种成员多元化的影响,加上受教育水平、认知水平以及所处环境的不同,使得微信信息的传播者与受众存在媒介素养不均衡的现象,它集中表现为传播者与受众信息的创造力、选择力、理解力等能力参差不齐。受此影响,微信的信息传播者为了使传播的信息能够有效扩大,发布的信息往往是较为通俗化、娱乐化的。况且,新媒体文化本身就有娱乐化、狂欢式传播的倾向。正如尼尔·波兹曼所言:"在这里一切公众话语都日渐以娱乐的方式出现,并成为一种文化精神。我们的政治、宗教、新闻、体育、教育和商业都心甘情愿地成为娱乐的附庸,毫无怨言,甚至无声无息,其结果是我们成了个娱乐至死的物种。"② 一些人为了达到某种目的,甚至发布较为低俗化、庸俗化的信息。主流价值观的话语由于是科学建构而成的,极具理论性、科学性,在微信媒介素养不均衡的传播现状下,主流价值观话语的这种理论性、科学性有可能被消解,有被娱乐化、庸俗化传播的风险。

---

① 尹韵公. 中国新媒体发展报告(2011)[R]. 北京:社会科学文献出版社,2011:110.
② [美]尼尔·波兹曼. 娱乐至死[M]. 桂林:广西师范大学出版社,2009:5-6.

第二，微信信息传播具有超国界性、高自由度的特征，加大了主流价值观话语传播的外部风险。在西方国家，尤其是美国早已积极运用新媒体技术来传播本国的意识形态与价值观。美国著名学者安德鲁·查德威克曾针对新媒体说道，它已经成为"西方价值观出口到全世界的终端工具"①。微信作为中国国内新兴的新媒体传播平台，依托移动通信终端，信息可以通过相关的系统与平台实现无障碍即时性传播、跨地域式的传播。所以，微信信息传播具有超国界性以及高自由度的特征。随着中西方的文化交流日益密切，西方"普世价值观"话语进一步渗透到中国。而话语的传播往往具有隐蔽性，"话语看似纯粹是思想的表达形式，其实是经过选择和包装的历史内容；不同的话语，展示了不同的世界面貌，而'流行话语'则往往隐藏着话语霸权"②。一些经过"正能量"外壳包装的话题或信息也通过微信传播开来。比如，前几年在微信朋友圈广为传播的"哈佛大学校训""西点军校军规"等话题，表面上看充满着正能量，实际上背后却隐藏着西方价值观的渗透。当代中国主流价值观话语若借助微信平台进行传播，中国话语必然会与这些西方价值观话语产生博弈与交锋。西方话语由于有雄厚的物质基础做支撑，也有垄断国际话语霸权的优势，话语传播与渗透的技巧往往较为多样，因此，直接地正面交锋，主流价值观话语并不具备显著优势。另外，由于我国的微信发展起步较晚，微信的信息控管能力也就相对薄弱，微信的网络安全仍然具有漏洞。西方国家也可能会凭借自身的技术优势来诋毁、扭曲当代中国主流价值观话语。因此，主流价值观话语传播要借助微信平台进行传播，传播的外部风险会加大。

---

① [美] 安德鲁·查德威克. 互联网政治学：国家、公民与新传播技术 [M]. 北京：华夏出版社，2010：34.
② 侯惠勤. 意识形态的变革与话语权——再论马克思主义在当代的话语权 [J]. 马克思主义研究，2006 (1)：45-51.

<<< 第五章　当代中国主流价值观话语权建构的路径设计

(二) 如何运用微信来推动当代中国主流价值观话语传播

要想有效运用微信平台推动主流价值观话语传播，需要建立微信信息传播者与受众的媒介素养全面提升机制，要建立主流价值观话语表现形式的优化机制，要建立以法律威慑为中心、以技术操控为支撑的微信有效监管机制。

1. 要建立微信信息传播者与受众的媒介素养全面提升机制。微信平台中的用户媒介素养由于具有不均衡性，使得主流价值观话语有娱乐化、庸俗化传播的风险。因此，要想使主流价值观话语在微信平台上实现有效传播，首先，必须要建立微信信息传播者与受众的媒介素养全面提升机制。通过全面提升微信信息传播者与受众的媒介素养，有助于减少低俗、粗暴、血腥等负面信息在微信中的传播，有助于从总体上提高用户对信息的辨别力与理解力。这些都是主流价值观话语得以实现更好传播的重要条件。对此，需要重视以下两大方面：由于微信用户极为多样化，而且年轻人群体是主力军，因此，对媒介素养提升机制的构建来说，从教育入手是最为根本的方式。要将媒介素养课程纳入国民教育体系，使媒介素养教育成为公民素质教育的重要内容。欧美发达国家早就重视媒介素养的相关课程教育，并建立了相应的评价体系。我们必须要借鉴西方国家的相关经验并重视媒介素养教育，同时也要发展媒介素养的教育机构与组织，开展相关的宣传与教育活动。其次，微信信息的传播者和受众要积极转变观念，自觉提升媒介素养。由于主流价值观话语的传播者中人民群众是最基本的主体，因此从理论上看微信用户都可以成为主流价值观话语的传播者。因此，用户需要不断提升自身的知识水平，另一方面也要注重独立分析研判能力的培养，力求减少或摆脱媒体舆论的控制，坚持真实性原则以及独立性原则。尤其是微信的海量化信息中，不乏西方"普世价值观"话语，这其中往往充满蛊惑性、煽动性以及隐蔽性，用户必须要提高理解力、鉴别

163

力。此外，各级党员和领导干部是主流价值观话语最主要的传播者，目前，很多党员和领导干部开通微信，这类群体要更加注重提升媒体素养并发挥模范带头作用，积极运用微信平台传播社会正能量。

  2. 要建立主流价值观话语表现形式的优化机制。微信由于用户多样化的特点极为明显，在新媒体环境背景下，受众往往期盼信息能带来巨大的视觉冲击，给人以强烈的心灵震撼。因此，信息要想实现有效传播，仅有精致、有价值的内容是不够的，必须还要有丰富的表现形式。由于主流价值观话语是复合型的话语模式，极具思想性、理论性以及科学性，因此，话语内容具备优质性的特点。而微信的传播有其自身的规律与特点，因此，若按照传统媒体那种通过纯粹的文字表达与阐述或者运用极为普通的音像手段使主流价值观话语在微信平台中进行传播，显然是难以提高受众的关注度的。因此，必须要建立主流价值观话语表现形式的优化机制。主流价值观话语表现形式优化机制的构建，需要重视以下三个方面：首先，需要明确传播的具体内容，还要精心挑选适合微信传播的主流价值观话语，这是表现形式优化机制建构的基本前提。列宁曾说过："最高限度的马克思主义=最高限度的通俗和简单明了。"① 在主流价值观话语三大层次中，涉及各具体领域的基本价值观话语的实践指向性、现实性最强，与人民群众日常生活紧密关联，比如，"勤俭持家""奉公守法""爱护自然"等，因此，借助微信平台来传播主流价值观话语，尤其要重视对基本价值观话语的传播。其次，要重视主流价值观话语的形象化、生动化表达，这是主流价值观话语表现形式优化机制建构的关键。美国学者丹尼尔·贝尔就曾形象地说道："我相信，当代文化正在变成一种视觉文化，而不是一种印刷文化，这是千真万确的事实。"② 要通过不断地丰富和创新主流价值观话语的表现形式，比如，运用生动形象的动漫动画、幽默以及感人的故

---

 ① 列宁全集 [M]. 第36卷. 北京：人民出版社，1959：467-468.
 ② [美] 丹尼尔·贝尔. 资本主义文化矛盾 [M]. 北京：人民出版社，2010：156.

事、富有创意的视频等，切实增强主流价值观话语的吸引力、影响力。再次，在微信平台传播主流价值观话语过程中，话语传播者不能为了迎合受众猎奇心理，使表现形式背离主流价值观话语的性质与本义，使反映主流价值观话语的相关信息与内容媚俗化、低俗化甚至扭曲化，这显然不利于主流价值观话语的传播。

3. 要建立以法律威慑为中心、以技术操控为支撑的微信有效监管机制。微信使信息的传播更加便捷，但是它毕竟依托互联网来传递数据信息，因此存在被黑客、病毒入侵的危险。而且信息本身就是一种有力的意识形态和政治的武器，可以用来颠覆政权①。此外，由于互联网具有虚拟性、隐蔽性的环境特点，用户在现实社会中无法满足的欲望与需求可以通过互联网宣泄、释放出来，况且微信用户多样，传播形式也极为丰富，因此，各种虚假信息、不法信息时不时通过微信传播出去，攻击和歪曲主流价值观话语的言论常有发生，使主流价值观话语传播遭遇着巨大的威胁。要想借助微信平台来有效传播主流价值观话语，必须要建立微信有效监管机制，营造良好的微信信息传播环境。微信有效监管机制的构建需要重视以下两大方面：首先，要以法律威慑为中心，重视微信网络法律制度建设。在传统的成文法中，判断一种行为是否违法，主要看主体的社会行为是否产生了某种现实后果。对于在微信平台中发布攻击社会主义制度、诋毁中国共产党、危害社会稳定言论的不法分子，要充分发挥法律的威慑作用，给不法分子强烈打击。然而，在微信平台中，除了极端的不法分子外，很多不法分子则是采取隐性、钻法律空子的方式来散布虚假、不法的信息。这些不法分子经常通过虚拟化的观念或符号来影响他人，实现传播目的。这类行为就目前的法律法规来看，往往很难界定是否触碰了相关法律法规的规定。这些行为的后果与影响也很难有精准的评估，而且当前并

---

① 聂筱谕. 全媒体时代意识形态话语权争夺如何破局［EB/OL］. 世界经济与政治论坛，2014-05-15.

没有明确针对微信方面的法律法规。此外，对于微信的聊天记录等相关数据能否成为审案、定案的相关证据，还需要相关的司法解释进一步予以界定。因此，我们也要重视微信网络法律制度建设，实现有法可依，保障微信信息健康、有序传播。其次，要以技术操控为支撑，加强对微信不良信息的过滤，净化微信传播环境。当前，网络的信息过滤主要有关键词过滤、潜在语义索引过滤以及多媒体信息过滤等方式。关键词过滤主要指通过设置一定的关键词，过滤与关键词相关的信息或言论。潜在语义索引过滤，有助于弥补关键词过滤的缺陷，主要指过滤与关键词相近词语的相关信息与言论。多媒体信息过滤主要指对网络中发布的图像、视频以及音频内容与特征进行相关判定，对不符合要求的相关内容进行过滤与删除。由于微信用户数量庞大，信息可以通过文字、图像、视频、音频等多种形式进行表现与传播，因此，对微信的信息过滤来说，一定要综合运用这些过滤的方式方法，及时过滤宣扬西方普世价值、封建迷信、危害国家意识形态安全的相关话语和有害信息。通过及时地过滤有害信息，达到净化微信的传播环境的目的，才能减少西方普世价值话语、各种非主流价值观话语对主流价值观话语造成的冲击，使之实现更好的传播。

二、强化点二：要积极利用举办或参与国际会议机会推动话语传播

随着经济全球化和世界多极化趋势的发展，各国之间政治、经济和文化的交往日趋紧密。因此，相关的国际会议的举办频率越来越高。由于国际会议聚焦全球主要媒体的目光，所以，以美国为首的西方发达国家尤其擅长运用举办或参与国际会议，借由讨论会议议题的机会来宣扬本国的价值观。从某种意义上来说，话语权的获得、国家形象的树立跟一国是否积极借助国际会议场合来发声、施加影响具有很大的关联性。

对中国来说，要想实现与提升主流价值观的国际话语权，积极运用举办或参与国际会议的机会来传播主流价值观话语既具有必要性，又具有现

第五章 当代中国主流价值观话语权建构的路径设计

实可能性。

从目前的国际形势来看,当前国际社会对中国的评价可以说是极为复杂的。大体而言,发展中国家对于中国的认可度以及相关评价要高于发达国家。根据《中国国家形象全球调查报告2014》的数据显示:发达国家中,31%的受访者认为中国发展道路和模式"是中共领导的中央集权模式",23%的受访者认为该模式的"核心是国有经济占主体";与之不同的是,发展中国家中最多的人认为中国模式"是融合了中国历史文化和现实国情需要的一种创新",他们还认为它"是中国取得惊人发展成就的主要原因"[1]。"中国模式"最早是由西方学者提出的,但西方发达国家将"中国模式"的总体内涵概括为"政治上的保守、专制与经济自由"[2],当前国内学术界并没有对"中国模式"这一概念形成共识,官方领导人讲话以及相关文献论述中也未用过这一概念。但是面对西方发达国家对"中国模式"的曲解误解,我国完全有必要通过举办或参与国际会议的机会来驳斥西方这种不实的解读。"中国模式"其实反映的是中国特色社会主义现代化发展模式,它是反映当代中国主流价值观的重要话语。我们必须积极运用举办或参与国际会议的机会来阐释"中国特色社会主义现代化发展道路"的巨大优越性,让西方发达国家了解中国模式是符合中国国情的发展模式,从而逐渐减少乃至消除西方发达国家对"中国模式"的曲解误解。通过借助国际会议的阐释与宣传,也能够进一步促进广大发展中国家对中国特色社会主义现代化发展道路的认同。

调查还显示:对于中国军力发展的看法上,大多数发展中国家民众认为中国军力是维护国际秩序和世界和平的重要力量;而在发达国家中,"中国

---

[1] 中国外文局. 中国国家形象全球调查报告2014 [EB/OL]. 中国网, 2015-03-18.
[2] 潘西华. "中国梦"与"中国模式"概念背后的话语权比较 [J]. 人民论坛, 2015 (11): 47.

军事威胁论"仍有一定的市场①。事实上,中国所奉行的独立自主和平外交政策并未改变。西方的这种指责背后反映的其实是西方所谓"普世价值"与当代中国主流价值的冲突与对抗。究其原因,主要是中西方在价值观领域存在显著的差异性,因此,运用举办或参与国际会议的机会来阐释中国"永不成霸""勇于承担国际责任"的相关主张是极为必要的。

积极运用举办或参与国际会议的机会来传播当代中国主流价值观话语具有现实的可能性。随着中国综合国力显著增强,在国际社会中发挥的影响力日趋增大,因此,参与或举办国际会议的机会也日趋增多。以美国为首的西方发达国家擅长在国际会议及相关的场合主动设置议题并垄断对相关议题的解释权,从深层次来看,这些议题设置很大程度上就是对所谓"普世价值"的辩护与推广。但是西方所谓"普世价值"越来越证明是不可行的。当前中东地区纷乱不断、恐怖主义日益猖獗,尽管有很多原因,但是跟西方国家尤其是美国极力推广"普世价值",把自己的价值观强加于其他国家和民族有很大关系。随着时间的推移,"普世价值"的弊端会日益明显。虽然当前全球媒体呈现一种"西强东弱"的局面,国际话语体系依旧被西方主导垄断,不过从长远来看,它的这种主导力、垄断力随着"普世价值"国际不适用性的不断证明,必将会日益减弱。面对这样的形势,中国政府必须要积极运用这些国际会议场合的机会来传播主流价值观话语,发出"中国最强音",阐述中国主张,明确中国立场,坚决回击西方一些曲解误解的言论。

对运用举办或参与国际会议机会来传播主流价值观话语来说,尤其要重视将反映人类共同价值的相关话语从理论化、抽象化的描述化为具体、可实施的路径与方案。比如,对政府间的国际会议来说,尤其是大型的国

---

① 中国外文局对外传播研究中心课题组. 中国国家形象全球调查报告 2014 [J]. 对外传播,2015 (3):27-29.

际会议（APEC、G20之类的大型会议），要明确阐述中国价值、中国观点及其对世界的影响与作用。事实上中国政府已经越来越重视借助国际会议场合来传播主流价值观话语。以"人类命运共同体"话语为例，"人类命运共同体"话语充分体现了中国所倡导的"和谐关怀""永续共生"等基本价值观。习近平主席多次在国际会议场合中提出要打造"人类命运共同体"，要加强同世界各国的团结与合作，并取得了积极反响。

三、强化点三：要积极运用相关的文化机构和组织推动话语传播

文化机构和组织开展的活动绝大部分都是面对面的交流与互动，具有较大的自主性和自由度。美国著名的政务官默罗曾说："文化传播的决定性因素，是那最后三英尺，也就是面对面的对话。"① 对价值观话语的传播而言，直接的交流与对话也是极为需要的。因此，积极运用相关的文化机构和组织来传播主流价值观话语是实现话语强力传播的重要手段。当前，全世界几乎所有的国家都拥有庞大的文化机构和组织，尤其是欧美发达国家，相关的文化机构和组织极为发达。在当前国际上，比较著名的文化机构和组织有英国文化协会、德国歌德学院、法语联盟以及塞万提斯学院等，在传播本国的文化、价值观话语方面发挥着重要的作用。

当代中国主流价值观话语权在很大程度上体现的是国际话语权，这一目标的实现离不开主流价值观话语对外的强有力传播。当前我国已有一些相关的文化机构和组织在对外积极宣传主流价值观话语、传播中华文化，其中以海外文化中心以及孔子学院最为典型。海外文化中心主要包括中国对外文化交流协会、中外文化交流中心、中国对外文化集团公司、中华文化联谊会、文化传通网等机构。"自1988年中国第一批海外文化中心成立

---

① ［日］渡边靖. 美国文化中心：美国的国际文化战略［M］. 金琮轩，译. 北京：商务印书馆，2013：60.

以来，经过20多年的发展，我国已建成覆盖五大洲的16个中国文化中心。"[1] 孔子学院在全球的覆盖面也极广，到2015年年底，短短十几年间，全球办有孔子学院的国家已有134个，建成孔院500所，孔子课堂1000个。[2] 中国文化中心以及孔子学院尽管分属不同的管理部门（前者为文化和旅游部下属机构，后者为教育部下属机构），但是这两大组织都对中华优秀传统文化的宣传、当代中国主流价值观话语的传播发挥着显著的作用。

要想使这些文化机构和组织能够更好地传播当代中国主流价值观话语，需要重视以下几大方面：

首先，要充分借鉴欧美发达国家相关文化机构和组织发展的有益经验，拓宽资金的来源渠道，积极吸纳民间资本。要想充分运用相关的文化机构和组织来传播当代中国主流价值观话语，雄厚的物质基础是重要保障。从当前的现状来看，相关的文化机构和组织存在着经费不足的问题，资金的来源渠道也较为单一。当前，欧美发达国家的相关文化机构和组织的经费来源是多渠道的，以英国文化协会为例，根据相关资料数据显示，英国文化协会在1979—1989年，政府拨款总和占比一直保持在76%以上[3]，而近些年来，政府拨款总和占比则不到30%，并呈现一种进一步下降的趋势，资金来源越来越倚重活动和服务的收入。我国相关的文化机构和组织必须要积极学习这一经验。尤其是海外中国文化中心，要加强与企业、相关社会团体的合作，同时也可以与机构所在国合作，举行一些盈利性的活动，在吸纳资金的同时，也能够扩大机构的影响力。

其次，要注重相关的文化机构和组织的人员跨文化传播能力的提升。由于全球是多种文明构成的，不同的文明形态往往在价值信仰、生活习

---

[1] 卫志民，陈璐. 提升海外中国文化中心的传播能力 [J]. 红旗文稿，2015 (4): 29.
[2] 孔子学院总部 [EB/OL]. 国家汉办网站，2019-12-10.
[3] 茅晓嵩. 英国文化协会 [J]. 国际资料信息，2005 (8): 39.

惯、思维方式等方面会有很大的不同。我国著名学者季羡林曾认为东西方文明的根本差别是思维模式以及思维方式的不同，欧美文化注重分析，一分为二，而东方文化注重综合，合二为一①。面对着众多的差异，海外文化中心的相关组织和机构要想有效传播当代中国主流价值观话语并非易事。相关组织必须要充分考虑到这些差异性，相关的教员以及工作人员也要努力提升跨文化的传播能力。在海外，当代中国主流价值观话语的传播主要是通过对中华文化的传播实现的。相关的文化机构和组织的人员是中华文化的传播者，对传播者而言，要想实现跨文化传播能力的提升，首先要做到与接受者建立起平等、信任的关系。此外，文化机构和组织的相关人员要深入了解机构、组织所在地区的文化特点，努力使中华文化、中国价值能够运用所在地区喜闻乐见的言说方式、文化传播方式进行传播。

再次，文化机构和组织的相关人员跨文化传播能力的强弱还体现在传播者是否能够让接受者明白跨文化传播是一种互惠性的文化交往活动。要使文化组织和机构的学员意识到当代中国主流价值观话语不仅是体现当代中国特色、反映中国传统文化特征的话语，同时对于世界许多问题的解决也具有很好的启发意义。

最后，还要加强相关文化机构和组织的基础设施建设。在基础设施建设中最为重要的是图书馆建设，无论是孔子学院还是海外中国文化中心，加强图书馆建设都是极为重要的建设任务。书籍、文献资源是民众了解中国文化的重要方式。前文说过，话语内容的创新关键在于创造更多的新概念、新范畴与新表述。而这些新概念、新范畴与新表述的创造基本上与中国传统文化、中国现代化实践是密不可分的。要使相关的机构和组织建设的图书馆增加反映中国优秀传统文化、中国现代化发展实践的优秀书籍，此外，也要充分考虑到相关机构和组织所在地的具体情况，要多出版一些

---

① 季羡林. 季羡林谈东西方文化（典藏本）[M]. 北京：当代中国出版社，2015：118.

171

双语的书籍，方便所在国民众阅读。图书馆建设不仅包括实体图书馆的建设，而且也要加强数字图书馆以及网络图书馆的建设。要不断丰富、即时更新相关的网络数字资源，使当地民众能够对中国政治、经济、文化、社会、生态等各领域有更为深入的了解，这对当代中国主流价值观话语的传播来说是极为有益的。

四、强化点四：要充分运用对外援助计划推动话语传播

当前，从全球范围来看，国与国之间的政治、经济、文化发展水平呈现不均衡状态。受之影响，落后的国家难免需要发达国家的援助。受援助的国家较容易受到援助国的影响。而欧美发达国家在经济、技术、军事等领域拥有显著的优势，因此，这些国家常常会通过经济、技术、军事等方面的援助对受援助国传播本国的价值观。可以说，在价值观领域，西方话语霸权的取得跟这些大国热衷于对外的合作与援助计划有着极大的关联。

二战之后，美国成为全世界最强大的国家，具有雄厚的硬实力，常常利用对他国的物质、技术和军事援助，隐性地输出其价值观。美国的历届政府都极为重视通过物质、技术援助的手段来加强对不发达国家的价值观渗透，想方设法地宣扬美式民主。早在1949年，美国总统杜鲁门就抛出了"新四点计划"，旨在通过向发展中国家提供技术援助来达到清除共产主义发展"土壤"的目的。肯尼迪总统在任期间，援助计划更为具体化，比如，"派出'和平队'对落后国家提供技术援助，实施'粮食用于和平计划'，来传播美国的自由民主和生活方式"①。冷战结束之后，美国更加通过经济、物质的援助计划来加强美式民主价值观在发展中国家的渗透与传播。奥巴马上台之后，美国更是直言不讳地表明对外援助的重要目标。2017年1月20日，特朗普就任美国总统，尽管特朗普的许多政策趋于保

---

① 刘海军．浅论美国文化霸权［J］．国际关系学院学报，2001（2）：20.

守主义倾向，更为注重美国本土利益，强调"美国优先"，在对外援助方面可能有减弱的趋势，但这并不意味着美国政府会改变以往根本的立场，只不过更多的是基于目前形势做出的相应调整。总之，美国通过对外援助来提升西方价值观在全球的传播度、认同度的用意是极为明显的。

中西方价值观有着显著差异，但是当代中国主流价值观要想实现与提升话语权，就要积极发展对外援助。事实上，我国早已积极通过对外援助来传播当代中国主流价值观念，对于中国国际形象的改善发挥着巨大作用。马克思主义历史唯物主义认为，物质利益及其实现是社会主体活动的深层动因，同时也是推动社会进步和人全面发展的重要保障。核心价值观层次中倡导"富强""民主""文明""和谐"，"富强"摆在了首要且突出的地位。其实，当代中国倡导的富强价值观，不仅仅表达出对中国的富足与昌盛的憧憬，同时体现着对整个世界繁荣、富足的良好期盼。通过加强对外援助，能够使外国民众更加深入地认识到当代中国主流价值观话语的独特魅力，也能够进一步提升中国的国际影响力。新中国的对外援助起始于20世纪50年代，经过六七十年的发展，中国的对外援助取得了巨大的成就，例如，在2008年，非洲塞内加尔国家总统就对中国的援助计划给予了高度评价："相比较缓慢有时又带有后殖民主义色彩的欧洲投资者、援助组织和非政府组织的方式，中国的方式更能适应我们的需求。通过直接援助、减让贷款和优惠合同，中国已经帮助非洲国家在创纪录的时间内建立起来了基础设施项目……我发现那些我们与世界银行要讨论5年的合同，与中国谈判只需要3个月的时间。"[1] 不过，从目前全球形势看，国际援助的模式和制度体系主要由欧美发达国家主导，中国在国际援助事务中的发言权地位并不高。此外，由于我国的援助原则、理念、范式等与西方资本主义国家有着显著差异，因此，我国时常受到西方舆论的无端批判、指

---

[1] ABDOULAYE WADE. Time for the West to Practice What It Preaches [N]. Financial Times, 23 January, 2008.

责。针对目前对外援助的发展现状，要想通过对外援助计划来推动主流价值观话语实现强力传播，需要重视以下两大方面：

首先，要批判汲取发达资本主义国家运用对外援助来传播本国价值观话语的经验。前文说过，美国主要通过经济、技术以及军事援助等手段来传播本国的价值观话语，捍卫资产阶级民主政治制度，并不断扩大其范围与影响。而对当代中国主流价值观话语的传播而言，主要指话语内容及话语方式的传播。尽管当代中国主流价值观话语是针对科学建构而言，具有先进性，但是由于世界是多样化的文明形态，因此，我们在通过对外援助来进行话语传播过程中，切不可学习西方那样的方式，通过援助的手段把本国的价值观强加于援助的相关国家或地区。当然，西方对外援助也有些有益经验值得我国学习借鉴。比如，在对外援助的管理机制方面。当前我国援助管理实施的是部级协调机制，即由中央政府负责对外援助决策权，商务部及商务部所属国际经济合作事务局、国际经济技术交流中心和国际商务官员研修学院、中国进出口银行、中国驻外使（领）馆、地方商务管理机构、外交部、财政部都参与其中[①]。存在管理部门过多、机构重叠、分工不明确的问题，不利于对外援助工作效率的提高。在对外援助的管理机构设置方面，西方发达国家有着有益的经验，值得中国借鉴。例如，可以借鉴英国对外援助的机构设置模式，成立专门、独立的对外援助管理部门，建立综合、一体化的合作管理框架，不断改进援助的协调工作，提升援助的效率与效果。

其次，要积极优化对外援助的相关策略。长期以来，我国对外援助采取不干扰别国内政、不附加政治条件等原则来实施援助计划，得到了很多受援国的赞许。不干涉别国内政、不附加政治条件进行援助本身就是当代中国主流价值观倡导的。但是与此同时，西方对于中国的援助政策横加指

[①] 中华人民共和国国务院新闻办公室．中国的对外援助［R］.北京：人民出版社，2011：26-27.

责。比如说,"不干涉内政政策"促进了受援国的腐败①;中国大量贷款给受援国,恶化了受援国的债务状况,影响其债务可持续性②;中国在非洲的援助行为主要是为了攫取自然资源,以满足自身经济发展的需求③;等等。这些批评显然是别有用心的,妄图"污名化"中国的对外援助计划。因此,要想运用对外援助计划来推动当代中国主流价值观话语的传播,必须要积极优化对外援助的相关策略。一些受援助国由于国内政治环境复杂,会经常出现政权更替的状况,新上台的政权往往乐于追查前政权的受援资金使用情况,再加上不少政权受到欧美发达国家掌控,使得中国的援助容易被"污名化"。因此,中国在对外援助上除了坚持一贯的原则之外,也要加强对国际惯例的运用,坚持本国固有原则与国际通用原则相统一,尤其要强化对援助资金使用的监督以及项目运行的相关管理。此外,对外援助也要做到"输血"与"造血"相统一。推动当代中国主流价值观话语的传播,既要依靠国家对受援国经济、技术等方面的外力援助,同时又需要从受援国本国入手,帮助受援国发展教育,培养更多专业化的人才,这样才能使受援国从根本上解决自身发展的问题,使受援国民众真正理解中国的对外援助与资本主义援助的本质差别,也能够增强"和谐世界""人类命运共同体""中国永不成霸"等反映当代中国主流价值观话语的深入认同。

---

① WESTON J, CAMPBELL C, KOLESKI K. China's Foreign Assistance in Review: Implications for the United States, US-China Economic and Security Review Commision Staff Research Backgrounder, 2011: 6.
② MANNING R. Will "Emerging" Donors Challenge the Face of International Co-operation? Development Policy Review, 2006, 24 (4): 371-383.
③ WESTON J, CAMPBELL C, KOLESKI K. China's Foreign Assistance in Review: Implications for the United States, US-China Economic and Security Review Commision Staff Research Backgrounder, 2011: 9.

五、强化点五：重视运用移动短视频平台推动当代中国主流价值观话语传播

移动短视频平台是新媒体中的又一大重要代表，必须也要重视运用这一平台来推动当代中国主流价值观话语传播。

（一）移动短视频平台助力当代中国主流价值观话语传播的基本逻辑

1. 基于算法推荐的定制化传播、鲜明场景性，有利于增强当代中国主流价值观话语大众传播的吸引力

"算法"的概念最早来源于计算机科学领域，是对实现某种特定结果的代码函数公式运行过程以及结果的高度抽象表述。如今，"算法"更多地用于人工智能领域，用来进行计算机对人脑思维的模拟，并通过特定的函数模式，经过不断地学习、训练实现特定输出目的。推荐算法是智能算法在信息传播领域中的主导算法，实现了信息与人之间的精准高效匹配，从技术类别来看，算法推荐主要有基于内容、协同过滤和实时流行热度等类型①，其价值集中体现在对用户信息偏好的满足上。尼尔·瑟曼（Neil Thurman）把用户偏好分为两种类型：第一种是用户主动表达的偏好（explicit preference），包括点赞、评论、收藏、关注、转发、搜索、屏蔽；第二种是指用户含蓄表现出的偏好（implicit preference），主要是指媒介组织通过搜集和分析用户数据而推导出的偏好②。这些用户偏好是算法推荐的首要价值要素。当前，各大移动短视频平台都充分运用算法推荐的方法，根据不同的用户需求与爱好，将体现不同内容不同形式的主流价值观话语的移动短视频推送给不同的用户，实现一对一式的定制化传播。

---

① 薛永龙，汝倩倩.遮蔽与解蔽：算法推荐场域中的意识形态危局［J］.自然辩证法研究，2020（1）：50-55.
② Neil Thurman, "Making 'The Daily Me': Technology, Economics and Habit in the Mainstream Assimilation of Personalized News," Journalism: Theory, Practice&Criticism, Vol. 12, No. 4, 2011: 395-415.

<<< 第五章 当代中国主流价值观话语权建构的路径设计

除了具有基于算法推荐的定制化传播优势之外，移动短视频平台还具有鲜明的场景性，它体现在移动短视频能够通过声音、图像、色彩、文字等多种要素共同发挥作用，展现出丰富精彩的情景画面，通过刺激受众的大脑反应，有利于短视频内容深入人心。如果主流价值观话语的相关短视频内容精湛，并具有故事性、趣味性等特点，那么，借助于移动短视频平台进行传播，会呈现许多较为生动具体的情景画面，对受众产生吸引力，进而有利于推进主流价值观"深入人心"。

2. 链式传播、多中心裂变式传播并存，有利于增强当代中国主流价值观话语大众传播覆盖面

链式传播是指信息生产者将一条信息传播给另一个信息节点，该节点又作为传播者再次传播给下一个信息节点，以此循环往复形成一个线段型的传播过程。移动短视频的传播具有这种特点。移动短视频的链式传播，具体可以通过下面的模型图加以呈现。

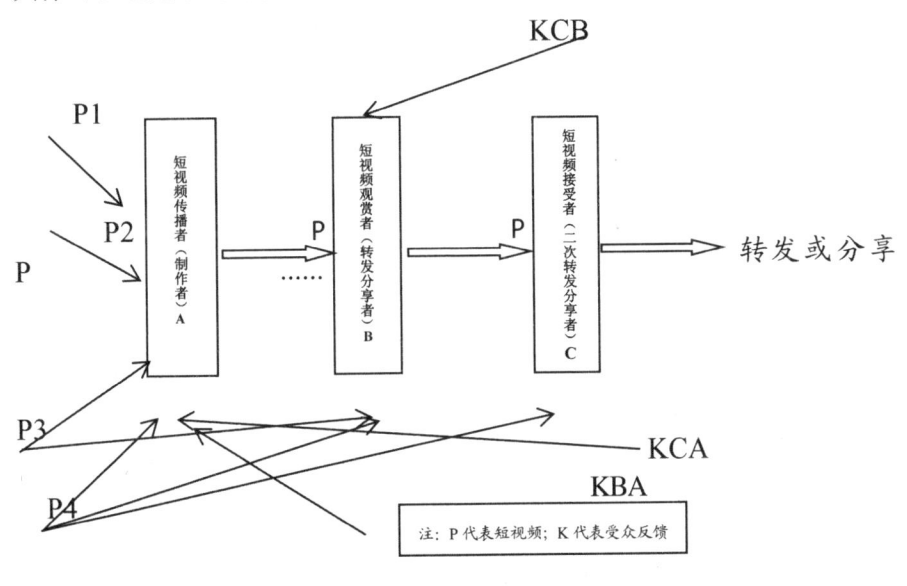

移动短视频链式传播模型图

177

在图中，作为短视频传播者（制作者）的 A，向短视频观赏者（转发分享者）B 传播短视频 P，B 又可以转发、分享 P 至短视频接受者（二次转发分享者）C，C 又可以再次转发、分享 P 至 D，从而形成一个无限转发、分享的传播系统，环环相扣，形成一个链式传播链条。这种链式传播，并非单向式传播，而是双向互动式传播，传授双方始终存在着广泛互动，这种互动集中体现在视频的观赏者对于视频内容的反馈，主要表现为评论这一方面。

不过，这里说的转发或分享，一方面可以通过一键转发或分享此视频至该短视频 APP 平台的其他用户好友，另一方面也可以跨平台进行传播，比如，可以一键转发分享至微信好友、微信朋友圈、QQ 好友、QQ 空间、新浪微博等其他社交平台。而其他社交平台的用户观赏之后，又可以再次转发、分享，从而实现短视频的多次传播。可以说，移动短视频内容又可以通过一对多的方式进行传播扩散，具有难以比拟的传播优势，经过多样化社交平台用户的转发分享，从而使短视频又呈现出多中心裂变式传播的特点。

由于短视频的传播具有链式、多中心裂变的特点，将主流价值观话语的丰富内容精心制作成各种短视频，能够使反映主流价值观的短视频内容为众多用户受众所了解，有利于扩大主流价值观话语的大众传播覆盖面。

3."再中心化"，有利于当代中国主流价值观相关优质视频内容借助优质视频生产者、知名人物实现迅捷化传播

"去中心化"是 Web2.0 时代的主要特征。这个概念源于自然生态学，麦克卢汉最早将这一概念引入信息传播学领域。他曾言："计算机挟其散播信息的强大能力，正在创造崭新的权力结构，一种'处处皆中心，无处是边缘'的新权力结构。"[1] 去中心化，它是相对于传统由少数媒介控制内

---

[1] ［美］保罗·莱文森.数字麦克卢汉 [M].何道宽，译.北京：社会科学文献出版社，2001：117.

容的单向度传播的一元中心而言的,是一种新型的社会化关系形态以及内容产生形态。它突出表现为每个人都拥有生产信息内容的自由,信息内容更趋丰富化、个性化。去中心化生成的一大重要原因,在于技术对普通受众的赋权。正是由于获得了技术赋权,普通公众获取了先前传统媒体垄断的内容生产和信息传播权力,进而从传播的被动接受者转为主动生产者。

各种新媒体的发展,为广大普通公众的信息生产和传播提供了广阔的平台。比如,在移动短视频平台中,普通民众只要按照正常申请程序实现注册,就能发布、转发、分享、评论短视频。去中心化,使得人们生产、传播信息内容的门槛大为降低,导致信息内容呈现井喷式涌现的状态,这就需要用户去鉴别,找寻有价值的信息内容。而意见领袖和行业精英的出现,有利于帮助用户从无垠的"信息海洋"中解脱出来,助力用户筛选出有价值的信息。所以,用户会积极往这些意见领袖和行业精英靠拢,将信息的筛选和事实的研判寄希望于信赖的"委托人"来进行,因此,形成了"再中心化"。诸多新媒体,尤其是移动短视频平台,"再中心化"的特点日益显著。优秀且影响力大的短视频制作者能够凭借较为稳定的视频制作水准和较高质量的视频内容吸引大量用户关注。众多知名人物、娱乐明星凭借积累的人气,制作的短视频也能引起众多用户的转发、分享。倘若一些优秀的短视频制作者能够参与体现主流价值观话语的短视频生产,并积极转发与分享这些短视频,必然能够提升相关短视频传播扩散的速度。而一些知名人物,若能积极加入转发、分享"大军",甚至参与制作当中,无疑是有利于主流价值观话语的迅捷化传播的。

4. 互动性传播,有利于增强当代中国主流价值观话语大众传播的实效性

互动是一种较为高效化、活跃化的传播关系。移动短视频平台具有鲜明的互动性。移动短视频用户获取短视频内容资源主要有"热门推荐"浏览与"关注"形成订阅两种渠道,而"关注"基本从"热门推荐"中获

取。目前主流的移动短视频平台有抖音、快手、美拍、秒拍、梨视频等，这些平台的互动形式主要有点赞、转发、分享、评论、关注5种形式。用户可以对获取的短视频资源进行如上形式的互动。总体来说，这些互动形式较为丰富，使移动短视频平台的基本社交形成一个信息交互网络。

　　移动短视频平台中的互动，具体可分为浅互动与深互动。浅互动，顾名思义，互动程度较低，一般而言，这种互动仅停留于喜欢、厌恶等态度表达，互动的信息主要是较为简单化、形象化的符号，点赞是最主要的浅互动形式。此外，评论中的多种典型象声词，如"666""哈哈哈"和各种表情等，也是浅互动的重要表现。而在深互动中，信息传递较为明晰，对短视频内容的传播而言，具有扩大传播效果之功能。围绕短视频内容进行的较为深刻而全面的评论，积极转发、分享等，是深互动的主要形式。浅互动与深互动，都具有重要意义，不过二者各有偏重。浅互动，有利于活跃移动短视频平台中的陌生交际，而深互动有利于满足平台中的兴趣社交。

　　移动短视频平台具有的传播互动性特点，有利于促进主流价值观话语的大众传播。虽然围绕主流价值观话语制作的短视频，跟短视频平台中的诸多短视频特别是娱乐化的短视频具有一定差异性，具体表现为前者要体现一定的政治性、理论性，体现主流价值观话语的短视频在平台中推送之后，它可能很难一开始就让许多用户进入深互动状态，一些用户在最初可能只是浏览或浅互动的一种状态，但是如果短视频的制作水准，内容的丰富性、趣味性日益提升，那么，必然会促进越来越多的用户进入深互动状态，进而会加强用户对这些短视频所反映的主流价值观话语的了解度，提升主流价值观话语传播的实效性。

　　（二）助力愿景：生成基于移动短视频平台的当代中国主流价值观话语的多种呈现面貌

　　面貌，泛指事物呈现的景象、状态。当代中国主流价值观话语呈现的面貌，是指当代中国主流价值观话语的呈现样态以及呈现状态。主流价值观话语在移动短视频平台中的呈现面貌需要把握三个维度。

1. 时间维度：近期面貌呈现与长期面貌呈现

恩格斯曾指出，在辩证哲学面前"不存在任何最终的东西、绝对的东西、神圣的东西；它指出所有一切事物的暂时性；在它面前，除了生成和灭亡的不断过程、无止境地由低级到高级的不断过程，什么都不存在"①。对主流价值观话语在移动短视频平台中的呈现面貌来说，我们也应用变化、发展的眼光来看待一切事物。任何信息内容的呈现、传播，都有一定的规律。要想促进信息传播力进一步扩大，其中一大重要途径即推动信息呈现面貌的持续优化，这是一条重要的传播规律。所以，对于主流价值观话语在移动短视频平台中的呈现面貌，我们要明晰面貌呈现的动态性，重视时间维度。对此，要把握好近期面貌呈现与长期面貌呈现的关系。

第一，关于近期面貌呈现。前文论及，移动短视频平台具有链式传播和多中心裂变式传播、再中心化、定制化、鲜明场景性以及互动性等传播特性。要想有效发挥这些传播优势，最基本的要求就在于进行有效的受众感官刺激。因此，主流价值观话语在移动短视频社交平台中的近期呈现，要注重视觉冲击式呈现、生动表达式呈现，比如，可采取动漫呈现式、名人解说式等方式。2019年建国70周年纪念期间，"抖音"平台中一部名为《那年那兔那些事儿》的高访问量短视频影片，运用精彩的动漫形式，并搭配动感的正能量说唱歌曲《生来倔强》，形象展现了爱国价值观的价值要求。

第二，关于长期面貌呈现。视觉冲击式呈现、生动表达式呈现，能够增强主流价值观话语相关短视频的传播吸引力、亲和力，但是如果仅是这样的呈现，受众难以全面而深入地把握短视频所反映主题内容的深刻内

---

① 马克思恩格斯文集：第4卷[M]. 北京：人民出版社，2009：270.

涵，对主流价值观的认识可能会长期停留于浅显、感性的认知层面。因此，从长期来看，要在视觉冲击式呈现、生动表达式呈现的基础上，加强内容引导式呈现，使受众能够增强对主流价值观话语认知的自觉性、深入性。以"富强"价值观话语为例，富强之"富"，应为"总富"与"共富"的统一、"国富"与"民富"的统一[①]。要想使广大民众深入理解这一内涵，我们可以精心制作以下类型的短视频：详细搜集习近平近些年来在各地扶贫考察过程中，与民众交流互动的温馨感人场面，邀请一些名家、学者对其在与民众交流互动中关于脱贫的话语进行解读，展现国家对"总富""共富""国富""民富"的重视。另外，可以在此基础上呈现马克思主义经典作家著作以及《习近平的七年知青岁月》《习近平在正定》《摆脱贫困》《习近平谈治国理政》等重要著作中关于"富强"话语重要论述的经典语录，甚至可以搭配二维码显示，衔接相关著作的电子资料，进而增强短视频主题的呈现深度。

2. 内容维度：局部面貌呈现与整体面貌呈现

衡量主流价值观话语是否实现大众有效传播，其中一大重要评价指标就是，分析大众对主流价值观话语是否实现了全面把握。所以，从理论上讲，主流价值观话语在移动短视频平台上的传播，必须要呈现出来内容的整体面貌，要让广大短视频用户在短视频中就能了解其主要内容。从制作条件、技术条件等方面来看，这并非难题。但从移动短视频的传播特点来看，短视频时长有限，短则十几秒，多也仅是数分钟。再者，算法推荐已深入影响短视频平台的具体运作。以"抖音"平台为例，抖音平台的推荐机制是赋予短视频初始流量并根据反馈情况进行再度分发，即一个视频上传到抖音进入流量池，最先进入的流量池可能只有200至500人，如果在这个池子内的用户反馈较好，抖音就会把作品推到有1000至3000人的更

---

① 冯务中. 全面理解社会主义"富强"价值观的丰富内涵[J]. 社会主义核心价值观研究，2016（2）：46-53.

大的池子，如果反馈不好，则会被限流①。如果最初在移动短视频平台对主流价值观话语内容呈现即是全面式呈现，那么，极有可能仅是"蜻蜓点水式"呈现。另外，既然是全面呈现，要在十几秒至数分钟的时长限度内，就必须要增加大幅理论式的解说与概括，而很难从具体微观叙事切入，这样制作的短视频，极可能像"理论宣讲式"的短片，多数移动短视频平台用户难以对之产生兴趣。而算法推荐基于对用户观赏兴趣、心理的分析，将会不断边缘化这些全面呈现式的主流价值观话语短视频，进而制约主流价值观话语的有效传播。依循受众的认知规律、移动短视频平台的传播特点，从内容维度看，主流价值观话语的呈现面貌首先应以局部面貌呈现为主。这里所言的局部呈现的面貌是指聚焦于主流价值观话语微观内容主题所制作的短视频在短视频平台传播所展现给短视频用户的内容样态。聚焦于微观内容主题，能使短视频更好地运用故事叙事、具体叙事、幽默叙事、情感叙事等多种叙事方式，增强短视频的吸引力。比如，对于"友善"价值观话语，我们可以从"新型冠状病毒疫情"切入，制作展现中国分享对外疫情防治经验、对外积极进行医疗援助的感人短视频，借构建"战疫"共同体来表达我们的价值追求。随着时间的推移，如果以局部面貌呈现的短视频取得了不错的传播效果，短视频用户总体上对这一主流价值观话语认知的主动性就有了明显提升，我们可以适时增加以"整体面貌"呈现的主流价值观话语短视频数量与推送频率。而以"整体面貌"呈现的主流价值观话语短视频也需要精心设计，不能只是"理论宣讲式"的短片。从长远看，我们要力求实现主流价值观话语局部面貌呈现与整体面貌呈现的张力平衡。

3. 受众维度：简单分众式面貌呈现与深入分众式面貌呈现

当下信息分众化的传播趋向日益明显。美国学者阿尔文·托夫勒最早

---

① 张爱军. 抖音政治的特性、功能与优化路径——基于微观公共权力与公民权利的伦理视角［J］. 湖北社会科学，2021（5）：24-33.

提出"分众"这一概念,他曾预言,后工业时代为"碎片化时代"和"一哄而起"时代,消费者的需求将出现分众化趋势①。互联网的发展,进一步推动了信息传播的分众化。分众化传播,具体是指一定的传播主体对不同对象运用不同方法传递不同信息的过程②。它不是对传统大众传播模式的否定,应把它看作进入信息化时代后的一种传播观念以及传播思维的进化。对主流价值观话语的呈现面貌而言,我们有必要深入把握这一传播趋势。虽然移动短视频平台具有算法推荐等功能特性,能根据用户需求,进行有针对性的推送,但受各种主客观因素影响,分众也会有一个由浅入深的过程,主流价值观话语在移动短视频平台传播的早期阶段,会以简单分众式呈现面貌为主。它主要表现为短视频用户所接收到的主流价值观话语相关短视频类型较为单一,以娱乐化、浅层表达化类型为主,受众细分度不高。从心理认知的角度来看,娱乐化、浅层表达化类型的短视频,内容理解难度相对较低,并契合民众借短视频"休闲""放松"的心理,能够得到短视频受众对象较为普遍的接受,有利于提升主流价值观话语的大众传播广度。因此,简单分众式面貌呈现,有其一定的必要性。

然而,从深层次来看,受到知识水平、思想觉悟、心理特点以及接受习惯等不同因素的影响,不同的受众对象,对于主流价值观话语的面貌会有不同的呈现需求。从需求类别角度看,既会有娱乐化、浅层表达化的呈现需求,也会有非娱乐化、理性分析化的呈现需求。从需求变化角度看,一些受众对象,对主流价值观话语面貌的呈现期待可能会随着自身知识水平、价值观、知识获取习惯、所处环境等多方面因素的变化而变化,既有可能从娱乐性呈现、浅层表达性呈现需求转变为非娱乐性、理性分析性呈现需求,又有可能从后者类型的呈现需求转变为前者类型的呈现需求。从

---

① [美]阿尔文·托夫勒. 未来的冲击[M]. 孟广均,等译,北京:新华出版社,1996:239.
② 熊澄宇. 从大众传播到分众传播[J]. 瞭望新闻周刊,2004(2):60.

传播目标角度看，主流价值观话语大众传播，一大重要目标就是促进大众对主流价值观的有效认同。主流价值观话语的大众传播，是一种重要类型的政治传播。不过，不同的人群具有不同的定势——中立定势、异同定势、相同定势。政治传播要想达到有效改变受众认知和心理的"定势"，就应该针对不同"定势"的人群采取不同的"规则"：对"中立定势"者要采用"定势形成律"，对"异同定势"者要采用"定势改变律"，对"相同定势"者要采用"定势强化律"[1]。主流价值观话语的大众传播，面临不同人群不同定势的时候问题较为突出，所以针对不同群体，精准呈现不同面貌，也是主流价值观话语大众传播的内在要求。因此，主流价值观话语由简单分众式面貌呈现走向深入分众式面貌呈现，既是顺应分众传播规律的逻辑的必然结果，又符合现实逻辑。移动短视频平台可从多个维度科学设计受众分类标准，增强主流价值观话语面貌呈现的针对性。根据移动短视频平台的特点，笔者认为，要尤其重视年龄、所在区域、接受习惯、认知水平等因素，并加强对人群定势信息的数据采集分析，以细分受众，进而呈现差异化的主流价值观话语面貌。

（三）助力症结：移动短视频平台与当代中国主流价值观话语大众传播的矛盾聚焦

移动短视频平台能够为当代中国主流价值观话语传播提供显著帮助，使之展现出丰富的面貌。但辩证来看，二者也存在矛盾。

1. 矛盾一：移动短视频平台泛娱乐化与当代中国主流价值观话语理论性的矛盾

泛娱乐化躲避宏大叙事以及崇高价值，用娱乐的形式来包装问题及事件，追逐轰动效应，由此导致问题与事件本身蕴含的价值意义被遮蔽，可谓一切只为娱乐。泛娱乐化将会消解人的理性思考能力，让人们失去阅读

---

[1] 荆学民．探索中国政治传播的新境界[J]．中国人民大学学报，2016（4）：74-81．

"延迟"需要的自由思考的时间和空间,被自己的猎奇心理和窥视欲支配[①]。大众传媒是"泛娱乐化"这一幻象的重要实现途径,移动短视频平台作为一种新兴的视听媒体,视频内容融会了图像、表情、动态、音响、文字这些内容,在资本逻辑的操作之下,这一平台呈现愈益明显的泛娱乐化倾向。纵观目前国内几大主流移动短视频平台,基本都以娱乐为主要内容,通过音乐旋律来带动节奏,通过视觉形象的展现来传递知识内容,凸显感性逻辑。当代中国主流价值观话语具有深厚学理性,特别是终极价值目标话语与核心价值观话语。围绕主流价值观话语制作的精彩短视频,需要承载丰富的思想内容。它既要凸显感性逻辑,也要彰显理性逻辑。这就需要短视频观赏者具备一定的理性思考和分析能力,要能够"深度观赏"。然而移动短视频平台的泛娱乐化倾向,会使短视频受众过度追求表面的娱乐,而忽视深度知识获取与价值追寻,进而使主流价值观话语相关短视频面临被"边缘化""戏谑化""庸俗化"的风险。这是一大矛盾。

2. 矛盾二:移动短视频平台碎片化与当代中国主流价值观话语整体性的矛盾

"碎片化"的最初含义是指完成的东西被破裂成许多零碎的小块。碎片化,较为贴切地表达了网络场域中信息传播的特质,并逐渐成为信息化时代的重要特征。信息的碎片化突出表现为,在经由媒介传播的过程中,原本完整的信息被瓦解或分割,呈现片段、零散的形式和特征[②]。当下,信息碎片化传播趋向日渐凸显,特别在移动短视频平台中。在移动短视频平台,信息因内容形式、诠释方式等出现碎片化的状态。而当代中国主流价值观话语具有整体性,一方面,终结价值目标话语、核心价值观话语、

[①] 靳琰,孔璐璐. 新媒体语境下的网络泛娱乐化机理探究[J]. 现代传播,2016(12):129-132.
[②] 林楠,吴佩婷. 新媒体时代下的碎片化现象分析[J]. 广西师范大学学报(哲学社会科学版),2014(4):47-51.

基本价值观话语共同构成当代中国主流价值观话语的整体结构；另一方面，每一具体层次话语本身也具有整体性，例如，核心价值观话语，不管是"富强、民主、文明、和谐""自由、平等、公正、法治"还是"爱国、敬业、诚信、友善"，它们本身都是作为一个整体而存在的。这主要体现在两个方面：一方面"富强、民主、文明、和谐"是一个整体，"自由、平等、公正、法治"是一个整体，"爱国、敬业、诚信、友善"也是一个整体；另一方面，这三个整体有机地结合起来构成一个更大的整体①。移动短视频平台的碎片化会与主流价值观话语的整体性构成一对矛盾。具体来看：

第一，内容形式碎片化，使主流价值观话语整体性意义与逻辑面临着被消解的风险。移动短视频平台在内容生产方面，注重 UGC（用户生产内容）模式的生产。与传统方式相比，UGC 模式生产的内容连贯性较弱，具有离散性、片面性等特点，而主流价值观话语具有体系完备性与严谨逻辑性，它的内容需要衔接多条非线性结构信息才能实现准确表达。而移动短视频平台碎片化内容的生产，显然难以呈现完整的理论叙事结构，进而使主流价值观话语整体性意义和系统性逻辑极易被解构。

第二，诠释解读碎片化，增加了受众对主流价值观话语整体性的理解难度。诠释解读碎片化可从两个方面看：一是受诸多条件制约造成碎片化诠释解读。部分主流价值观话语短视频内容的生产者受对主流价值观话语整体性把握度不足或对短视频传播规律、技巧了解不够的制约，在制作短视频的过程中，对主流价值观话语内容进行不当裁剪或取舍裁剪，从而使主流价值观话语在移动短视频平台传播中出现内容零散、缺乏系统性等问题。如此一来，需要传播受众耗费很长时间去了解主流价值观话语的逻辑体系、层次关系，进而限制了对其的整体性全面理解。二是刻意进行碎片

---

① 邱仁富. 论社会主义核心价值观的整体性 [J]. 毛泽东思想研究，2017（3）：105-111.

化的诠释解读。当前，许多非主流社会思潮也积极争夺在移动短视频平台上的传播话语权。一些反马克思主义的社会思潮传播者为了达到传播目的，积极借助平台，对主流价值观话语内容进行片面化解读，具有较大的迷惑性，无疑增加了受众对主流价值观话语整体性的理解难度。

（四）助力对策：推进移动短视频平台助力当代中国主流价值观话语大众传播的精准实践

面对移动短视频平台与当代中国主流价值观话语大众传播之间存在的矛盾，要基于生产模式、推送方式、传播保障、传播氛围四个维度进行精准实践，以实现对矛盾的有效破解。

1. 生产模式优化：打造"PGC模式+UGC模式"的生产模式

当前，将PGC（专业生产内容）模式与UGC（用户生产内容）模式相结合已成为移动短视频平台发展的重要趋向。要想有效推动主流价值观话语在移动短视频平台的传播，需要打造"PGC+UGC"的生产模式。

对于PGC模式的内容生产，由于主流媒体是传播社会主义意识形态的最重要的载体之一，推动主流价值观话语的传播，是其重要的使命。因此，对主流价值观话语大众传播而言，PGC模式必须要聚焦主流媒体的内容生产。而当前传统主流媒体与新媒体的融合已成为一种不可逆转的趋势，主流媒体有必要顺势而为，积极建立与完善短视频平台账号，可以将媒体报道中与主流价值观话语相关的内容、要闻，根据各短视频平台用户、定位的具体特点，进行专业化、分类化的二次精细加工，也可进行精致原创制作，然后积极传播。值得指出的是，在主流价值观话语短视频生产的过程中，主流媒体要在严肃性、学理性、娱乐性等方面找到平衡点。面对大众这一受众群体，过于严肃化、理论化的短视频难以在短视频平台进行传播。主流媒体要在保证短视频内容品质的基础上，使短视频"多沾泥土""多冒热气"，进而使主流价值观话语（尤其是核心价值观层次中的富强话语、文明话语、和谐话语、爱国话语、敬业话语、诚信话语、友善话语，以及基本价值观的各层次话语）得到有效传播。

对于 UGC 模式的内容生产，第一，要增强短视频普通用户对主流价值观的认知认同。认知认同是自觉践履主流价值观的基础。前文论及主流价值观话语具有理论性、整体性等特点，如果广大短视频用户对主流价值观缺乏足够的认知认同，那么，生产的短视频对于主流价值观话语内容的呈现可能会出现许多问题。对此，一方面，要加大主流价值观的基层宣传力度；另一方面，由于青年群体是短视频用户的最重要群体之一，内容生产的积极性、创意性相对较高，因此，要持续增进青年群体对于主流价值观的认同。第二，从生产动机的角度来看，UGC 的生产动机分为外部动机、内化动机与内部动机[①]。在移动短视频平台，内部动机是影响用户进行内容生产的核心因素，物质报酬是用户进行优质内容生产的主要动机。因此，要重视发挥利益驱动的作用，比如，可举办主流价值观话语短视频创作大赛，对形式新颖、生动有趣、对主流价值观内容实现较高承载的短视频作品进行物质奖励，以调动短视频用户创作优质主流价值观话语短视频的热情。然而，内化动机与内部动机也是重要的因素，因此，短视频用户对于主流价值观话语短视频的创作，必须充分结合自身的兴趣爱好、专长，以增强创作的创意性、品质性。

2. 强化推送方式：打造"算法推荐+人工把关"的推送方式

"算法推荐+人工把关"逐渐成为移动短视频平台的主要分发推送方式。主流价值观话语在移动短视频平台中的传播，离不开这一推送方式。首先，要充分利用算法推荐，增强主流价值观话语传播的用户黏性。第一，要持续优化智能算法，增强体现主流价值观话语内容的短视频推送的精确度。一是要提升用户洞察技术，增加优质主流价值观话语短视频资源

[①] 外部动机以物质报酬、利益回馈、解决问题为代表；内化动机以职业需求、工作需求、学习需求为代表；内部动机以兴趣与休闲需求、情感与归属需求为代表。

配比。例如，可充分与大数据爬虫挖掘、图像语音识别、人工智能等前沿技术深度融合，在现有算法的基础上增加推送内容的具体衡量指标，如内容有效性、用户满意度以及时效性等，抑或用算法计算出用户所处的各类关系圈对某个话题的平均热点，进而实现对用户需求全貌与重点更为精准的测度，以推动主流价值观话语短视频的精准分发与传播。二是探索研发"反偏好推荐""跨域推荐"，以应对"信息茧房""过滤气泡"等不良效应。算法推荐向受众提供个性化信息的同时，极易产生"信息茧房""过滤气泡"等不良效应，导致受众喜好固化、视野窄化的结局。主流价值观话语的大众传播，需要让广大民众全面把握其内容体系。受"信息茧房"和"过滤气泡"效应的影响，主流价值观话语内容推送主题极易固化，受众的理解极易窄化，长此以往，受众极易产生疲倦感，因此，要重视"反偏好推荐""跨域推荐"。"反偏好推荐"是一种逆向推荐策略，可以说是与主题相逆的策略。例如，倘若用户比较关注核心价值观国家层面话语的短视频，那么，"反偏好推荐"可尝试推送核心价值观公民层面话语的短视频，也可以是设问相逆，如推送"猜你不喜欢""猜你不感兴趣"等主流价值观话语短视频。"跨域推荐"，也是有效应对"信息茧房"的重要推荐方式。"跨域推荐"最好基于关联度的原则进行推荐。比如，如果用户对终极目标话语"人的自由而全面发展"较为关注，那么，"跨域推荐"可以基于此，适时推送与核心价值观层面中自由话语、民主话语、法治话语、和谐话语等关联度较高的跨层次话语的优质短视频。第二，要加强"人工把关"，增强主流价值观话语传播的有效性。算法毕竟是一种技术手段，它无法自觉地对信息的价值导向及隐藏在信息背后的内容真相做深入思考，因此，它难以有效防止对主流价值观话语内容相悖的低俗化、媚俗化、扭曲化解读的短视频传播，也难以对许多优质短视频进行自动置顶、加权与排序。所以，移动短视频平台必须要加强对人工编辑的内容的审核与把关，实现"人机联动"。一方面，在算法设计中要增加价值权重，依循内容为王的设计准则,提升优质主流价值观话语短视频推送比重以及优先级,力争使之登上热搜榜①;另一方面,要加大对曲解、丑化优质主流价值观话语短视频的不良言行的查处力度,限期整改甚至封禁。

3. 传播保障细化:打造"规制完善+监管有力"的传播保障体系

前文论及,移动短视频平台具有泛娱乐化等局限性,并且与主流价值观话语的大众传播构成矛盾。构建"规制完善+监管有力"的传播保障体系,是破除移动短视频平台与主流价值观话语大众传播之间矛盾的重要举措。对此,我们需要重视以下两大方面:

第一,健全移动短视频平台领域的规制。从发展历程来看,我国的移动短视频行业发展自2012年开始兴起,在前期的发展过程中,一直缺乏直接相关的行业法律法规,直至2019年1月,网络视听节目服务协会才专门针对移动短视频行业,出台《网络短视频平台管理规范》(以下简称《规范》)和《网络短视频内容审核标准细则》(以下简称《细则》)两部相关的法律法规。《规范》《细则》明确了开展短视频服务的网络平台运营以及短视频内容审核的具体标准,对改善移动短视频平台过于泛娱乐化、行业发展秩序发展不规范等问题,能够发挥积极作用,但从整个行业发展角度看,行业规制有必要进一步改进完善。笔者认为,一要建立党政宣传部门与短视频平台的直接对接制度,以便及时了解短视频行业的发展动态,对于"擦边球"行为及时做出应对之策;二要推动建立短视频平台行业法律法规的学习规范。当前,尽管出台了《规范》《细则》,但是短视频用户对《规范》《细则》的认知度、重视度高低不一,有必要通过相关制度建立学习规范,来全面提升用户对《规范》《细则》的熟悉度与遵循度;三

---

① 比如,对于抖音APP,可增加优质主流价值观话语短视频在"首页推荐榜"中的推荐数量与频率,未来如果优质短视频数量日益增大,制作者在全国各地也有较为广泛而又均匀的分布,也可尝试在"手机定位地推荐榜"中推送定位地用户制作的优质短视频。

要完善短视频行业用户实名制规范，可将短视频平台与社会诚信体系有机结合，对于违法违规的用户，可将相关记录纳入个人诚信系统，甚至可与个人工作、购房、贷款、交通出行等方面直接挂钩。

第二，加强移动短视频平台领域的监管。对传播保障而言，成熟、完善的规制是基础，对该领域行之有效的监管则是关键。对此，需要抓好两大着力点：一是加强移动短视频平台监管队伍建设。要加强对监管人员的业务培训，增强监管人员的责任担当意识，严格把关移动短视频运营平台创立、运营、奖惩等各个环节，做实监管全链条，用深入、精细的监管来构筑短视频的安全屏障。二是建立健全移动短视频网民举报监督与投诉受理的渠道。移动短视频行业发展迅猛，数量庞大，增速也较快，仅凭相关监管部门以及平台自身难以做到全面有效的监管，因此，有必要转变监管理念，对监督权力适当进行分割，可以发挥广大网民的力量，建立健全移动短视频网民举报监督与投诉受理的渠道。相关监管部门与平台自身可设立专门的举报电话、邮箱，并可辅之适当的举报奖励，及时受理、解决网民的投诉及建议。

4. 传播氛围浓化：打造"模范引领+大众推动"的浓郁传播氛围

传播氛围是指一定的传播活动在筹划准备、具体开展等环节实施过程中社会的主要气氛，它是影响传播效果的重要因素。有效的传播活动，必须营造一个良好的传播氛围。良好传播氛围的营造，关键在于把握好"人"的因素。"人"的因素是"在所有情境中有效传播的核心"[①]。推进主流价值观话语在移动短视频平台中有效传播，必须重视营造良好的传播氛围。对主流价值观话语在移动短视频平台中的传播氛围营造而言，"人"的因素把握，关键在于处理好"少数"与"多数"的关系。既要充分发挥"少数"的作用来影响"多数"，也要重视"多数"自身的力量，这里的

---

① ［美］茱莉亚·伍德. 生活中的传播 [M]. 董璐，译. 北京：北京大学出版社，2009：212.

第五章 当代中国主流价值观话语权建构的路径设计

"少数"与"多数"分别对应的是"模范"与"大众"。具体来说，需要打造"模范引领+大众推动"的浓郁的传播氛围。关于模范引领。模范是在一定历史时期内，社会一定行业、一定群体中涌现出的杰出代表。榜样性是模范人物一大重要特性。正如列宁所言，"模范工作是培养工作人员的园地，是可供仿效的榜样，有了榜样，仿效就会比较容易了"[1]。如果有众多模范人物参与主流价值观话语相关短视频的制作或传播，那么，显然是有利于带动大众关注相关短视频的，进而有利于推动主流价值观话语在移动短视频平台中良好传播氛围的生成。要想有效发挥引领作用，模范人物就要重视"职业本位"的原则，所谓"职业本位"，强调的是模范制作、传播的短视频，最好与自己从事的领域紧密关联，这样，才能增强相关短视频传播的说服力，进而促进大众持续而又深入地关注。比如，优秀的科学家，可以结合自己所从事的具体研究领域，谈谈对"敬业"价值观的理解，制作与传播相关短视频。关于大众推动，一方面，大众要积极提升媒介素养。媒介素养注重能力品质结构与知识水平等要素，一般而言，它包含媒介认知能力、媒介使用能力、媒介批判能力和媒介创造能力四个部分[2]。大众提升媒介素养，能增强对移动短视频中各种信息的辨别力，影响算法推荐对信息的筛选。主流价值观话语体现的是社会主义主流意识形态，围绕主流价值观话语制作的短视频具有显著的正能量价值。如果拥有较高的媒介素养，大众将更擅于发现主流价值观话语短视频的现实价值，增强对主流价值观话语的好感度与认同度，与此同时，也会有利于增强大众对各种扭曲、污蔑主流价值观话语的相关短视频的辨别能力，进而助力良好传播氛围的营造。另一方面，要发挥好大众群体的力量。根据主流价值观话语以及移动短视频平台的具体特点，发挥好大众群体的力量，从年

---

[1] 列宁专题文集：论社会主义 [M]. 北京：人民出版社，2009：231.
[2] 吕巧平. 媒介化生存——中国青年媒体素质研究 [M]. 北京：中国传媒大学出版社，2007：21.

193

龄维度看，要注重青年群体；从学历维度看，要关注高学历群体；从移动短视频平台自身维度看，要重视移动短视频生产中传播力较高的用户群体。相关部门也要积极出台相应政策，鼓励这些群体在日常生活中通过移动短视频平台加强对主流价值观话语的宣传。

六、强化点六：重视发挥流行歌曲对核心价值观层次话语传播的推动作用

流行歌曲是一种重要的文化传播载体。运用好这一载体对于推进核心价值观层次话语传播具有重要的作用。对此，需要做好以下三个方面：

第一，构建流行歌曲创作者与演唱者道德素养的提升机制。个体不断提升自身的道德素养是时代发展的需求，同时也是个体本身不断发展的基础。流行歌曲要想有效助力社会主义核心价值观话语传播，首先需要重视提升流行歌曲创作者与演唱者的自身素质。首先，需要增强责任意识与使命担当意识。流行歌曲作为一种重要的文艺形式，歌曲的创作者与演唱者必须要站稳人民立场，增强社会责任与使命意识，积极创作与人民心意相通、求真向善的人心作品。其次，要注重锤炼道德品格。德艺双馨应是所有文艺工作者的价值追求。习近平指出，文艺工作者"不仅要在文艺创作上追求卓越，而且要在思想道德修养上追求卓越，更应身体力行践行社会主义核心价值观，努力做到言为士则、行为世范"[①]。当下流行歌曲行业商业气息较浓，不少歌曲创作者与演唱者只关注商业利益，而忽视了自身荣誉以及作品的社会价值。对此，流行歌曲的创作者与演唱者要注重从中华优秀传统文化中汲取有益养分，提高道德修养，加强对拜金主义以及享乐主义的抵御力，以高尚的人格涵养优秀的作品。

第二，构建流行歌曲对于核心价值理念的深度融入机制。只有流行歌曲承载越来越多的核心价值理念，并实现深度承载，大众才能在欣赏歌曲

---

① 习近平．在文艺工作座谈会上的讲话［N］．人民日报，2015-10-15（1）．

的同时，不断增强对社会主义核心价值观的深度认知，增加积极践行的可能性。对此，需要把握好两大关系。首先，要把握好"统筹推进"与"重点突破"的关系。这里所言的"统筹推进"，是指流行歌曲对于核心价值理念的深度融入，要注重核心价值理念融入的全面性，具体来说，国家、社会、公民三大层面各自具体的价值理念，都要积极融入流行歌曲之中。社会主义核心价值观话语大众有效传播，注重大众对于核心价值理念认知与践行的全面性，具体而言，即要对三个层面的价值理念有全面认知与自觉践行性。基于这样的逻辑，流行歌曲对于核心价值理念的深入融入，理应重视"统筹推进"，使三大层面的价值理念都能在流行歌曲中得到承载。这里所言的"重点突破"，是指流行歌曲对于核心价值理念的深度融入，要善于思考极易适合流行歌曲承载的价值理念，通过"抓重点"，使一些承载深厚价值理念的流行歌曲得到广泛传播，形成榜样示范，发挥带动作用。根据流行歌曲的流行特性以及大众对现实关注的现状，笔者认为，要想核心价值理念有效融入流行歌曲，要重点抓好"富强""自由""爱国""友善"等价值理念的融入。其次，要把握好"显性融入"与"隐性融入"的关系。所谓"显性融入"，是指流行歌曲直接从歌曲内容或歌曲演唱方式就能直接感受到歌曲所承载的价值理念。比如，2008年北京奥运会的主题曲《北京欢迎你》，听众在收听这首歌曲的过程中，无论是从歌词还是从演唱方式来看，都能直接感受到歌曲所注重的"友善"价值观。"显性"融入，能够让大众直接感受到歌曲所承载的价值，具有较强的感官冲击力。然而，在网络时代，特别是青年群体，他们对于显性的灌输以及说教，往往缺乏兴趣，甚至有排斥心理。因此，核心价值理念对于流行歌曲的融入，也要重视隐性的方式。

第三，要想推动流行歌曲有效助推社会主义核心价值观话语传播，构建流行歌曲行业发展的有效监管与引导机制，是极为必要的。对此，需要抓好以下两大关键点：首先，要坚持"事后补救"与"事前预防"相结合，健全行业法律规制。当下，流行歌曲的网络传播已成为最主要的传播形式。目前，对于网络空间中的流行歌曲作品的监管，主要依据就是《互联网文化管理暂行规定》（以下简称《规定》）。而在该《规定》之中，对于网络歌曲作品的监管方式，也主要依赖"拉黑"的手段，并没有其他更为细化或者更严厉的惩戒规定。而"拉黑"的方式，偏重于"事后补救"。即便"拉黑"，相关的不良歌曲已在互联网上有了一定的传播规模，甚至已对不少听众形成了价值观方面的影响。因此，有必要健全流行音乐行业的法律规制，把"事后补救"与"事前预防"有机结合，出台流行音乐行业直接相关的法律法规。在法律法规制定方面，要适当提高准入门槛，并进一步强化网络主体以及流行歌曲制作主题的责任，明晰监管主体责任，进一步细化惩处机制。其次，要加强"专业乐评"队伍建设，引导大众提升流行歌曲审美情趣。流行歌曲的发展，离不开欣赏歌曲的引领者、歌曲表演的批评者。当前流行音乐圈充斥着大量不懂音乐只关注热点绯闻的娱乐记者。他们偏颇的舆论导向会直接影响大众对流行歌曲的审美认知，甚至会影响流行歌曲的发展走向，引上一条充斥快餐歌曲的病态之路。对此，要加强专业乐评的队伍建设，打造一批具有较高专业水准、音乐素养，善于引导又敢于批评以及尊重艺术的专业乐评团队，使专业乐评能够积极、有效发出声音，加强对体现核心价值理念优质流行歌曲的推荐，推动构建流行歌曲行业发展的良好生态环境。

七、强化点七：重视借助融入国家荣誉制度建设推动核心价值观层次话语传播

当下，党和政府极为重视核心价值观融入制度建设。国家荣誉制度建设是新时代中国特色社会主义制度建设的一大重要任务。笔者认为，借助融入国家荣誉制度建设推进核心价值观层次话语传播，是推动当代中国主流价值观话语有效传播一大重要突破口。

<<< 第五章 当代中国主流价值观话语权建构的路径设计

（一）根本价值导向充分体现：强化国家荣誉制度立法的人民取向

要想使社会主义核心价值观融入国家荣誉制度建设，必须促进荣誉制度立法强化人民取向，这样才能实现核心价值观与荣誉制度立法的融通互动。需要重视以下两个关键点。

1. 夯实国家荣誉制度立法人民取向强化的实现基础。一是要增强立法能力，减少立法实践偏离人民导向的发生概率。国家荣誉制度立法，按照内容来看，主要分为专门立法和相关规定。专门立法，法律位阶较低，是指专门针对某项荣誉的设立、授予、管理等问题制定的法律法规。相关规定，是指宪法、法律、法规中涉及荣誉问题的相关条款，其中最重要的是宪法中关于全国人大常委会职权的规定，这是建立国家荣誉制度和进行国家荣誉制度立法最权威的上位法依据[①]。宪法第六十七条规定，全国人大常委会行使下列职权：规定和决定授予国家的勋章和荣誉称号。可见，全国人大常委会是国家荣誉的主要设定和决定主体。而我国目前立法能力存在不足，因此，必须要提升立法能力。一方面，要适当推进人大常委的专职化、专业化建设。党的十八届四中全会就提出，要增加有法治实践经验的专职常委比例。依法建立健全专门委员会、工作委员会立法专家顾问制度[②]。推进人大常委的专职化、专业化建设，提升立法的科学化水平。另一方面，也要推进立法助理制度、加强立法智库建设，为立法提供专业化建议。二是要有效改变过于强调法律系统封闭性以及法律实证主义的惯有思维方式。要想使国家荣誉制度立法充分体现核心价值观价值导向，必须要加快促进德治与法治的有效融通，惯有思维方式必须要改变。一方面，中央要持续加强把社会主义核心价值观融入法治建设的顶层设计之中，发

[①] 吴江. 国家荣誉制度建设研究［M］. 北京：党建读物出版社，2017：157.
[②] 中共中央关于全面推进依法治国若干重大问题的决定［N］. 人民日报，2014-10-29.

197

挥政策导向作用；另一方面，学术界、理论界要加强核心价值观融入法治建设的深度学理论证，发挥重要报纸、相关学科核心刊物（特别是马克思主义理论、法学学科）的载体作用，刊登高质量的研究成果，并加强宣传推介。

2. 抓好国家荣誉制度立法人民取向强化的实施关键。一是要建立以社会主义核心价值观为标准的荣誉立法审查程序机制，既包括立法前指导审查，又包括立法后备案审查。审查的重点要聚焦于荣誉价值内容是否"合核心价值观性"，对于不符合核心价值观要求的荣誉项目必须坚决整改甚至撤销。二是要建立充分体现国家认同、社会认可与公民个人尊严彰显的国家荣誉法律体系。"以人民为中心"的核心价值观价值导向具有统摄性，涉及国家、社会、公民三个层面。国家荣誉制度立法要想始终坚持"以人民为中心"，就有必要有效协调好三个层面关系，实现国家认同、社会认可、公民个人尊严三者有机统一。对此，笔者认为，有必要制定出台统一的国家荣誉法、重视立法"实施法"的具体导向，强化立法的实效性。另外，在国家荣誉法的基础上，构建分层、分类别的国家荣誉管理的实施细则与办法。而在法律法规具体制定、出台的过程中，要重视吸纳社会组织、公众个人意见或建议。三是要强化对模范人物等国家荣誉获得者的法律保障。"以人民为中心"的价值导向，重视对人民权益的维护，这一价值导向要有效体现国家荣誉立法，其中一大重要要求就在于，要充分保障模范人物等国家荣誉获得者的荣誉。模范人物等国家荣誉获得者为国家做出了重大贡献，理应受到充分尊重。但是受西方历史虚无主义等思潮影响，近些年来，一些重要的国家荣誉获得者特别是英烈，名誉受到侵犯。对此，党和政府高度重视。2018年4月27日，中华人民共和国第十三届全国人民代表大会常务委员会第二次会议通过《中华人民共和国英雄烈士保护法》，为英烈的保护提供了有力的法律支持。2019年8月9日，《国务院关于修改〈烈士褒扬条例〉的决定》出台，明确将英雄烈士保护纳入党和国家功勋荣誉表彰制度体系，为英烈的进一步保护和英烈精神的宣传与弘扬发挥了重要的作用。国家荣誉获得者，其实涉及诸多领域。2019年9月，国家勋章和国家荣誉称号获得者涉及经济、社会、国防、外交、教育、科技、文化、卫生、体育等各领域。在当前复杂的意识形态格局之下，这些在军事领域之外的其他重要国家荣誉获得者的荣誉可能面临被侵犯的风险，因此，必须要强化对模范人物等国家荣誉获得者的法律保障，可以在《国家勋章和国家荣誉称号法》中进行修订补充，也可以考虑在未来制定的《国家荣誉法》中予以明确规定。

（二）基本价值理念深度融入：促进国家荣誉制度科学体系的有效形成

1. 要坚持平等、公正的价值观，建立分层化的国家荣誉内容体系。可考虑建立两大层次的国家荣誉内容体系：第一层次的国家荣誉，要实行最严格的择优评选标准，授予贡献极为突出、表现卓越的社会成员。第二层次的国家荣誉，要与第一层次的国家荣誉形成差异。第一层次的国家荣誉注重"群体整体"标准，第二层次的国家荣誉要立足"行业领域"标准，充分体现国家荣誉的公平性。在各行业做出重要贡献的所有成员，都有获得国家荣誉的机会。国家荣誉内部，也可考虑细化荣誉级别（特别是第二层次），更大程度发挥国家荣誉的激励作用。具体如下表：

国家荣誉内容体系分层设想表

荣誉层次	第一层次国家荣誉	第二层次国家荣誉
荣誉类别	泛科学	自然科学、人文社会科学
	泛政治	军事、外交、民族团结、祖国统一、公共安全与管理等
	泛经济	农业、工业、服务业、环境保护等
	泛文化	文学、宗教、新闻、影视、戏曲、美术、音乐等
	泛社会	教育、医卫、体育、社会治理与服务等

续表

荣誉层次	第一层次国家荣誉	第二层次国家荣誉
荣誉载体	勋章、荣誉称号	奖章、荣誉称号
荣誉子级	无	一级
		二级
		三级

2. 要坚持民主、公正的价值观，构建高效化的国家荣誉评选体系。第一，要坚持"公民本位"及"德业影响本位"原则。"公民本位"是政治学中一个重要概念，是指在社会治理中以公民为根本，将公民需求作为社会治理的着眼点，最大程度将实现公民利益作为社会治理价值目标。国家荣誉评选是国家荣誉制度具体实践的重要环节。习近平在党的十九大报告中强调，要"保证人民当家作主落实到国家政治生活和社会生活之中"[①]。国家荣誉评选语境中的"公民本位"，强调的是要充分保障评选对象权益，凡是对国家与社会做出重要贡献的社会成员都有获得国家荣誉评选的机会。"德能影响本位"，强调的是在评选过程中要注重考察评选对象的品德、贡献以及影响这三大要素。坚持"公民本位"以及"德业影响本位"相结合的原则，才能使评选摆脱传统"人治"思维的影响，它是"民主""公正"价值观融入国家荣誉评选体系的重要体现。第二，要把握好凡人善举与英模壮举的关系。国家荣誉，注重对先进典型的肯定，然而先进典型从其结构来看，其实是一个具有层次性的群体，各层次之间是共性与特性的有机统一。因此，国家荣誉制度体系构建，必须要把握这一特点。善举相对来说，具有易懂性、易学性以及易见性等特点，这一层次群体从人数构成来看占大多数。而英模是民族的脊梁，承担着政治、军事、文化、

---

① 习近平. 决胜全面建成小康社会 夺取新时代中国特色社会主义伟大胜利 [N]. 人民日报，2017-10-28.

<<< 第五章 当代中国主流价值观话语权建构的路径设计

经济等各领域模范诸多功能，正如毛泽东同志所指出的，他们起到了"带头作用""骨干作用""桥梁作用"，是"人民的领袖"①，理应获得至高的荣誉。所以，必须协调好这两大关系，使各层次群体的利益都得到实现与维护。第三，要把握好组织确认与群众公认的关系。组织确认与群众公认，是构成先进典型确认的两种基本方式，具有一致的价值目标，但具体操作的价值尺度存在差异性，组织确认更注重全面视角，基于分配平衡性、社会影响力等重要价值尺度，而群众公认主要基于先进典型事迹的感动度。从某种意义而言，群众公认其实是一种政治参与形式。美国学者阿斯廷曾提出划分为三个层次的八种公民参与模式的阶梯理论：第一层次为切实性政治参与，由高到低依次为"公民控制（Citizen Control）""代表权力（Delegated Power）""伙伴关系（Partnership）"；第二层次是象征性政治参与，依次分为"安抚（Placation）""咨询（Consultation）""告知（Informing）"；第三层次是"不参与"，包括"教化（Therapy）""操纵（Manipulation）"两个等级②。按照这一理论，群众公认是属于较高层次的政治参与。将组织确认与群众公认深度结合，是较为科学化的确认原则，能够有效解决先进典型确认过程中可能出现的观点冲突、利益冲突等问题，发挥合力作用。荣誉评选体现要对上述原则进行政策量化，同时也要充分考虑到两大层次国家荣誉内容体系的具体特点，制定相应具体的有切实可操作性的评选体系。特别是要构建多主体广泛参与的评选机制，可考虑给予有一定资质的个人、组织、团体以直接的评选推荐权。

3. 要坚持法治价值观，构建规范化的国家荣誉管理体系。法治的价值核心在于规则意识③，而管理制度则是规则意识的重要外显形式。国家荣

---

① 毛泽东选集：第 3 卷 [M]．北京：人民出版社，1991：1014，935.
② SHERRY R. ARNSTEIN, "A Ladder of Citizen Participation". Journal of American Institute of Planners, Vol. 35, No. 4, 1969.
③ 江必新．领导干部的法治思维与法治方式 [M]．北京：中国法制出版社，2014：34.

誉管理，需要具备鲜明的规则意识，实现规范化的程度。因此，国家荣誉管理制度体系的构建，必须要坚持法治价值观。我们需要把握以下两大关键点：第一，针对"谁来管理"的问题，要构建有序的国家荣誉管理与评审组织架构，比如，可在全国人大常委会设立典礼局负责国家荣誉项目的设立、审批与审核工作，国务院和中央军委分别设立荣誉委员会，分别统管非军事领域、军事领域国家荣誉事务。第二，针对"如何管理"的问题，可由上述建议设立的典礼局负责所有国家荣誉项目的设立以及第一层次国家荣誉获得者的审查、评选与监督；国务院和中央军委荣誉会分别负责第二层次国家荣誉获得者的审查、评选与监督。对于具体监督之类的问题，有必要健全包括公示制（信息披露制）、异议制、回避制和处罚撤销在内的监督机制。

第五节 重视对当代中国主流价值观话语效果的评价

通过对话语效果的评价，能够促使相关的话语主体及时、有效地调整话语内容和言说方式，从而进一步提升传播效率。

一、选择适宜的评价主体

评价主体是指在当代中国主流价值观话语效果的评价活动中，主导以及参与的相关组织和个人，主要解决"由谁评价"的问题。当代中国主流价值观话语效果的评价主体既可以是现实中的个体，又可以是相关的集体、团体，因此，当代中国主流价值观话语效果的评价主体是多元化的。概括而言，评价主体可以具体划分为三类：党和政府的相关部门、权威的评价机构和组织以及普通民众。其中由相关的政府部门以及权威的评价机构和组织进行的评价活动归为权威评价活动；普通民众进行的评价活动可以归为民众评价活动。当代中国主流价值观话语效果的评价必须要将权威评价活动与民众评价活动相结合。

权威评价活动，可以概括为社会群体以"有机"的方式来表达其利益、意志和看法的评价活动。这里的社会群体主要指政府及相关的权威机构或组织。"有机"主要强调的是社会群体主体在评价过程中表现的现实自觉性。权威机构所得出的评价结果往往有比较高的效力，可以充分反映社会群体的意志，并对之具有很强的约束力。此外，权威评价活动往往是有计划、系统性、科学化的评价活动，因此，话语效果的评价结果有较高的准确性，这对话语效果的评价来说是极为重要的。

各级党员和领导干部作为当代中国主流价值观最重要的话语主体，话语效果评价在很大程度上是评价各级党员和领导干部的话语言说效果。因此，在话语效果的评价中，相关党政部门开展话语效果的权威评价活动是必不可少的一个环节。权威评价活动所做出的评价结果，能够促使党员、领导干部这些话语主体及时调整话语内容和话语言说方式，努力提升话语言说效率。此外，相关的理论工作者也是当代中国主流价值观的重要话语主体，这些话语主体依托的高等院校、科研院所拥有较为丰富的研究资源，相关研究人员对主流价值观有着较为深入的研究，因此，这些科研机构和组织具备进行相关评价的基础。通过分析相关评价的数据，总结评价结果，能够促进相关的理论工作者不断改进自己的宣讲内容以及宣讲方式，也能够为党和政府的相关部门建言献策，推进当代中国主流价值观话语权建设。

然而，由于广大民众是当代中国主流价值观最基本的话语主体，话语效果的评价自然也就离不开广大民众的参与。民众参与话语效果的评价过程也是一种自我话语反思的过程。另外，从社会评价活动本身的角度来看，民众评价活动与权威评价活动都是社会评价活动的重要形式。一般来说，一个群体尤其是比较大的群体的社会评价活动总是既以权威机构评价活动的形式又以民众评价活动的形式来表现其意志。① 当代中国主流价值观话语效果的评价活动，本身就是一种大型的评价活动，缺少民众评价活动这一形式就难以做出全面评价。民众评价活动，是指社会群体以"无机"的方式来表达、反映他们的利益、意志的评价活动。显然这里的社会群体指的是人民群众。"无机"表现为某种自发的属性。人民群众是由众多个体构成的，而每个个体往往会有不同的利益及需求，往往会对比较关注的话题、事件发表评论、意见，尤其在当今新媒体逐渐兴起的时代。但是民众评价活动往往是一种偏非理性、自发性的活动。尽管有自发性、非理性等特征，但是对主流价值观话语效果的评价而言，还是有值得借鉴之处。自发性、非理性从另一角度来看，是注重更多的感性、随机性。民众一些本能、直观的感受与评价，尤其在话语内容择取、话语言说方式方面，往往会有重大的启发意义。

总之，出于对当代中国主流价值观话语主体的复杂性、多元性以及社会评价活动本身的考虑，话语效果的评价必须要将权威评价活动与民众评价活动结合。只有这样，才能使话语效果的评价更加科学化、全面化、精准化。

二、建立客观的评价标准

评价标准是指人们在进行相关的评价活动中作用于对象的价值尺度及标准。评价标准问题是评价活动的关键问题，是人们价值认识的反映。它体现出人们重视什么、忽视什么、力求实现什么。要想对话语效果建立客观的评价标准，可以从话语传播者和传播受众两个维度来看：

首先，从话语传播者的维度看，客观的评价标准是看当代中国主流价值观话语是否达到了话语主体最初设定的相关目标。

---

① 陈新汉. 论社会评价活动的两种现实形式 [J]. 天津社会科学，2003（1）：46.

第五章 当代中国主流价值观话语权建构的路径设计

当代中国主流价值观话语主体由于具有多层次性，那么，话语的传播者也必然具有多层次性，在这其中，党和政府是主流价值观话语的最重要传播者。当代中国主流价值观话语由于是复合型的话语模式，而基本价值观话语又是与普通民众关系最为紧密的话语，因此，对话语效果的评价来说，必须要全面地分析。具体来说，我们必须要从政治、经济、文化、社会、生态等各领域来看主流价值观话语的传播效果。只有全面地分析各领域主流价值观话语的传播效果状况，才能对当代中国主流价值观话语效果产生一种科学、完整的评价。例如，在政治领域，由于当代中国主流价值观话语的建构离不开马克思主义指导思想，因此，在进行话语效果评价时，在国内，可以把马克思主义指导思想在社会上传播的广度与深度作为重要的参考指标。假如马克思主义指导思想在国内社会上的认可度并没有显著地增强，那么，当代中国主流价值观话语传播的效果是难以提高的。此外，由于当代中国主流价值观倡导"民主""平等""自由""法治"的价值观，因此，评价话语效果好坏还需要看中国共产党执政能力是否得到明显提升、社会主义民主是否显著发展、依法治国的伟大实践是否深入推进等具体指标。

其次，从话语传播受众的维度看，客观的评价标准是看当代中国主流价值观话语是否在"量"与"质"两大方面都取得了良好的效果。"量"强调的是当代中国主流价值观话语在数量意义上为传播受众所接受的程度。对任何事物的传播来说，受到庞大数量受众的接受与认可是衡量传播效果好坏的重要标准，对主流价值观话语的传播而言，自然也不例外。当代中国主流价值观话语的传播倘若覆盖了不同的阶层、地区、民族，并为众多涉及不同年龄层、受教育程度不一的人群所接受，这样的话语传播必然是呈现良好效果的。"质"强调的是当代中国主流价值观话语在质量意义上为传播受众所接受的程度。由于受众在思维方式、受教育水平、生活环境等各方面存在差异性，因此，当代中国主流价值观话语在受众中的接受程度是不同的。要想衡量主流价值观话语效果，对于不同的受众群体应当采取不同的评价标准。一般而言，对于受教育水平较高的受众群体要采取较高的评价标准，建立相应的评价体系。具体来说，就要评价这类群体对主流价值观话语是否增强了理性认知，对话语背后蕴含的意义是否有了深入认识，是否自觉践行了话语的相关理念。对于受教育水平较低的受众群体，主要衡量这类受众群体对于基本价值观话语是否有一定的正确认识与理解。评价标准要紧密联系日常生活。基于"量"和"质"两大方面的考虑，要想对主流价值观话语有客观的评价标准，必须要建立定量分析和定性分析相结合的评价体系。

结　语

建构当代中国主流价值观话语权是当今时代提出的重要战略任务。在当今时代，尽管以美国为首的西方发达国家掌控着话语霸权，但是由于当代中国主流价值观具有科学性、价值性等价值特性，具备与西方"普世价值观"相比的比较优势。中国特色社会主义要想进一步发展，需要高度重视文化建设，尤其是当代中国主流意识形态以及价值观话语权建设。建构当代中国主流价值观话语权是现实所需，同时也是中国特色社会主义发展的必然要求。

对当代中国主流价值观话语权建构而言，无论是马克思恩格斯、列宁以及斯大林等马克思主义经典作家，还是中国共产党人都具有丰富的主流价值观话语权思想。马克思恩格斯在意识形态及相关领域的思想观点内蕴着主流价值观话语权的思想。列宁、斯大林既继承了马克思恩格斯的相关思想，同时又从本国国情出发，进一步丰富了主流价值观话语权思想。中国共产党几代领导人在社会主义建设与改革过程中，也不断地深化了对主流价值观话语权的认识，提出了许多丰富的思想。通过梳理总结马克思主义经典作家以及中国共产党人的相关思想，可以看出其内在的一脉相承特性是极为明显的。无论是马克思主义经典作家还是中国共产党人都极为重视话语的传播，而且对话语传播的手段以及平台择取与运用的认识有逐渐强化之势。马克思主义经典作家以及中国共产党人也都较为重视话语言说方式的问题。对中国共产党人主流价值观话语权思想而言，尤其重视马克思主义的原则、观点和立场，对主流价值观话语权的物质基础建设极为看重。当然，由于时代形势不同，马克思主义经典作家以及中国共产党人对于主流价值观话语权的基本思想也存在不同的地方，准确而言在于侧重点不同。但是不管怎样，他们的思想都是当代中国主流价值观话语权建构的重要思想资源。

  本书对当代中国主流价值观话语权的建构，提出要依循"坚持理论"与"立足实践"相结合、"传承弘扬"与"创新重塑"相结合、"吸收借鉴"与"批判超越"相结合等原则，并从话语权的内在构成要素出发来加以建构，这是一种视角。对当代中国主流价值观话语权的建构而言，还有更加深入以及具体的工作亟待进行，比如，要汲取主流价值观话语权建构的域外经验，也要总结中国古代主流价值观话语权建构的相关经验，对于主流价值观话语权建构的路径方法也需要进一步探索。

主要参考文献

一、中文著作

[1] 马克思恩格斯选集（1—4卷）[M]. 北京：人民出版社，1995.

[2] 马克思恩格斯文集（1—9卷）[M]. 北京：人民出版社，2009.

[3] 马克思恩格斯全集：第1卷 [M]. 北京：人民出版社，1956.

[4] 马克思恩格斯全集：第2卷 [M]. 北京：人民出版社，1957.

[5] 马克思恩格斯全集：第4卷 [M]. 北京：人民出版社，1958.

[6] 马克思恩格斯全集：第19卷 [M]. 北京：人民出版社，1963.

[7] 马克思恩格斯全集：第22卷 [M]. 北京：人民出版社，1965.

[8] 马克思恩格斯全集：第26卷 [M]. 北京：人民出版社，1972.

[9] 马克思恩格斯全集：第46卷（上）[M]. 北京：人民出版社，1979.

[10] 马克思恩格斯全集：第46卷（下）[M]. 北京：人民出版社，1980.

[11] 马克思. 1844年经济学哲学手稿 [M] 北京：人民出版社，1985.

[12] 列宁选集（1—4卷）[M]. 北京：人民出版社，1995.

[13] 列宁全集：第1卷 [M]. 北京：人民出版社，1984.

[14] 列宁全集：第4卷 [M]. 北京：人民出版社，1984.

[15] 列宁全集：第6卷 [M]. 北京：人民出版社，1959.

[16] 列宁全集：第5卷 [M]. 北京：人民出版社，1986.

[17] 列宁全集：第 14 卷 [M]. 北京：人民出版社，1988.

[18] 列宁全集：第 34 卷 [M]. 北京：人民出版社，1985.

[19] 列宁全集：第 35 卷 [M]. 北京：人民出版社，1985.

[20] 列宁全集：第 36 卷 [M]. 北京：人民出版社，1959.

[21] 列宁全集：第 38 卷 [M]. 北京：人民出版社，1986.

[22] 列宁全集：第 40 卷 [M]. 北京：人民出版社，1986.

[23] 列宁全集：第 41 卷 [M]. 北京：人民出版社，1986.

[24] 列宁全集：第 42 卷 [M]. 北京：人民出版社，1987.

[25] 列宁全集：第 43 卷 [M]. 北京：人民出版社，1987.

[26] 列宁全集：第 44 卷 [M]. 北京：人民出版社，1990.

[27] 列宁全集：第 48 卷 [M]. 北京：人民出版社，1987.

[28] 列宁全集：第 49 卷 [M]. 北京：人民出版社，1988.

[29] 列宁专题文集·论社会主义 [M]. 北京：人民出版社，2009.

[30] 斯大林选集（上、下卷）[M]. 北京：人民出版社，1979.

[31] 斯大林全集：第 3 卷 [M]. 北京：人民出版社，1956.

[32] 斯大林全集：第 5 卷 [M]. 北京：人民出版社，1957.

[33] 斯大林全集：第 6 卷 [M]. 北京：人民出版社，1956.

[34] 斯大林全集：第 7 卷 [M]. 北京：人民出版社，1958.

[35] 斯大林全集：第 12 卷 [M]. 北京：人民出版社，1955.

[36] 斯大林全集：第 13 卷 [M]. 北京：人民出版社，1956.

[37] 斯大林文选 [M]. 北京：人民出版社，1978.

[38] 斯大林文集（1934—1952）[M]. 北京：人民出版社，1958.

[39] 列宁斯大林论青年的共产主义道德教育 [M]. 北京：人民出版社，1954.

[40] 马克思恩格斯列宁斯大林论青年 [M]. 北京：人民出版社，1980.

[41] 毛泽东选集（1—4 卷）[M]. 北京：人民出版社，1991.

[42] 毛泽东文集：第 3 卷 [M]. 北京：人民出版社，1999.

[43] 毛泽东文集：第 6 卷 [M]. 北京：人民出版社，1999.

［44］毛泽东文集：第 7 卷［M］．北京：人民出版社，1999．

［45］中共中央文献研究室．建国以来毛泽东文稿：第 6 册［M］．北京：中央文献出版社，1992．

［46］中共中央文献研究室．建国以来毛泽东文稿：第 10 册［M］．北京：中央文献出版社，1992．

［47］毛泽东新闻工作文选［M］．北京：新华出版社，1983．

［48］邓小平文选（1—3 卷）［M］．北京：人民出版社，1993．

［49］邓小平年谱：下卷［M］．北京：中央文献出版社，2004．

［50］邓小平文集：1949-1974（中卷）［M］．北京：人民出版社，2014．

［51］江泽民文选（1—3 卷）［M］．北京：人民出版社，2006．

［52］胡锦涛文选（1—3 卷）［M］．北京：人民出版社，2016．

［53］习近平．习近平谈治国理政［M］．北京：外文出版社，2014．

［54］习近平．习近平关于全面深化改革论述摘编［M］．北京：中央文献出版社，2014．

［55］习近平．习近平关于协调推进"四个全面"战略布局论述摘编［M］．北京：中央文献出版社，2015．

［56］习近平．习近平总书记系列重要讲话读本［M］．北京：学习出版社，人民出版社，2014．

［57］中共中央文献研究室．十四大以来重要文献选编（下）［M］．北京：中央文献出版社，1999．

［58］中共中央文献研究室．十八大以来重要文献选编（上）［M］．北京：中央文献出版社，2014．

［59］李德顺．价值论［M］．北京：中国人民大学出版社，2007．

［60］［英］戴维·克里斯特尔．现代语言学词典［M］．沈家煊，译．北京：商务印书馆，2000．

［61］王治柯．福柯［M］．长沙：湖南教育出版社，1991．

［62］［法］福柯．权力的眼睛［M］．严锋，译．上海：上海人民出版社，1997．

［63］刘佩弦．马克思主义与当代词典［M］．北京：中国人民大学出版社，1998．

［64］朱兆中．中国社会主义意识形态建设纵论［M］．上海：上海人民出版社，2003．

［65］俞吾金．意识形态论［M］．上海：上海人民出版社，1993．

［66］朱兆中．当代中国的价值追求［M］．上海：上海人民出版社，2012．

［67］聂立清．我国当代主流意识形态认同研究［M］．北京：人民出版社，2010．

［68］陈力丹．精神交往论——马克思恩格斯的传播观［M］．北京：中国人民大学出版社，2008．

［69］李长久．中美关系二百年［M］．北京：新华出版社，1984．

［70］辛灿．西方政界要人谈和平演变［M］．北京：新华出版社，1989．

［71］胡绳．中国共产党的七十年［M］．北京：中共党史出版社，1991．

［72］薄一波．若干重大决策与事件的回顾（上卷）［M］．北京：中共中央党校出版社，1993．

［73］陈新汉．警惕核心价值体系"边缘化危机"［M］．北京：社会科学文献出版社，2011．

［74］方爱东．社会主义核心价值观研究［M］．合肥：中国科学技术大学出版社，2013．

［75］［法］福柯．必须保卫社会［M］．上海：上海人民出版社，2010．

［76］［美］乔万尼·萨托利．民主新论［M］．冯克利，阎克文，译．上海：上海人民出版社，2009．

［77］张骥．中国文化安全与意识形态战略［M］．北京：人民出版社，2010．

［78］［美］托马斯·沙兹．旧好莱坞/新好莱坞：仪式、艺术与工业［M］．周传基，周欢，译．北京：中国广播电视出版社，1992．

［79］［美］弗朗西斯·福山．历史的终结及最后的人［M］．黄胜强，

许铭原,译.北京:中国社会科学出版社,2003.

[80] [英] 特里·伊格尔顿.马克思为什么是对的 [M].李杨,任文科,郑义,译.北京:新星出版社,2011.

[81] 李培林.2014年中国社会形势分析与预测 [M].北京:社会科学文献出版社,2013.

[82] 李成.中产中国——超越经济转型的新兴中国中产阶级 [M].许效礼,王祥钢,译.上海:上海译文出版社,2013.

[83] 梅荣政.用马克思主义引领社会思潮 [M].武汉:武汉大学出版社,2008.

[84] 李金和.当代中国核心价值体系建设的理论与实践 [M].北京:知识产权出版社,2012.

[85] [美] 塞缪尔·亨廷顿.文明的冲突与世界秩序的重建 [M].周琪,等译.北京:新华出版社,2002.

[86] 袁贵仁.价值观的理论与实践——价值观若干问题的思考 [M].北京:北京师范大学出版社,2006.

[87] [美] 塞缪尔·亨廷顿,劳伦斯·哈里森.文化的重要作用——价值观如何影响人类进步 [M].程克雄,译.北京:新华出版社,2010.

[88] 赵洪恩.中国传统文化通论 [M].北京:人民出版社,2003.

[89] [德] 哈贝马斯.交往与社会进化 [M].张博树,译.重庆:重庆出版社,1989.

[90] 刘伟胜.文化霸权概论 [M].石家庄:河北人民出版社,2002.

[91] [美] 约瑟夫·奈.软力量——世界政坛成功之道 [M].吴晓辉,等译.北京:东方出版社,2005.

[92] [德] 康德.逻辑学讲义 [M].许景行,译.北京:商务印书馆,1991.

[93] [德] 海森伯.物理学家的自然观 [M].吴忠,译.北京:商务印书馆,1990.

[94] [法] 托克维尔.论美国的民主 [M].董果良,译.北京:商

务印书馆，1991.

[95] 黄传新. 社会主义意识形态的吸引力和凝聚力研究［M］. 北京：学习出版社，2012.

[96] 肖前，黄楠森，陈宴清. 马克思主义哲学原理［M］. 北京：中国人民大学出版社，1998.

[97] 王巍，牛美丽. 公民参与［M］. 北京：中国人民大学出版社，2009.

[98] 侯惠勤. 马克思主义的意识形态批判与当代中国［M］. 北京：中国社会科学出版社，2010.

[99] 孙立平. 转型与断裂：改革以来中国社会结构的变迁［M］. 北京：清华大学出版社，2004.

[100][瑞士] 索绪尔. 普通语言学教程［M］. 高名凯，译. 北京：商务印书馆，1996.

[101] 戴木才. 现代政治视域中的"法治"与"德治"［M］. 济南：山东人民出版社，2007.

[102][美] 道格拉斯·C. 诺思：经济史中的结构与变迁［M］. 陈郁，等译. 上海：上海人民出版社，1994.

[103][美] 梅里亚姆. 美国政治思想［M］. 朱文泽，译. 北京：商务印书馆，1984.

[104] 刘小枫. 沉重的肉身［M］. 北京：华夏出版社，2007.

[105][俄] 巴赫金. 诗学与访谈［M］. 白春仁，等译. 石家庄：河北教育出版社，1998.

[106][德] 伽达默尔. 诠释学Ⅱ：真理与方法［M］. 洪汉鼎，译. 北京：商务印书馆，2010.

[107][美] 阿尔温·托夫勒. 权力的转移［M］. 吴迎春，等译. 北京：中共中央党校出版社，1991.

[108][日] 渡边靖. 美国文化中心：美国的国际文化战略［M］. 金琮轩，译. 北京：商务印书馆，2013.

[109] 季羡林. 季羡林谈东西方文化（典藏本）[M]. 北京：当代中国出版社，2015.

[110] [德] 黑格尔. 法哲学原理 [M]. 北京：商务印书馆，1982.

[111] 杨立英，曾盛聪. 全球化、网络化境遇与社会主义意识形态建设研究 [M]. 北京：人民出版社，2007.

[112] 王伟光. 中国社会价值观变迁30年 [M]. 北京：中国社会科学出版社，2008.

[113] 陈章龙. 论主导价值观 [M]. 南京：江苏人民出版社，2005.

[114] 李斌雄. 中国共产党的价值观研究 [M]. 北京：中国社会科学出版社，2003.

[115] 石云霞. 当代中国价值观论纲 [M]. 武汉：武汉大学出版社，1996.

[116] 兰久富. 社会转型时期的价值观念 [M]. 北京：北京师范大学出版社，1999.

[117] 戴木才. 培育和践行社会主义核心价值观学习读本 [M]. 北京：中共中央党校出版社，2014.

[118] 吴猛. 福柯话语理论探要 [M]. 北京：九州出版社，2010.

[119] 杨国荣. 善的历程 [M]. 上海：上海人民出版社，1994.

[120] 陈开举. 话语权的文化学研究 [M]. 广州：中山大学出版社，2012.

[121] 刘学义. 话语权转移：转型时期媒体言论话语权实践的社会路径分析 [M]. 北京：中国传媒大学出版社，2008.

[122] 张国庆. 话语权：美国为什么总是赢得主动 [M]. 南京：江苏人民出版社，2011.

[123] 亚里士多德. 政治学 [M]. 北京：商务印书馆，1965.

[124] 潘维，玛雅. 聚焦当代中国价值观 [M]. 北京：三联书店，2008.

[125] 赵馥洁. 价值的历程——中国传统价值观的历史演变 [M]. 北

京：中国社会科学出版社，2006.

［126］韩震．重建理想主义信念［M］．北京：北京出版社，1998.

［127］李德顺．邓小平人民主体价值观思想研究［M］．北京：北京出版社，2004.

［128］吴向东．重构现代性——当代社会主义价值观研究［M］．北京：北京师范大学出版社，2006.

［129］陈章龙，周莉．价值观研究［M］．南京：南京师范大学出版社，2004.

［130］玛雅．美国的逻辑——意识形态与内政外交［M］．北京：中国经济出版社，2011.

［131］季明．核心价值观概论［M］．北京：人民日报出版社，2013.

［132］陈来．中华文明的核心价值——国学流变与传统价值观［M］．北京：三联书店，2015.

［133］郭建宁．社会主义核心价值观基本内容释义［M］．北京：人民出版社，2014.

［134］周文华．美国核心价值观建设及启示［M］．北京：知识产权出版社，2014.

［135］陈锡喜．马克思主义：意识形态和话语体系［M］．上海：华东师范大学出版社，2011.

［136］［美］约瑟夫·奈．软实力［M］．马娟娟，译．北京：中信出版社，2013.

［137］王永贵．经济全球化与我国主流意识形态建设研究［M］．北京：人民出版社，2010.

［138］康有为．中庸注［M］．北京：中华书局，1987.

［139］俞可平．敬畏民意——中国的民族治理与政治改革［M］．北京：中央编译出版社，2012.

二、外文著作

[1] B. JOHN THOMPSON. Studies in Theory of Ideology [M]. Cambridge：Polity Press，1984.

[2] BRUCE STERLING. Zeitgeist. [M]. New York：Spectra，2001.

[3] TZMTEAM. The Zeitgeist Movement Defined：Realizing a New Train of Thought. [M]. New York：Create Space，2014.

[4] GIANNI, VNATTINO. The End of Monernity [M]. London：Polity Press，1988.

[5] TERRYEAGLETON, Ideology：An Introduction [M]. London：Verso，1991.

[6] ROBERT SMYTHE HICHENS. The Spirit of the Time. [M]. New York：Na bu Press，2010.

[7] M. HARRINGTON. Socialism：Past and Future [M]. Penguin Books Ltd，1990.

[8] ALBERT. V. DECEY. PRAEGER. Inturoduction to the Study of the Law of the Constitution（1985）[M]. Clarendon Press. 1960.

[9] JOSEPH RAZZ. The Authority of Law [M]. Clarendon Press，1979.

三、论文

[1] 赵可金. 习近平访美："中国梦"对话"美国梦"[J]. 人民论坛，2015（28）.

[2] 孙正好，何青. 大众媒介对弱势群体的话语霸权现象探析：一种葛兰西霸权理论的视角 [J]. 东南传播，2011（8）.

[3] 侯惠勤. 意识形态的变革与话语权——再论马克思主义在当代的话语权 [J]. 马克思主义研究，2006（1）.

[4] 刘旭青. 当代中国主流意识形态话语权面临的挑战及其建构 [J]. 西安政治学院学报（社会科学版），2014（4）.

[5]［美］阿里夫·德里克.马克思主义在西方的新发展［J］.马克思主义与现实,2004(5).

[6]徐铁光.西方的网络强势话语权与国际网络争议［J］.湖南科技大学学报(社会科学版),2011(5).

[7]杜雁芸,刘杨钺.中美网络空间的博弈与竞争［J］.国防科技,2014(6).

[8]高峻,等.意识形态建设直面网络化［J］.瞭望,2014(25).

[9]余丽.论制网权:互联网作用于国际政治的新型国家权力［J］.郑州大学学报(哲学社会科学版),2012(4).

[10]杜艳芸.美国网络霸权实现的路径分析［J］.太平洋学报,2016(2).

[11]林伯海,张改凤.网络话语权争夺:意识形态的网络攻防战［J］.思想理论教育,2015(7).

[12]张力,张洁.互联网的发展对国际关系的影响［J］.现代国际关系,2000(11).

[13]王春光.快速转型时期的利益分化与社会矛盾［J］.江苏社会科学,2007(2).

[14]吴忠民.改革开放以来中国精英群体的演进及问题(上)［J］.文史哲,2008(3).

[15]张世保."大陆新儒家"与马克思主义关系探论［J］.马克思主义研究,2008(6).

[16]赵玲.消费维度中的西方意识形态影响与批判［J］.政治学研究,2011(9).

[17]方爱东.斯大林社会主义价值观探析［J］.社会主义研究,2009(6).

[18]张娜.培育社会主义核心价值观的多元文化路径［J］.思想理论教育,2013(7).

[19]刘勇,方爱东.当代中国主流价值观话语权建构的四个维度

[J]. 学术论坛, 2016 (6).

[20] 吴永刚. 论当代中国主流价值观话语权建构 [J]. 宁夏社会科学, 2016 (1).

[21] 邹广文. 当代中国大众文化及其生成背景 [J]. 清华大学学报 (哲学社会科学版), 2001 (2).

[22] 张洪忠. 社交媒体的关系重构: 从社会属性传播到价值观传播 [J]. 教育传媒研究, 2016 (3).

[23] 朱琳. 社会主义核心价值观的传播效果及有效传播策略分析 [J]. 思想理论教育导刊, 2015 (11).

[24] 方爱东. 提升社会主义核心价值观国际影响力的思考 [J]. 理论建设, 2014 (1).

[25] 骆郁廷. 文化软实力: 基于中国实践的话语创新 [J]. 中国社会科学, 2013 (1).

[26] 李宏宇. 文化软实力的特征和外在形态 [J]. 学习与探索, 2011 (2).

[27] 刘笑盈. 关于构建中国话语体系的思考 [J]. 对外传播, 2013 (6).

[28] 张曙光. "信仰"之思 [J]. 学术研究, 2000 (12).

[29] 陈学明. 做马克思主义的忠实信仰者 [J]. 马克思主义研究, 2006 (12).

[30] 李永胜. 关注马克思主义价值观研究 [J]. 天府新论, 2011 (5).

[31] 谭培文. 加强基于中国实践的中国话语权建设 [J]. 思想理论教育, 2015 (3).

[32] 江畅, 张景. 当代中国价值观源流探析 [J]. 山东社会科学, 2015 (2).

[33] 陈正良, 胡舟霞, 李雪. 论中国核心价值观凝练构建与提升国际话语权 [J]. 宁波大学学报 (人文科学版), 2013 (5).

[34] 陈勇. 信任：政府公共政策制定与公众参与之间的纽带 [J]. 湖北民族学院学报（哲学社会科学版），2007 (6).

[35] 韩震. 积极培育社会主义核心价值观 [J]. 理论视野，2013 (1).

[36] 吴学琴. 日常生活的意识形态矩阵分析 [J]. 安徽大学学报（哲学社会科学版），2012 (1).

[37] 侯惠勤. 新中国主流意识形态建设的基本经验 [J]. 思想理论教育导刊，2009 (9).

[38] 邵燕君. 宏大叙事解体后如何进行宏大的叙事？——今年长篇创作的史诗化及其追求 [J]. 南方文坛，2006 (6).

[39] 董雅华. 论主流意识形态的有效传播：模式转换与策略选择 [J]. 毛泽东邓小平理论研究，2016 (2).

[40] 潘涌. 提升中国文化软实力的路径选择：培育活力话语 [J]. 南京社会科学，2014 (6).

[41] 韩震. 对外话语传播中的话语创新 [J]. 中国特色社会主义研究，2016 (1).

[42] 韩震. 面向人类社会的理想规范——论培育和践行社会主义核心价值观 [J]. 中国特色社会主义研究，2013 (5).

[43] 胡银银. 改革开放以来我国意识形态话语权的整体变迁 [J]. 甘肃理论学刊，2014 (11).

[44] 潘西华. "中国梦"与"中国模式"概念背后的话语权比较 [J]. 人民论坛，2015 (11).

[45] 崔守军. 中国国际传播的逻辑困境与模式转换 [J]. 国际展望，2010 (6).

[46] 卫志民，陈璐. 提升海外中国文化中心的传播能力 [J]. 红旗文稿，2015 (4).

[47] 刘学蔚，郭熙煌. 我国对外文化传播的现状与困境 [J]. 湖北大学学报（哲学社会科学版），2016 (3).

[48] 茅晓嵩. 英国文化协会 [J]. 国际资料信息, 2005 (8).

[49] 刘海军. 浅论美国文化霸权 [J]. 国际关系学院学报, 2001 (2).

[50] 陈新汉. 论社会评价活动的两种现实形式 [J]. 天津社会科学, 2003 (1).

[51] 裴学进. 论主导价值观和主流价值观及其转化 [J]. 求实, 2016 (11).

[52] 王建立. 主导价值观与主流价值观关系探究 [J]. 洛阳师范学院学报, 2013 (10).

[53] 翟杉. 微电影对弘扬主流价值观的作用研究 [J]. 新闻知识, 2012 (7).

[54] 杜淦焱. 主流价值观的创新传播方式——浅析娱乐节目在传播主流价值观中的作用 [J]. 新闻界, 2011 (5).

[55] 杜晓杰. 国产动画片与主流价值观的关联 [J]. 重庆社会科学, 2014 (7).

[56] 陈国富, 余达淮. 略论当代中国价值观 [J]. 探索, 2015 (4).

[57] 江畅. 论当代中国价值观构建 [J]. 马克思主义与现实, 2014 (4).

[58] 骆萍, 孔庆茵. 当代中国价值观: 内涵、意义与传播策略 [J]. 探索, 2015 (4).

[59] 刘民主, 冯颜利. 当代中国价值观的内涵探讨 [J]. 探索, 2016 (1).

[60] 江畅, 蔡梦雪. "当代中国价值观"概念的提出、内涵与意义 [J]. 湖北大学学报 (哲学社会科学版), 2016 (4).

[61] 冯广艺. 论话语权 [J]. 福建师范大学学报 (社会科学版), 2008 (4).

[62] 莫勇波. 论话语权的政治意涵 [J]. 中共中央党校学报, 2008 (4).

[63] 张健. 话语权的解释框架及公民社会中的话语表达 [J]. 湖南行政学院学报, 2008 (5).

[64] 毛跃. 论社会主义核心价值观的国际话语权 [J]. 浙江社会科学, 2013 (7).

[65] 苏阳. 全球化时代社会主义核心价值观话语权探析 [J]. 河南师范大学学报 (哲学社会科学版), 2015 (3).

[66] 朱文婷, 陈锡喜. 社会主义核心价值观话语权建构的三个维度: 观念辨析及路径探讨 [J]. 理论与改革, 2015 (4).

[67] 文萍. 不同时期我国青少年价值观变化特点的历时性研究 [J]. 青年研究, 2005 (12).

[68] 马俊峰. 近年来价值观念研究综述 [J]. 哲学动态, 1988 (7).

[69] 张丹. 当代中国马克思主义意识形态话语权建设的意义、必要与可能路径 [J]. 云南行政学院学报, 2014 (4).

[70] 戴木才. 从思想和价值观上打造中国话语权 [J]. 红旗文稿, 2015 (6).

[71] 陆恒, 郑易平. 国际化趋向中国家主流意识形态话语权建构 [J]. 湖南社会科学, 2014 (5).

[72] 张洪忠. 社交媒体的关系重构: 从社会属性传播到价值观传播 [J]. 教育传媒研究, 2016 (3).

[73] 朱琳. 社会主义核心价值观的传播效果及有效传播策略分析 [J]. 思想理论教育导刊, 2015 (11).

[74] 李宏宇. 文化软实力的特征和外在形态 [J]. 学习与探索, 2011 (2).

[75] 王玉樑. 论理想、信念、信仰和价值观 [J]. 东岳论丛, 2001 (4).

[76] 李俊卿, 张泽一. 国际较量视域下中国意识形态话语权的建构 [J]. 毛泽东邓小平理论研究, 2015 (8).

[77] 刘怀光, 刘昕. 近代以来价值话语的重构历程 [J]. 山西师范

大学学报（社会科学版），2014（4）.

[78] 胡银银. 近年来国内意识形态话语权研究回顾与述评［J］. 武汉科技大学学报（社会科学版），2013（6）.

[79] 韩庆祥. 全球化背景下"中国话语体系"建设与"中国话语权"［J］. 中共中央党校学报，2014（5）.

[80] 胡银银. 改革开放以来我国意识形态话语权的整体变迁［J］. 甘肃理论学刊，2014（11）.

[81] 李伟. 网络宣传与意识形态话语权研究［J］. 宁夏党校学报，2014（6）.

[82] 刘红凛. 信息时代的话语权与核心价值观的中外认同度［J］. 理论学刊，2014（10）.

[83] 胡宗山. 中国国际话语权刍议：现实挑战与能力提升［J］. 社会主义研究，2014（5）.

[84] 王秀敏，张国启. 中国特色社会主义意识形态话语权提升的多维审视［J］. 湖北社会科学，2014（11）.

[85] 刘学蔚，郭熙煌. 我国对外文化传播的现状与困境［J］. 湖北大学学报（哲学社会科学版），2016（3）.

[86] 苏阳. 全球化时代社会主义核心价值观话语权探析［J］. 河南师范大学学报（哲学社会科学版），2015（3）.

[87] 葛彦东. 掌握意识形态话语权初探［J］. 思想理论教育导刊，2015（1）.

[88] 俞思念，苏阳. 社会主义核心价值观的坚守与国际话语权的提升［J］. 社会主义研究，2015（2）.

[89] 胡宝平，万书玉. 社会主义核心价值观互动生成研究［J］. 学术论坛，2013（11）.

[90] 殷殷，姜建成. 社会主义核心价值观视域中的网络话语权建设［J］. 思想理论教育，2015（1）.

[91] 胡宝平. 社会主义核心价值体系引领力研究——基于话语权视

角［J］．中共南京市委党校学报，2014（1）．

［92］侯惠勤．意识形态话语权初探［J］．马克思主义研究，2014（12）．

［93］肖贵清．论中国模式研究的马克思主义话语体系［J］．南京大学学报（哲学人文社会科学·社会科学版），2011（1）．

［94］张雷声．论社会主义社会主流意识形态［J］．马克思主义研究，2008（4）．

［95］田旭明．全球文化价值重心东移与社会主义核心价值观的国际定位［J］．学术论坛，2014（2）．

［96］汪馨兰．论网络信息化条件下我国主流意识形态话语权实现方式的转型［J］．长白学刊，2016（3）．

［97］李家莲．论近代英国主流价值观的建立对培育社会主义核心价值观的启示［J］．荆楚学刊，2015（2）．

［98］吴永刚，方爱东．说什么和怎么说——当代中国主流价值观话语权提升的两个环节［J］．求索，2016（3）．

［99］李忠军．论社会主义核心价值观、中国精神与社会主义意识形态［J］．社会科学战线，2014（3）．

［100］廖小平，成海鹰．改革开放以来中国社会价值观的变迁［J］．湖南师范大学学报（社会科学版），2005（6）．

［101］潘云腾，庄晓芸．中国传统社会核心价值观大众化的经验与启示［J］．福建师范大学学报（哲学社会科学版），2010（1）．

［102］钱广荣．析论社会主义核心价值观的语言逻辑——以平等与公正观为例［J］．社会主义核心价值观研究，2016（5）．

［103］黄力之．论社会主流价值观构建的逆向性特征［J］．上海行政学院学报，2012（6）．

［104］陈晓英．中国社会主流价值观分析［J］．辽宁师范大学学报（社会科学版），2009（1）．

［105］杨仁忠，卢晓勇．当前我国意识形态话语权建设的路径创新研

究［J］.河南师范大学学报（哲学社会科学版），2016（6）.

［106］周丹.社会层面的社会主义核心价值观解析［J］.求索，2016（9）.

［107］粟迎春.论马克思恩格斯意识形态建设与管理思想［J］.兰州学刊，2007（8）.

［108］王焕成，夏东民.马克思意识形态话语权理论研究［J］.广西社会科学，2015（4）.

［109］焦玉玲.我国主流意识形态认同困境探析——以马克思的主体性思想为视角［J］.理论与改革，2013（1）.

［110］樊敏.马克思价值主体思想对中国意识形态的影响变迁［J］.毛泽东思想研究，2016（4）.

［111］廖小平.主导价值观与主流价值观辩证——兼论改革开放以来主流价值观的变迁［J］.教学与研究，2008（8）.

［112］徐宏霞.论马克思的价值观思想与社会主义核心价值观的关系［J］.兰州交通大学学报，2016（2）.

［113］黄志高.中国共产党"民族复兴"话语的历史发展与当代建构［J］.现代哲学，2016（6）.

［114］郑流云.试论社会主义核心价值观中的平等理念［J］.学术论坛，2016（10）.

［115］李红梅，仲兵.斯大林意识形态思想研究及其当代价值［J］.新疆社会科学，2015（3）.

［116］张有军.斯大林时期苏联马克思主义理论研究与建设的经验教训［J］.山东社会科学，2007（5）.

［117］秦宣.大数据与社会主义［J］.教学与研究，2016（5）.

［118］李永胜.关注马克思主义价值观研究［J］.天府新论，2011（5）.

［119］张泽一，郭云.我国意识形态话语权提升的辩证审视［J］.甘肃社会科学，2015（6）.

[120] 郑洁. 网络媒体传播社会主义核心价值观的机制探析 [J]. 社会科学家, 2014 (1).

[121] 王一岚. 新媒介事件与当前意识形态构建新趋势 [J]. 中州学刊, 2016 (10).

[122] 秦龙, 肖唤元. 马克思主义意识形态话语权的大众化 [J]. 理论探索, 2015 (2).

[123] 刘文佳, 梁永志. 论网络媒体与社会主义核心价值观传播 [J]. 学术论坛, 2015 (2).

[124] 曹天航. 当代中国社会主义意识形态话语权建设的路径探究 [J]. 江苏社会科学, 2015 (5).

[125] 李德顺, 孙美堂. 马克思主义价值论发展探析 [J]. 中国特色社会主义研究, 2013 (6).

[126] 袁银传. 当代资本主义核心价值观评析 [J]. 马克思主义研究, 2014 (6).

[127] 宫晓红, 单传友. 论社会主义核心价值观与资本主义核心价值观的原则性区别 [J]. 思想理论教育导刊, 2016 (5).

[128] 黄显中, 夏有权. 核心价值观: 共和国的价值理想与实现路径——毛泽东思想与社会主义核心价值观建设探究 [J]. 湘潭大学学报 (哲学社会科学版), 2015 (3).

[129] 田改伟, 李会. 试析建国后毛泽东的意识形态安全思想 [J]. 郑州大学学报 (哲学社会科学版), 2008 (2).

[130] 袁久红. 论习近平对社会主义自由价值观的创新发展 [J]. 东南大学学报 (哲学社会科学版), 2015 (3).

[131] 黄楚新, 王丹, 任芳言. 试论习近平的新媒体观 [J]. 新闻与传播研究, 2016 (3).

[132] 王义桅. 打造国际话语体系的困境与路径 [J]. 对外传播, 2014 (2).

[133] 赵波, 张学昌. 当代中国价值观跨文化传播理路研究 [J]. 求

索，2016（9）.

[134] 郝立忠. 邓小平关于意识形态和文化领导权思想及其现实价值 [J]. 理论学刊，2014（12）.

[135] 王黎明. 当代中国核心价值观的建构与发展模式的生成——以科学发展观为视域 [J]. 科学社会主义，2011（2）.

[136] 肖群忠，刘永春. 工匠精神及其当代价值 [J]. 湖南社会科学，2015（6）.

[137] 李春成. 包容性治理：善治的一个重要向度 [J]. 领导科学，2011（9）.

[138] 邹广文. 当代中国大众文化及其生成背景 [J]. 清华大学学报（哲学社会科学版），2001（2）.

[139] 骆郁廷，史姗姗. 论意识形态安全视域下的文化话语权 [J]. 思想理论教育导刊，2014（4）.

[140] 肖贵清，李永进. 邓小平与中国特色社会主义话语体系的建构 [J]. 思想理论教育导刊，2014（8）.

[141] 刘志飞，祝黄河. 媒介全球化背景下中国特色社会主义意识形态的理性回应 [J]. 江西社会科学，2015（3）.

[142] 杨昕. 论中国共产党意识形态话语权地位的历史演进 [J]. 湖北行政学院学报，2014（3）.

[143] 张国臣. 论马克思主义意识形态话语权建设的时代价值 [J]. 学术论坛，2016（1）.

[144] 尹世尤，彭莉. 社会主义核心价值体系与当代中华民族的价值认同 [J]. 湖湘论坛，2011（3）.

[145] 强舸. 特朗普当选对中国的影响——基于政治制度、社会基础和其竞选主张的政治学分析 [J]. 理论视野，2016（11）.

[146] 陈如为. 特朗普上台全球地缘政治与中美关系走向 [J]. 党建，2016（12）.

[147] 孙来斌. 从大选看美国政治的问题、形象与走向 [J]. 武汉大

学学报（哲学社会科学版），2017（1）.

［148］方爱东. 社会主义核心价值观的发展及其当代建构［D］. 合肥：安徽大学，2010.

［149］邱国勇. 社会主义核心价值观教育研究［D］. 武汉：武汉大学，2013.

［150］李嘉莉. 社会主义核心价值观对外传播问题研究［D］. 太原：山西大学，2015.

［151］孙杰. 当代中国社会主义核心价值观研究［D］. 北京：中共中央党校，2014.

［152］何启刚. 中国特色社会主义基本价值观念研究［D］. 北京：中共中央党校，2016.

［153］李春会. 马克思主义大众化传播研究［D］. 长春：东北师范大学，2011.

［154］刘国普. 当代中国马克思主义意识形态话语权建设研究［D］. 广州：华南理工大学，2014.

［155］胡银银. 改革开放以来我国意识形态话语权问题研究［D］. 天津：南开大学，2014.

［156］张纲. 多元文化场域背景下马克思主义意识形态话语权建设研究［D］. 郑州：郑州大学，2016.

［157］杨昕. 中国共产党意识形态话语权研究［D］. 天津：天津师范大学，2013.

［158］佟明燕. 马克思主义意识形态话语权的理论阐释及其实现路径［D］. 贵阳：贵州师范大学，2014.

［159］徐赛. 中国国际话语权问题研究［D］. 北京：国际关系学院，2015.

［160］范红燕. 美国国际话语权的赢取及对中国的启示［D］. 秦皇岛：燕山大学，2013.

后　记

当代中国主流价值观话语权的研究是一个艰辛深奥的课题。它不仅涉及马克思主义理论、哲学，也涉及政治学、国际关系、传播学、语言学等多个学科。它需要从马克思主义经典作家文献中追溯当代中国主流价值观话语权的思想来源与理论依据，同时也需要对中国特色社会主义实践有深刻的感悟，此外，也要对西方文化以及中国传统文化有深刻的理解与把握，这对我来说都是很大的挑战。在研究与写作过程中，我更是深感该研究课题的复杂性以及艰巨性。但是，随着研究与写作的深入，我也有很大的收获。

本书的内容主体是我经过删减、优化的博士学位论文。它的出版，首先要感谢我的导师方爱东教授。在准备学位论文的过程中，论文的选题、提纲的审定以及论文的修改等各个环节，方老师都给了我精心指导，倾注了大量心血，难忘师恩。另外，我也诚挚地感谢朱士群教授、吴学琴教授、吴家华教授、任暟教授、陈义平教授、李明教授等在学位论文预答辩以及答辩过程中提出的指导性、建设性意见。

本书也融合了我近年来的新思考以及合肥工业大学博士生邱雨的想法，主要集中在第五章。其中第五章第一节第二目的写作排序为刘勇、邱雨；第五章第四节第六目写作排序为邱雨、刘勇。

受学识水平所限，书中难免存在不足之处，恳请学界专家学者批评指正，期待在后面的研究中加以补充和完善。

最后，向为本书付出辛勤劳动的光明日报出版社致以诚挚的谢意。

刘　勇

2022 年 9 月于合肥